U0621953

Internet+
&
Entrepreneurship Innovation

互联网+双创这些事儿

读懂大战略，赶在时代潮流前

石明磊　刘　勇
主编

中华工商联合出版社

图书在版编目(CIP)数据

互联网+双创这些事儿 / 刘勇，石明磊主编. -- 北京：中华工商联合出版社，2016.12

ISBN 978-7-5158-1861-0

Ⅰ.①互… Ⅱ.①刘… ②石… Ⅲ.①互联网络—应用—创业 Ⅳ.①F241.4-39

中国版本图书馆CIP数据核字（2016）第 299619 号

互联网 + 双创这些事儿

主　　编：石明磊　刘　勇
出 品 人：徐　潜
责任编辑：李　瑛　袁一鸣
封面设计：周　源
责任审读：郭敬梅
责任印制：迈致红
出版发行：中华工商联合出版社有限责任公司
印　　刷：北京毅峰迅捷印刷有限公司
版　　次：2017年3月第1版
印　　次：2017年3月第1次印刷
开　　本：710mm×1020mm　1/16
字　　数：200千字
印　　张：18.75
书　　号：ISBN　978-7-5158-1861-0
定　　价：58.00元

服务热线：010-58301130
销售热线：010-58302813
地址邮编：北京市西城区西环广场A座
19-20层，100044
http://www.chgslcbs.cn
E-mail: cicap1202@sina.com(营销中心)
E-mail: gslzbs@sina.com(总编室)

工商联版图书
版权所有　侵权必究

凡本社图书出现印装质量问题，请与印务部联系。
联系电话：010-58302915

本书顾问

顾问委员会主任

彭　森

顾问委员会副主任

宋晓梧　刘从星　王胜今　肖万民　从红霞
林　天　宋　刚　谢志敏　杨大勇　曹　军
赵明瑞　杨　哲　谢岳峰　任晓蕙　于　潇
李俊江　李　政　王智初

顾问（按姓氏笔画排序）

王育天　孙学林　孙贵文　曲恒军　陈晓明
陈德茸　何　杰　辛军华　张海波　金　昕
杨天舒　赵海燕　胡　博　柳丽华　钟　新
徐伟丰　奚琳琳　黄乔国

编委会

主　编

石明磊　刘　勇　曲保锋

执行主编

吕　品　高　锋　曹语林

副主编

曹珅珅　陈广重　郑德林　张乘辅

编委会成员（按姓氏笔画排序）

王希智　刘光远　严艺博　岳　涛

曹峰玮　康楚仪　薛傲冬

序言一

当前，全球经济在深度调整中艰难复苏，我国经济发展进入“三期”叠加的新常态，对“中国号”巨轮的行稳致远提出了挑战。以习近平同志为核心的党中央积极适应新常态、引领新常态，创造性提出实施“互联网+”行动和“大众创业、万众创新”两大前瞻性战略，以五大发展理念为引领、以“互联网+”为驱动的创新、创业实践波澜壮阔地推进，展现出广阔的前景和澎湃的动力，构筑起经济社会发展的新优势和新动能。

《互联网+双创》系列书籍全景展示了近年来专家、学者对“互联网+”行动和“大众创业、万众创新”的权威解读和全国各地各行各业的生动实践，是深入学习和领会“互联网+”和“大众创业、万众创新”两大战略思想内涵、推动更好实践的重要读本。书中涉及了金融、交通、政务、医疗、智慧城市、教育、文体、慈善、旅游、三农等与“互联网+”深度融合的几乎所有领域，不仅有专家、学者的理论阐述，还有企业家甚至“草根”的实践感悟，丰富鲜活的事例对心怀梦想的创业者来说具有重要的参考价值。

同时，本套书既看到了我国在互联网技术和产业发展上取得的突出成就，也看到了当前传统企业对互联网理解不够深入、企业发展面临体制机制障碍、互联网与实体经济融合人才匮乏等问题；不仅注意到了当前众创空间蓬勃发展给初创企业提供了强有力的支持，也关注了众创空间运营过程中存在的问题，从而引起广大读者对这一新领域的深入思考和研究。这也是本套书的又一意义所在。

如果你是具有开拓精神的企业家、刚刚毕业的大学生、相关部门的机关干部、众创空间的运营者和管理层、高校就业指导中心或创业教育教师，特别是一个致力于创业的有为青年，那么，请让这套书成为你的案头书吧。

“好风凭借力，送我上青云。”乘着“互联网+”的东风，投身大众创业、万众创新的时代大潮，集众智、汇众力，打造中国经济提质增效的新引擎。愿你能成为其中的一份子，愿这里有你的一份力，最终汇聚成强大的中国力量。

全国人大财政经济委员会副主任委员
中国经济体制改革研究会会长
原国家发展和改革委员会副主任
彭　森

序言二

新一轮产业革命正在全球酝酿兴起。世界范围内，新产业、新技术、新常态、新模式层出不穷。据KPMG统计，2015年全球有创投支撑的创业企业共获得7872笔投资，总金额达到1285亿美元，创历史新高。其中互联网仍然是最受青睐的创业投资领域。

2015年的全国“两会”上，李克强总理在《政府工作报告》中将“互联网+”行动计划和“大众创业，万众创新”提升为国家层面的重大战略。实施“互联网+”行动有利于推动经济提质增效、培育壮大新兴业态，同时也为双创的顺利推进提供了重要支撑平台。二者合力推动经济发展方式从要素驱动转向创新驱动、从依赖规模扩张转向提高质量效益，为我国经济保持快速中高速增长、产业迈向中高端水平提供坚实支撑和强劲动力。

以腾讯为代表的的领先互联网企业在推动“互联网+”落地，构建我国创新生态的过程中扮演了重要角色。早在2011年，腾讯开始实施开放战略，率先为创业者、合作伙伴开放自身最优质的的资源，先后完成入口、资源、能力的开放共享，为创业者提供了全流程、全方位、立体化的平台环境。到2016年，腾讯线上开放平台创业公司达到600万家，帮助20家平台企业上市。腾讯开放平台合作伙伴总估值突破3000亿元，第三方总收益超过100亿。腾讯作为连接器，全方位聚合社会多方主体，联合打造创新创业生态体系，并且打通不同生态体系之间的连接，提高生产力水平，助力产业升级。腾讯作为驱动器，全力推动“互联网+”落地和双创生态的不断优化，帮助生态中的主体，尤其是创业者，实现经济、财富和价值的增长。

当前，大众创业、万众创新风起云涌，加快“互联网+双创”已成为实施创新驱动发展、适应和引领经济发展新常态的重要举措之一。未来，腾讯会继续践行“创新、协调、绿色、开放、共享”的理念，与合作伙伴一起营造良好的创新创业生态环境，助力国家供给侧结构性改革，为打造经济发展新引擎贡献应有的力量！

腾讯北京分公司总经理　刘　勇

C O N T E N T S

目 录

第一章 互联网+双创

第二章 互联网+N

C O N T E N T S

CONTENTS

C O N T E N T S

C O N T E N T S

C O N T E N T S

第一章
Chapter 1
互联网 + 双创

从“电子一条街”到“创新大道”

2015年10月15日　来源：新华网　记者：董城

在全国率先以创新创业为主题的活动月——“中关村创新创业季”于10月11日在北京中关村核心区拉开帷幕。在近一个月时间内，“创新创业”与“创客”将成为中国新一轮科技创业热潮引领者“中关村核心区海淀”的主角与焦点。

热潮背后，中关村核心区正从20世纪80年代的科技创业公司扎堆，九十年代电子零售火爆，世纪之交的转型探索，快速地步入一个以创新创业为最强音的发展快车道。海淀通过持续的机制创新、治理创新、模式创新促进区域转型、业态升级、生态完善，引领高科技产业拥抱创新创业新时代。

“双创”绽放：“电子一条街”变身“创新大道”

在北京市海淀区——一个被认为在全球都并不多见的科技创新资源聚集区，一条约七公里长、因“创业创新”而再生的街道正吸引着全国乃至全球的目光。

在中关村核心区北京海淀，以“创新创业季”为名的主题活动月于10月11日在这里开幕。开幕式上，北京市海淀区对外宣布，继“中关村创业大街”之后，海淀区覆盖高校、院所、创新机构、创业服务业等多机构在内的中关村“创新大道”正式成型。

按照规划，这条“创新大道”北起清华大学西门，南至白石桥，全长约7公里。创新创业的支撑政策将覆盖区域内的北京大学、清华大学、中国人民大学、北京理工大学、中央民族大学等知名高校，也包括了中科院等科研机构。在街区北端，更有蜚声海内外的“中关村电子一条街”。

实际上，中关村“创新大道”也是“中关村电子一条街”历经时代变化、持续探索转型、引领创新的最新成果。

上个世纪八十年代，科研人员陈春先在“中关村电子一条街”的区域创办了自己的科技公司。那时，这个区域是人们熟悉的“白颐路”。此后，随着四通、方正、联想等一批科技企业在这里诞生，“白颐路”渐渐被人们称为“电子一条街”。八十年代末，海淀区率先成为我国高技术园区的诞生地，也成了“中关村”这个科技创新品牌的发源地。

到了九十年代，中关村科技园区诞生，这条人们熟悉的“电子一条街”吸引更多商业元素聚集。1999年，海龙电脑城开业，最高峰时这里一天接待了5万人次顾客。那时候，不少来自全国各地的顾客慕名而来，走近“中关村电子一条街”——也正是在这个时候，白颐路更名为“中关村大街”。

2009年中关村国家自主创新示范区正式获批，海淀区作为中关村核心区也踏上了发展的“快车道”。“中关村力争用十年时间，建成具有全球影响力的科技创新中心和高技术产业基地”，国家批复的《中关村国家自主创新示范区发展规划纲要（2011-2020年）》中要求。

海淀区率先开启产业转型升级，让“中关村电子一条街”再升级。2013年冬天，鼎好大厦、海龙大厦、科贸大厦、中关村e世界等几栋大厦围出来的区域，电子产品叫卖声、揽客声渐渐减少，换来的是“技术交易所”、“专利服务机构”、“创新工场”等新空间。

中关村核心区用政策引导产业转型、业态升级，中关村卖场区域从事商业经营的面积三年间缩减一半。“中关村电子一条街”悄然变样……

作为中关村核心区的海淀区再次站在了时代趋势的最前沿。2014年6月，中关村创业大街在中关村西区诞生。放眼更广阔的西区，在靠近卖场的区域，中关村科技金融一条街转型显现；在毗邻的街道，中关村知识产权和标准化一条街初具雏形。

“创新大道”这个新定位、新名片，不仅是创新创业热潮中的中关村交出的最新答卷，更是创新创业热潮下海淀创新城区建设绽放的新花朵。

树立样本：海淀引领全国跨进创业新时代

过去几年来，中关村核心区海淀区持续探索前瞻布局，以创新创业新模式、新产业、新业态、新经济促进首都经济提质增效，也引领全国进入大众创业、万众创新的新阶段。

创业样板间“中关村创业大街”便是很好的例证。成立一年来，创业大街吸引全国多地管理者前来“取经”。一家街区孵化器的员工说，最多的一天，他们接待了来自大江南北五六个参观团的到访，每个参观团都认真地听、仔细地记，生怕错过些什么。

南北距离只有200多米的中关村创业大街成绩显著。过去一年里，中关村创业大街日均孵化创业企业1.6家，每天平均有一家企业获得融资，平均每家企业融资500万元。

面对新经济、新业态、新模式，为全国129个高新区发挥引领表率作用，中关村核心区责无旁贷。“中关村是中国创新资源最为集中的区域，发展资源禀赋良好，就要做出全国的表率。”火炬中心主任张志宏在今年2月举行的“创业中国中关村引领工程”启动仪式上说。

对此，海淀区围绕创新创业服务展开系列机制创新。

在中关村创业大街，一个看似“极客”范儿十足的铁皮屋格外醒目，这里是海淀区为方便创客而搭建的“创业会客厅”：海淀区综合政务服务——一站式解决注册、办公、投资、知产保护、专利运营、创业金融、科技媒体等系列需求。

在3W咖啡馆、binggo学社、车库咖啡等创新型孵化器中，海淀区领先全国推出“一个工位就可以注册一家公司”“一元钱注册一间公司”等创新举措，支撑创业。

在科技金融一条街，海淀区持续通过政策引导，加速股权投资机构和资本聚集，并设立了创投引导基金，加速引领资本进入战略新兴产业。以“创投政府引导基金”为例，海淀共设立16支参股基金和1支母基金，撬动社会资本近86亿元，参股基金投资项目数177个，投资金额29.26亿元。以“四两拨千斤”的政策支撑，放大了资本带动创业的作用。

在中关村，创新企业的“出海”扬帆积极性明显提高。海淀园通过“iBridge”架起中国创新对话全球的“桥梁”，韩国、卢森堡、以色列、哈萨克斯坦等一大批技术交易专场活动如火如荼展开，一大批中关村核心区企业借力“出海”……

中关村核心区海淀区用实践证明，在大众创业、万众创新的历史坐标上，中关村将继续扛起“创新”的旗帜，以体制机制创新、服务模式创新、产业聚集创新等系列举措引领示范。

巧借力量：海淀创新促“核心”变革

无论是“中关村电子一条街”的创新转型路，还是“中关村创业大街”的创新引领路，北京市海淀区持续引领的关键在于它探索出了一条既紧跟时代潮流，又能有效处理“有形的手”与“无形的手”关系的新路子。

在政策与市场之间，海淀区创新机制促成了“一城三街”的聚集成型。

上世纪90年代起，创业大街所在的街区成为图书零售批发业的聚集地。“但近几年零售业态已无法满足发展需求，成了中关村占用资源较多、产出附加值较低的业态，产业亟待转型。”清控科创董事长秦君说，“创新创业”成了政府和市场一致认定的转型方向。

2013年，海淀区决定打破“老业态”，对图书城经营业态进行调整，打造创新创业孵化街区。“那么多零租商铺，政府组织腾退，肯定是件麻烦事……”外界的担忧也正是政府促进产业升级的难点。

面对难题，海淀区创新治理模式，政府不再赤膊上阵，转而依靠专业机构，以市场的手做好服务。海淀置业与清控科创公司共同出资成立北京海置科创科技服务有限公司，以“政府+市场”模式打造创业大街。

“我们做了回租、回购，以完成产权分散情况下街区的整体改造。”海淀置业集团党委副书记杜瑞明说，政府加速收购部分街区产权，同时对即将到期的其他业态不再续租，专门留给创业服务单位入驻。

政府与市场的力量高效结合，让创业街区快速成型。大街创办以来，联想之星、3W咖啡、binggo咖啡、车库咖啡等一批创新孵化器进驻街区，一股创新创业的热潮在这里迅速兴起。

转变治理方式、创新治理手段、前瞻布局创新，中关村核心区用“新路子”实现“腾笼换鸟”，也让中关村再次占得创新先机。

中关村核心区最新数据显示，创新创业正成为拉动区域经济的重要因素。今年1–7月，海淀规模以上高新技术企业总收入达到7300多亿元，同比增长10.7%，企业用于科研活动的支出同比增长14.36%，企业总利润同比增长9.16%……

在区域经济高质量增长之余，海淀区正着眼将创新模式“复制”、“移植”到全国多地，发挥创新引擎的示范带动作用。

中关村海淀园秦皇岛分园启动一年多来，海淀模式已经促进包括千方科技、e谷创想空间等50多个企业主体参与两地协同创新，越来越多的企业积极试水京津冀协同发展；创业大街运营主体“清控科创”更是计划将中关村创业服务模式复制到全国30多座城市，让中关村核心区“双创”模式引燃全国各地的创业热情。

发力“互联网+”持续推进大众创业万众创新

2016年4月1日　来源：《光明日报》　记者：王昌林、刘国艳

近年来，新一轮科技革命和产业变革孕育兴起，特别是在互联网迅速普及应用带动及政府大力推动下，我国正在形成新一波创业创新浪潮，不断汇聚成为经济发展新动能，为稳增长、调结构、促就业发挥了重要作用。下一阶段，要把“互联网+”和大众创业、万众创新更好结合起来，加强宽带网络建设，完善相关法规和监管体制，为创业者进一步打开大门、降低门槛、搭建平台，打造经济发展新引擎。

一、中国正迎来以“互联网+”带动的创业创新浪潮

近年来，在以移动互联网、生物、新能源、智能制造等为代表的新一

轮科技革命和产业变革带动下，在政府大力推动下，我国正在迎来第四波创业创新浪潮，主要标志是创业企业、创业投资、创业平台爆炸式增长，创业群体迅速扩大，创业创新在全社会蔚然成风。据统计，2015年全国新登记企业达到443.9万户，增长21.6%，平均每天新登记企业1.2万户。天使投资募集资金达到203.57亿元，是2014年的3倍多；投资额101.88亿元，同比增长218%，是2010年的20倍。创业投资募资1996亿元，比2014年增长70.7%，投资额1293.34亿元，增长24.6%，投资案例数3445个，增长79.7%。全国有超过2000家众创空间，专门为处于初创期的创业者提供低成本的工作空间、网络空间、社交空间和资源共享空间，为创业企业发展提供全方位的创业服务。

这一波创业与前几次相比，最大特点是以“互联网+”为鲜明特征，主要表现为初创企业大都集中在“互联网+”领域，例如各种网店、互联网金融、网络房屋租赁、移动医疗。同时，还表现在许多企业的创新活动都基于互联网展开。统计显示，2015年信息传输、软件和信息技术服务业新登记企业增速达到63.9%。“互联网+”领域吸引了全国超过50%的创业投资资金、70%的天使投资资金。另外，从创业群体看，也表现出明显的“互联网+”特征，许多创业者都是基于现有互联网公司企业进行创业的，如围绕百度、新浪、搜狐等企业出来创业的分别有一百多家，形成了百度系、新浪系、腾讯系、阿里系等创业大军。

二、“互联网+创业创新”正汇聚起经济社会发展新动能

“互联网+创业创新”的蓬勃发展，在扩大消费、促进新经济发展、增加就业等方面发挥了重要作用。

一是基于互联网的创业创新促进了信息消费爆炸式增长。据统计，2015年全国移动互联网用户数达9.64亿，移动宽带（3G/4G）用户已占60%。移动互联网接入流量消费达41.8亿G，同比增长103%，比上年提高40.1个百分点。月户均移动互联网接入流量达到389.3M，同比增长89.9%。手机上网流量达到37.59亿G，同比增长109.9%，在移动互联网总流量中的比重达到89.8%。

二是基于互联网的创业创新加速了新技术、新业态、新模式和新产业发展。在“互联网+创业创新”推动下，近年来云计算、物联网、3D打印、大数据等新技术产业化加快，互联网教育、互联网金融、移动医疗等新业态迅猛发展，线上线下融合（O2O）、移动支付、个性定制等新模式蓬勃涌现，新兴产业不断发展壮大。统计显示，2015年中国互联网服务业收入达1.15万亿元，同比增长27.5%。其中，互联网信息服务收入6950亿元，同比增长39%，占比60.5%。全国网络零售额3.88万亿元，比上年增长33.3%，占社会消费品零售总额12.8%。2014年物联网产业规模突破6200亿元，同比增长24%。智能手机、平板电脑等制造业高速发展，2014年智能手机出货量达4.5亿部，平板电脑出货量从2010年的170万台猛增到2014年的2780万台，年均增长率高达101.1%。在移动互联网、云计算、物联网、大数据等快速发展带动下，信息产业规模进一步壮大，成为经济社会发展的重要引擎。2015年规模以上电子信息制造业增加值同比增长10.5%，高于工业平均水平4.4个百分点，销售产值同比增长8.7%。500万元以上项目完成固定资产投资额13775.3亿元，同比增长14.2%；新增固定资产9658.9亿元，同比增长20.6%。

三是基于互联网的创业创新推动了传统产业转型升级。改造提升传统动能，是现阶段我国经济发展的紧迫任务。近年来，我国传统产业领域一批大企业借助互联网等手段，大力推进转型升级，取得重要成效。比如，一些企业将过去由单个企业完成的任务向自愿参与的所有企业开放，并发挥比较优势进行市场分工，提高了创新效率，促进了生产方式的变革。有的企业通过内部信息网络构建“爱创客”创新平台，鼓励车间班组创建创客空间，大大激发了公司员工的创业创新活力。一些地区和企业积极推动创业创新，实施“互联网+”“机器换人”行动计划，有效拓展了传统产业发展空间，收到了“老树开花”的效果。

四是基于互联网的创业创新带动了就业增加。互联网经济的快速发展，不仅直接增加了大量就业机会，而且还间接带动了相关行业的就业。统计显示，近年来新登记市场主体大部分都是服务业企业，很多新设企业从事信息技术服务、物流快递、文化创意等现代服务业，创造了大量新的就业岗位。2012年至2014年，租赁和商务服务业城镇单位就业人员增长53.5%，信息传输、计算机服务和软件业增长50.94%，增速在所有行业中分别位居第一和第二位，远高于城镇单位就业增长19.96%的平均水平。

三、把“互联网+”作为推进大众创业万众创新的重要抓手

当前，以移动互联网、云计算、大数据等为代表的新一代信息技术的迅猛发展和普及应用，正在深刻改变现有服务和生产格局，互联网已成为我们生产生活必不可少的组成部分，发挥着越来越大的作用。但总体看，目前“互联网+创业创新”尚处在发展初期阶段。今后一个时期，随着移动互联网、云计算、物联网等重大技术的不断突破，互联网将在更大范围、更深层次应用到经济社会各领域，引发生产和生活方式变革。我国应抓住机遇，充分发挥后发优势和市场优势，进一步推进“互联网+创业创新”，为经济发展不断注入新动能。

一是加快信息基础设施特别是农村信息设施建设，拓展“互联网+创业创新”的市场范围。宽带网络等数字基础设施是“互联网+”发展的必要条件。截至2015年年底，中国网民规模达6.88亿人，尽管全社会互联网普及率达50.3%，但城乡之间以及东、中、西部之间互联网普及率仍然存在较大差异。巨大的数字鸿沟既给农村及欠发达地区创业创新增加了难度，也在一定程度上压抑了这些地区的有效需求。为此，要进一步加大信息基础设施建设力度，将网络建设投入大力向农村和欠发达地区倾斜，加快“互联网+”纵深推进，激活欠发达地区创业创新潜力。

二是加快完善相关监管制度，促进“互联网+创业创新”深入发展。市场准入限制较多，行政审批时间长、流程烦琐，传统审批和监管方式不适应“互联网+”创业创新引发的新技术、新业态、新模式发展要求，是目前企业反映的突出问题。比如在交通、教育、医疗等行业，仍存在许多市场准入限制，对创业者大门不开或开得不够。又如，滴滴打车与现有交通、安全等管理和政策存在矛盾，与传统出租车模式存在冲突，同样的问题还存在于电子商务等行业。为此，要按照“放宽准入、加强管理、优化服务”的思路，加快完善现有监管制度，抓紧制定出台与“互联网+创业创新”发展相适应的管理政策，进一步促进“互联网+创业创新”。

三是加快完善法律法规政策体系，规范基于“互联网+创业创新”的市场秩序。互联网的迅速普及应用，在大幅降低交易成本、给人们带来便捷的同时，也带来个人隐私保护、网络安全等问题，成为制约“互联网+创业创新”发展的重要因素。应积极推进网络信息安全、个人隐私信息保护等方面的立法，加强基础信息资源和个人隐私信息保护，强化互联网信息安全管控，为创业创新营造良好的法治环境。

四是改革完善教育、投资和文化体系，着力营造“互联网+创业创新”生态系统。据有关部门对企业的调研，人才缺乏和融资难、融资贵是当前制约“互联网+创业创新”企业发展的主要瓶颈。为此，必须适应新技术、新业态、新模式和新兴产业发展的需求，改革现有教育体系，积极探索大学与企业联合培养等模式，加强新经济发展需要的人才培养。要进一步促进天使投资、创业投资发展，完善资本市场。要着力改善创业企业的生存条件和成长条件，大力弘扬创新和企业家精神，营造创业创新良好生态，呵护创业企业成长，让创新的种子生出来、长得壮、活得好，开花结果。

翩翩创客弄潮来

2016年5月16日　来源：《经济日报》　记者：郁进东

从改革开放之初的“敲敲打打，白手起家”，到如今民间创业如火如荼，浙江省慈溪市的草根经济风起云涌。目前，全市平均每3户家庭就有1家经商办厂，每万人市场主体数名列浙江省前茅。

进入互联网时代，慈溪迎来了二次创业大潮。慈溪市委书记卞吉安说，不同的时代背景、不同的发展阶段，有不同的历史使命、不同的发展路径。慈溪在前一轮创业大潮中成绩显著。以“互联网+”为代表的新兴科技带来了革命性影响，过去依靠“资源红利”“人口红利”“开放红利”的发展方式已经走不通了。慈溪要以“归零”的心态，在二次创业大潮中干在实处、走在前列。

互联网催生新业态

慈溪，一座建立在“唐涂宋土”上的移民城市，千百年来靠晒盐烧瓷、物物交换来换取温饱，经商文化、创业基因深入骨髓。古老的创业基因，遭逢“互联网+”，会发生怎样的突变？慈溪崇寿镇e点电商园提供了示范。

清晨时分，崇寿镇e点电商产业园里，最早入驻的赵记电器有限公司已经忙开了，查收订单、联系物流、包装出货……2015年，公司的营业额已超过了4亿元，员工超过200人，而老板只是一位26岁的武汉理工大学毕业生。

2012年5月，滨海小镇崇寿瞄准电子商务发展的机遇，利用镇里闲置厂房搞起了电商孵化基地，提供免费办公场地，以及廉价的仓储、人才公寓，还引入区域快递物流分拨中心。良好的创业氛围和优惠的落户政策，让产业园人气爆棚，短短3年，这里已集聚了35家电商企业，一举跃升为慈溪最大的电商园区，2015年园区销售总额突破4亿元。前不久，园区获得浙江省电子商务示范产业基地称号，还获得银行1亿元的轻资产小微企业免抵押贷款授信。

与父辈们迫于生计的草根创业不同，移动互联时代的慈溪创业者们思维天马行空，敢想敢做。海归学子余崇威爱玩自媒体，2012年回乡后他创办了“最慈溪”微信公众平台，主打慈溪本地的民生、文化、旅游美食资讯和便民服务。运营3年多，“最慈溪”已颇具人气，为1000余家单位提供新媒体服务，积累用户12万多，2015年营业额超过180万元。

同样是爱好，建筑核算专业毕业的大学生房素文则偏爱侍弄多肉植物。2014年，她投入50万元建起了天尚锦多肉植物园。房素文利用互联网平台，与众多“肉肉”爱好者一起线上交流培育心得，线下策划组织活动，尝试一三产业融合发展，平均每天能销售两三百盆多肉植物。

在互联网的催化下，新业态竞相涌现，慈溪市市场监管局数据显示，今年前四个月，慈溪新增市场主体中，涉及物流仓储、信息软件、文化创意等新兴行业的企业数，同比分别增长了78.6%、281%和169%，产业结构进一步优化。

共筑创客新空间

向改革要红利、向人才求创新，慈溪市委、市政府大刀阔斧改革。在慈溪行政服务中心，市场监管局的企业登记窗口平均每天要接待一二百名前来开户的创业者。去年以来，慈溪市场监管部门推出了一揽子便民举措，砍掉大批冗余环节，审批时间缩短三分之二，现在，不仅创业门槛大幅降低，创业手续也更加简便。

“我给予阳光雨露，你负责茁壮成长”。人才是创业创新的本钱，从2011年起，慈溪开始实施为期5年的“上林英才”计划，大规模招揽海内外高端人才来慈溪创业，已有73个领军人才项目实质性落户。为助力大学生圆创业梦，2016年1月，慈溪首次出台给予本地户籍大学生每年最高6000元创业场租补贴和5000元的一次性创业补助。

为力推电商创业步入“快车道”，慈溪出台了电子商务产业倍增计划，确立了“两园三基地多个服务中心”的电子商务发展空间格局，落实专款专项扶持。政策实施3个月，慈溪新增电商市场主体翻了一番多。

政府搭台、市场运作，一批创客空间应运而生。

在总面积约3万平方米的慈溪“云聚划”创业园区，创业者只需每月花上150元租金，就可以拎包进驻电脑、网络、打印机等办公器材一应俱全的崭新工作站，园区内物流配送、金融网点配套齐全，还提供政策咨询、发展导向等智库服务，孵化成功后创业者还有机会获得天使投资。自去年7月开园至今，“云聚划”创业园已吸引了超过100名创业者入驻。

在文化商务区里，一幢幢造型新颖、美观时尚的高楼惹人注目，目前已集聚了几十家文化创意、工业设计、动漫制作等企业，未来这里将成为慈溪的城市客厅和精神符号；在“时间仓”文化创意园区，集创意商业和创意办公于一体的文化综合体已吸引数十户特色商家进驻，运营商还积极承办各种小型LIVESHOW、展览、沙龙、读书会、时光集市等活动，“一壶香茗，思绪万千”，慈溪从此有了专属年轻人的文化创意集结地；在占地73亩的“浙大网新智慧谷”，从去年启动招商至今，已有100多家涉及检验检测、软件研发等领域的创业项目和初创型企业入驻。

据慈溪市人才办统计，慈溪目前各类线下实体创客空间总面积已超过100万平方米。此外，还有一大批活跃在线上的虚拟创客空间。

慈溪市人才办和祈禧电器总经理方曙光合办的“慈溪创客空间”已有105位群友，集聚了政府官员、制造业主、生产性服务业主、投资人、创业咨询师等人群，火热的创业社交时刻可能诞生奇迹。前不久，大昌车业和浙江理工大学副教授刘瑜的人工蓝宝石自动长晶技术在群里“相逢”，世界上首个“泡生法”蓝宝石自动长晶项目随后正式签约落户慈溪坎墩工业集聚区。

资本助力创业梦想

在家族企业占比超过九成的慈溪，创业者接过父辈旗帜、迎风再展的个案俯拾皆是，而产品创新、业态创新往往贯穿于二次创业之中。

慈溪是全国三大家电产业基地之一。与青岛、顺德不同的是，大量出口代工的小微家电企业既是草根经济活力的来源，又是转型升级的沉重包袱。慈溪老牌代工家电商“佳星电器”的接班人余雪辉看到了商机。无自有品牌、无议价能力的大量小微家电代工企业怎么搭上电子商务跨境出海？余雪辉创办了“慈溪家电馆”电商平台，集聚了几十家质量上乘、管理严格的小家电企业，自创品牌，抱团接单。余雪辉又创造性地在美国、澳大利亚、法国、巴西自建海外仓，作为跨境电商出口物流的海外配送中心。仅2年，慈溪家电馆和佳星电器产值从5000万元迅速增长到3亿元，海外仓模式引起业界强烈关注。

罗培栋2007年从英国留学归国后，没有选择父亲创办的新亚机电有限公司，而是在父母支持下，自己创立了宁波东旭成新材料科技有限公司，进行液晶显示用光学薄膜技术的产业化研发。2011年10月，年产1万吨TFT—LCD光学薄膜生产线技改项目正式投产，一举打破日韩企业长达几十年对光学薄膜的垄断经营，填补了国内空白。2015年，东旭成新材料科技有限公司销售额突破3.4亿元，同比增长22%。

创业潮滚滚而来，让慈溪充裕的民间资本找到了新的投资方向。祈禧电器有限公司总经理方曙光已连续投资6个创业项目，产出翻了好几倍。去年5月，方曙光与中科院张建荣博士合资研发的二氧化锡基质微纳米粉体产品试产成功，并得到了诸多国际知名企业的技术认可。方曙光说，助力创业者的创业梦想，也让自己的事业走向巅峰，“这是一种乐趣，我会坚持做下去”。

慈溪市市场监管局提供的数据表明，截至2015年年底，慈溪登记的市场主体已突破10万户，达到124853户。

58到家：打一场连接真实世界的战争

2016年3月23日　来源：中国经济网　记者：陈静

采访58到家CEO陈小华的时候，“战争”这个意象频繁地出现，他把自己的野心比喻成“太平洋战争”，将竞争说成“围剿”，又将融来的钱形容为“拿股份换子弹”。这种“杀气腾腾”，正是58到家所在的O2O上门服务领域的生动写照。

作为一家用移动互联网连接普通劳动者，为消费者提供美甲师、保姆和拉货司机的公司，它和数百家业务相似的公司在过去一年中经历了互联网领域最激烈的竞争，而伴随资本的态度从“投不择路”到“寒风劲吹”，行业也迎来了“生死场”，“失血过多”黯然离场的团队数不胜数。

在这样的大背景下，去年10月，58到家拿到的3亿美元融资更显得弥足珍贵，也成为我们了解58到家的契机。资本到底期待什么样的O2O企业？这个行业未来会向什么方向发展？更重要的是，作为“互联网+上门服务业”的连接器，58到家和它的小伙伴们，到底能给传统行业和劳动者带来怎样的变化?

对此，陈小华的回答是："我们在打一场连接真实世界的战争。"

剪掉脐带的"创二代"

"58同城的董事会里也有人反对我们向外部融资，表示可以一直在人财物上给予支持。我说，这就像是儿子一出生，你就跟他说，必须和这个姑娘白头偕老，这个概率有多高?但如果你说，这辈子必须要找一个人白头偕老，就容易得多。"陈小华现在还清楚地记得2014年7月16日这个日子，在那一天，坐在58同城的办公室里，他们定下了"58到家"这个品牌名称，11月20日，58到家服务平台正式发布。

那时候，在绝大多数人眼里，58到家是背靠58同城这棵大树，衔着金钥匙"出生"的"创二代"。

华平投资集团是58同城早期的股东，"公司开会，老姚（58同城总裁兼CEO）把我们介绍给人家，对方就直接说，恐怕做不成，和58同城的核心业务信息服务差太远了。老姚就说，人家可是管理团队全部放掉58同城的股票分拆出去的，对方就态度一变：'咦?那可能还有戏。'"

陈小华告诉记者，从一开始，58到家就确立了独立运营、向外部融资的策略，"在大公司内部创业，最重要的就是要剪掉所有的脐带，独立了，人的生存欲望才会变得特别强烈。融资不仅仅为了得到钱，也要保留挑选股东的权利。你可以选择战略上认同你的资本进入。只有打通了资本通道，才不怕任何战争。"

独立的58到家确定了3个最早的"主攻"方向：小时工、美甲和同城速运。选择小时工和美甲的原因颇为相似：客单价低、复购率高、可激发，一旦投入大量补贴，消费者就会有兴趣"尝鲜"。选择同城速运则是因为，"总要尝试一下低频业务怎么做"。

当然，58同城的资源在其中确实发挥了不小的作用。58到家速运事业部总经理李瑞凌坦言，作为国内最大的蓝领招聘平台之一，58同城提供了大量司机的简历。"前期最核心的就是找准种子司机，我们到批发市场找趴活的司机，甚至还进过'城中村'，最后发现还是从58同城筛出来的简历最好用，司机对互联网有认识，素质整体高一些。”

在三项业务的推进上，58到家都采取了相当激进的“打法”，小时工业务在上线3个月时间里，从一个城市扩张到28个城市；美甲业务则在去年上半年屯集了1万多名美甲师，同样分布在20多个城市。“许多垂直领域团队会习惯于先在北上广这样的一线城市选点进入，但对我们来说，这样体现不出大公司的优势，相当于你找了10个人去和索马里海盗打游击战。多品类同时出击，把‘战火’烧到30个城市，你曾经管理过庞大团队的经验优势就能体现出来，投资机构同样才会相信，你是认真想做这件事情，而不是58同城在‘玩票’。”

2015年上半年，陈小华拿到了六七家投资机构给出的投资意向书，估值都不错。10月12日，58到家宣布完成了3亿美元的A轮融资，出让股权约为30%，投资人包括阿里巴巴、平安创投和老牌投资机构KKR。考虑到腾讯早在2014年就曾以7.36亿美元收购58同城19.9%的股份，后来又不断增持，这也意味着，58到家成为又一家同时得到国内互联网三巨头中的两位共同认可的公司。

陈小华认为，这其中也寄托着巨头们对O2O的热望。“过去，互联网连接的是虚拟世界，但现在你要调动线下的经济单元。而不管保姆、司机还是美甲师，都是有限的。对于阿里和腾讯来说，投资不仅仅是为了回报，也是为了借由忠实的合作伙伴，让自己包括支付能力、连接能力等在内的整个生态链‘落地’。”

“80分”的生命力

“我们会给美甲师提供一个小的客户管理应用，自动计算每个客户大概会重新做指甲的周期，到了时间就会提醒美甲师去唤醒顾客。”58到家丽人事业部总经理魏雯雯说得兴高采烈，“比如，用户可以在手机上看到每个美甲师的‘徽章’，其实就是个性化的标签，比如‘会聊天’‘装备多’‘老顾客多’，这是汇集每个用户的评价算出来的。美甲师为了得到一个‘徽章’，会特别卖力气，这比线下美甲店的用罚款管理员工的方法好用”。

O2O改造线下服务业，技术显然是重要的一方面，更重要的是，它能实现传统方式做不到的事。

58到家家政事业部总经理李楹表示："采用传统方式，一个管理者只能管理10个保姆。但我们最前线的管理单元，三四个人要管500个保姆，还要控制服务质量和流失率，怎么做得到？因为我们用线上的方式来提高效率。比如，保姆要请假，需要在我们手机应用的商家端提出申请，这样我们随时就知道到底有多少人力可以接单。O2O更像是对传统企业的互联网改造，解决的就是信息传递中的效率和优化。"

而在同城速运事业部，一百多人的技术团队正在进行大数据的研发。"只有先做出规模，大数据才有意义。现在，我们可以根据每一个区域的实时情况来计算订单的价格，比如在广州的一个地方，每天下午5到7点订单高发，路况又特别堵，价格就会自动调高，这会让司机不那么在乎'好订单'和'坏订单'，用户更容易叫到车，体验就上去了。"李瑞凌表示。

不过，比起这些技术突破，更重要的改变来自思维方式的转换，因为，互联网思维意味着标准化、可复制、以用户体验为中心。

58到家家政事业部高级经理于连涛每天最主要的工作就是和保姆们打交道。"我们计划推出全国第一个'保姆身份和技能双认证体系'，一方面通过身份证、背景调查做到全国联网备案认证，另一方面我们会找线下的专业老师担任顾问，设计问题和试卷，对保姆进行一对一的考核。问题都特别实际，比如做鱼要先放什么后放什么，小宝宝的辅食怎么加热，测试保姆们是不是真的有这个技能。除此之外，在培训上，除了传统的清洁、衣物清洗之外，我们还增加了西餐制作、宠植物养护、冲泡咖啡等在内的12种专业化技能课程，让用户需求可以和保姆进行精准匹配。通过这些方式，截至去年底，我们家政平台上老用户的双周留存率，已经达到50%以上。"

在陈小华看来，这些都是O2O商业模式变革带来的体验升级，是O2O到家服务真正的生命力。"微信'掌门人'张小龙曾经问我，你同时做这么多品类，管理这么多人，怎么能把体验都做好？我说，不是因为我们做得好，是因为线下信息不对称，比如趴活的货运司机，可能一天只能接一单，所以就要见一个‘宰一刀’。做O2O就是要真正实现供需对接，同时提供用户可以评价和投诉的体系，所以用户的服务体验就好很多。我觉得，我们能做到80分吧。”

感谢“资本寒冬”

拿到了3亿美元，特别是在“资本寒冬”的大背景下，“这笔钱打算怎么花”几乎是每个记者见到陈小华必问的问题。

“我感谢‘资本寒冬’，这让补贴变得更加珍贵，别人补贴不起，我们就可以花得更久，过去很多补贴其实是无效的，只是单纯消耗资金。”陈小华表示。

花钱的首要原则是“省着花”。58到家各条产品线的负责人都告诉记者，从去年年中，他们就开始谨慎地制定补贴政策，而当时“烧钱大战”还是常态。陈小华告诉记者，这是因为有相关的考核体系在起作用：“我们把转化率称为R值，对每个城市经理都要考核。先考核R3，就是用户补贴率，用户付你100元钱，其中有多少是优惠券？然后是R2，就是用劳动者得到的钱，除以你从客户手中得到的钱，也就是除去两端补贴和奖励之外，实际成本和收入的比例。现在考核的是R1，就是再把地推人员的成本、市场费用、办公成本这些都算进去，再除以收入。这其实就是一步步向财务上的利润率靠近，地面团队每出一个补贴政策，每进行一次推广，都要算这个值，风筝后面要有根线拽着。”

58到家的高管团队手里甚至还有一张表，里面有所有竞争对手的资料：“他们有多少钱，预计下一轮融资何时能到位，单量多少，转化率多少，每一单亏多少。我们先给他们算账，然后再制定自己的策略。”陈小华说。

秉承这个原则，陈小华打算拿3亿美元做几件事。

一是继续扩张品类，让58到家从3个自营品类真正成为开放的平台，就像是电商“小伙伴”们曾经做过的那样。“我们新成立了平台事业部，会给所有上门服务的企业提供一个移动互联网的解决方案。换言之，就是允许他们在58到家上开店。今年，平台就会有一个雏形，把品类搭建起来。引入的商家数量少一点没关系，但要品质可控，让用户能找到可靠的服务。”

二是要投放大量的广告。当年的“一个神奇的网站”的广告曾让58同城尝到甜头，相似的路线也会在58到家复制。陈小华告诉记者，“大量的媒体广告，会给用户一个强烈的暗示，让普通人想到到家服务的时候，心里会浮现一个品牌。对于基层劳动者，逻辑其实很简单，你没钱怎么能投这么多广告”。

除此之外，58到家还会用大概10%左右的钱，继续投资O2O相关企业。如今，包括点到按摩、呱呱洗车、美到家等一系列O2O服务都已得到58到家的投资。“这不仅在于他们能够获得58到家APP上的订单，还在于未来我们能尝试‘云+人’的服务。比如，用户给我8000元，我给你提供一个4000元的保姆，剩下4000元是我的服务，我可以负责洗你家的车，给你的狗剪毛，还有需要干洗的衣服、需要维修的家电……这些都可以由保姆来通过自己手里的APP下单完成，用户会觉得我的保姆无所不能。”陈小华如是说。

有人说创业是马拉松，但在陈小华看来，58到家的创业更像是世界杯。“从预选赛到小组赛，再到淘汰赛，哪一场输了都得卷铺盖回家。每一轮得到新的融资，就像是重新选球员排阵容。说到底，每一场都不能用尽全力，得给后面的比赛留下余地，但还得保证赢球。所以，节奏感在整件事里最重要。”

一家小店"三个门面"，新鲜！

2016年2月19日　来源：《人民日报》 记者：蒋云龙

年前年后，买东西的人多了许多。

在秦岭脚下的深山里，四川省青川县建峰乡建峰村有个养鸡场。养鸡场场主徐晓兰的电话响个不停，她接起电话都是连连致歉，"对不起，店里没货了。"

在广元市，徐晓兰租下一个300平方米的门面来卖青川县的山货。自认为备足了年前的货，结果几天就基本被买空了。

电话好不容易消停了，徐晓兰却还不能放下手机，她开始打理自己另外两个门面——淘宝店、微店。

"网上门面更得用心做，人家下了订单，就得赶紧发货。"熟练地扒拉着手机，徐晓兰说，"我一个人忙不过来，还专门请了两个人帮忙维护淘宝店和微店。"

以前，扛着大包小包出门打工。现在，坐在家里鼓捣山货发家致富。这个大山深处的偏远小县，此类的转变，正从新鲜事儿变成寻常。

城里开了实体店，还上淘宝微信开了店

初中毕业的打工妹徐晓兰变身"电商"，她说自己是"被逼无奈"。

养土鸡，一家人投入了打工攒下的十多万积蓄。"没想到养鸡要求那么高，这几年挣的钱几乎都投进去了，政府也补贴了50万元，我们还欠着50万元的贴息贷款。"徐晓兰说，"这几年，人家在建新房，我家尽建鸡舍了。规模越来越大，就想能尽快把贷款都还了。"

徐晓兰想把自家土鸡生意做大。但是，农户的土鸡买卖一直以来都有一道"紧箍咒"：鸡贩子。传统土鸡销售，农户不掌握渠道，只得卖给走乡串户的鸡贩子。买不买、买多少、什么价，通通鸡贩子说了算。

能不能自己找到销售渠道？徐晓兰多方打听以后，试着在淘宝开了自己的土特产商铺，还到城里租了一间大的门面，线上线下一起推进。

“一旦口碑出去了，就不愁销路。现在，我们还和70多户村民成立了合作社一起养鸡，每年卖出两万多只土鸡。”徐晓兰说，“就连去年11月刚开张的微店，现在都有快上万元的流水了。”

在青川县木鱼镇新潭村，全职妈妈赵荣误打误撞做起的“微商生意”也是有模有样。

“在家里带孩子，我爱在朋友圈发点蓝天绿水和自己做的农家小菜。”赵荣说，“好多外地朋友看到以后说，你家环境真好，食材也是原生态，好健康。你能不能帮我买点？”

一来二去的，赵荣“山货代购”的生意是越做越大。“现在我微信好友4000多人，几乎都是朋友介绍来买山货的。”赵荣笑了，话语里也带着一丝得意劲儿，“现在，我也是月入过万的人了。”

过去的打工仔打工妹，现在自己坐在家里卖起了山货当上了老板。过去山里人只能把山货卖给下乡收购的商人，现在更多人自己到城里开了实体店，还上淘宝、京东、微信、苏宁等平台开了店。

山货出山，山不再是难以跨越的障碍。

山货可追溯，卖出好价钱

过年，大多数商户都歇业闭门回家团圆，享受难得的清闲。

青川县的电商赵海伶却没法放心休息，她等着和来自新加坡的合作伙伴见一面，谈谈接下来的合作。

2015年，赵海伶这个几乎全由农村90后姑娘组成的45人团队，让山货漂洋过海，卖到了新加坡。赵海伶说，“没想到，我们的山货在新加坡那么受欢迎。这次要谈好了，未来能卖更多。”

“青川山货质量上乘，在各地都很受欢迎。但受制于长期小农经济的生产经营模式，一直卖不上价。30年前，青川木耳卖到20元一斤，现在很多农户还是只能卖到20元一斤。大城市里核桃卖70元一斤，我们这里收购价7元一斤。”青川县县长刘自强认为，“要改变山里人拿着金饭碗要饭的现状，就得让山货卖出好价钱。不是卖掉就够了，更要卖俏。只有卖俏才能让老百姓增收致富，实现脱贫的目标。”

山货咋卖俏？青川电商想了一些法子。

山货产品不再是三无产品，信息实现可追溯。“我们现在在建一个自己的数据库，每斤蜂蜜、木耳或者竹荪，它从哪个村、哪户农家来的，所有材料齐备，都可查、可追溯。”赵海伶说，“严格的质量控制，让我们的货能合乎所有的标准，顾客也愿意为‘放心食材’买单。”

细分市场，产品分级。在成都闹市区的体验店里，青川山货被整整齐齐码进礼盒。“包装精美质量上乘的木耳，卖到了168元一斤。这样的木耳去年卖出7吨以上。”赵海伶介绍。

“老话说‘劈柴不看纹，累死劈柴人’。发展路径选择也一样。我们的优势在绿水青山、71.8%的森林覆盖率、7个国家地标产品、国家级生态功能区。”青川县委书记罗云说，“绿水青山会给我们带来金山银山，保护永远是发展的前提。”

今天，优质的生态环境正给青川带来源源不断的生态红利，通过电子商务的桥梁，逐步改变着这里贫穷落后的面貌。

线上线下发力滞销变畅销

2016年1月23日　来源：《人民日报》　记者：朱虹

编者按：日前，南开大学学生创业团队“农梦成真”通过网络帮助山西临县农民解决红枣滞销难题，引发社会广泛关注。截至目前，已卖出逾250万斤红枣。农产品销售，既需要畅通的渠道，也需要对种植情况有深入了解——这次南开大学学生创业团队的爱心行动，为枣农送去温暖与希望；而他们“线上线下联动”的合作方式，也为我们今后应对农产品滞销难题，提供了新的经验。

红枣丰产却滞销，枣农束手无策

山西临县红枣滞销，南开大学学生创业团队“农梦成真”伸出援手。“1月11日以来，不包括电话订购，我们已经在淘宝和微信平台上卖出了至少250万斤滞销红枣，销售额达到了1500余万元。”团队负责人彭俊告诉记者。

据介绍，“农梦成真”是南开大学的学生创业团队，一直致力于解决农村农产品滞销问题。2015年11月，他们曾通过网络帮助天津蓟县农民卖出价值几十万元的滞销苹果。彭俊说，他们团队从媒体报道中了解到，2015年山西临县红枣大丰收，产量达到3.6亿斤，但却严重滞销。经过充分了解和市场调查，“农梦成真”团队决定通过网上销售的方式帮助枣农卖枣。

“2015年12月下旬，我们赶赴临县，眼前的情景让我惊呆了。没人收的枣树林，满地是枣，走在上面可以听到‘噗噗’的声音”，彭俊说，家住临县沈家沟村的一位老大爷告诉他，家里主要的经济作物就是20亩枣树，2015年产量达到了16000斤，往年收购价为1.6到1.7元，但现在最好的枣也只卖3毛钱，还没人要。“我们详细了解了当地红枣的种植和滞销情况后，进一步坚定了帮助他们卖枣的决心。”彭俊告诉记者。

网上推送引发关注，爱心网友踊跃购买

下定决心后，彭俊开始了“组队”。

柳林顺，山西临县的青年创业者，他曾在北京一家互联网公司工作，得知家乡红枣滞销，于去年11月辞职回乡义卖红枣。“一开始，我与各地枣商联系，他们一般都要求先寄两箱样本过去，我前前后后寄出了7000多块钱的枣，可没有一家有购买意向。”

柳林顺苦于打开市场无门，直到遇到彭俊，二人一拍即合。就这样，柳林顺负责组织人力进山收枣，彭俊则负责打开市场。

1月11日，“农梦成真”团队在社交网络上推送了文章《紧急救助大山老农：不让山里农民红枣喂牛羊，“农梦成真”请你伸手来帮忙》。该文立刻引起了广泛关注，当天浏览量即超过10万。经过网上推广以后，“农梦成真”的两个客服电话被“打爆”。“一开始觉得能达到100万元的销售额就很不错了，没想到大家这么关注‘三农’，这么踊跃地购买。”彭俊说。

南开大学校团委在了解了“农梦成真”帮助山西枣农的事情后，立即组织20余名志愿者担任客服，并将客服电话增加到了10部，还专门提供了一间办公室供团队使用，处理来自海内外的大量订单和咨询电话。

公益力量汇集，形成产业链条

“第一车枣发出来了，但供应、资金与物流链，仍是横在面前的难题。”彭俊说。“农梦成真”网店的销售额很大，需要大量发货，可现有的人力、运力远远达不到需求，况且临县山路崎岖，只能用农用三轮车往外拉。更为紧迫的是，由于网店的订单在消费者未收货前，无法拿到现金，因此无法支付收枣、纸箱、人力等费用。

彭俊与柳林顺大致估算了一下，要想实现顺利供货，启动资金至少需要400万元，对他们而言，这无疑是一个天文数字。

与此同时，网上出现了很多不理解“农梦成真”的声音：“临县有那么多枣吗？”“这个价格比超市低，不会是假的吧？”……1月15日，转机终于出现了，社会公益力量汇聚起来的强大暖流帮助彭俊与柳林顺渡过了难关：“水木年华”歌手缪杰得知“农梦成真”的困境后，答应筹款100万元。

此外，共青团山西省委还组织了吕梁大学生志愿者10多人前往临县协助，山西的一些物流公司也在临县设立了办事处，帮助运输红枣……目前，“农梦成真”团队收枣网点已遍布临县的各个乡镇，每天可发出60吨红枣，一条产地直供、网络销售、收益惠农的产业链初步形成。

彭俊说，“农梦成真”团队在每箱红枣中都放置了一封感谢信，以临县全体枣农的名义感谢人们对临县枣农的关注，感谢人们对大学生创业的支持，也感谢人们力行公益的爱心。

产业化高品质，助力枣业突围

“现在需要思考的是如何建立临县红枣品牌？如何增强临县红枣竞争

力？如何让缺乏资金的大学生创业者更多地参与这样的项目？”临县红枣滞销的事引发了彭俊的深入思考。

彭俊认为，只有转变粗放、品种单一的种枣方式，才能让枣农增收致富。柳林顺说，近年来，临县枣业病虫害很严重，打击了枣农的信心，“原来临县有三百多家枣厂收枣卖枣，目前大多数都停工了”，他认为，“最重要的是对枣业精细化管理，重树枣农信心。”

电商从业者高利明认为，种红枣最重要的是“懂红枣”，必须通过与农科机构合作建立种植专业合作社，引进有机红枣种植技术，采用精细化管理，才能生产出高品质的红枣，逐渐打开国内外市场。山西吕梁市一位政府部门负责人则认为，只有建立龙头企业与农户的紧密经济联系，组成完整的经纪人队伍，才能实现临县枣业的可持续发展。

第二章

Chapter 2

互联网 +N

第一节　互联网+文体

移动传播：纪录片的新媒体机遇

2016年7月23日　来源：《光明日报》记者：郭佳

今年发布的中国纪录片发展研究报告指出，2015年可称为中国新媒体纪录片的井喷年。随着我国网络视频用户突破5亿，纪录片在新媒体上的播放量实现高速增长，《我在故宫修文物》《鸟瞰中国》等多部纪录片在网上获得了过亿的播放量。

互联网思维给纪录片创作带来了新的机遇和挑战。面对大众观影习惯的变化，如今，一些原本传统的纪录片制作机构正不断尝试运用新的创作理念和方式，各大视频网站也纷纷在纪录片领域发力。此外，一些纪录片也开始试水院线，通过在互联网上展开“众筹”等形式，以吸引更多观众。

传统纪录片制作尝试转型，瞄准移动端传播

要说最近什么纪录片在网上很“火”，新华社打造的微电影形态可视化全媒体产品《红色气质》必然算一部。这部片子从策划之初，就把互联网作为主要的播出平台。该片以9分05秒的时长，高度浓缩了中国共产党95年的光辉历程，在互联网上获得了大量网友的关注。

“小是美好的，小也是见功力的。”中央新影集团副总裁赵捷评价认为，当下的受众尤其是年轻受众，对一段视频的耐心有限，如何让较长的纪录片更适合网络传播，对制作方来说是个考验。

赵捷介绍，作为拥有独家国家级历史影像库的中央新闻纪录电影制片厂（简称新影厂），从黑白胶片时代起，就用摄像机记录了一系列国家发展中的重要事件。而在移动互联网时代，新影厂同样面临着怎样把国家记忆更好地传承下去的问题，目前新影厂正在对原有影像资料重新整理和发掘。

“很多早期胶片拍摄的纪录片片比是1：3.5，一个小时的纪录片是由3.5小时的素材剪辑而成，那2.5的部分可能由于当时历史环境的限制没能播出，但到今天再看，好多精彩的镜头其实就在那2.5的部分中。”赵捷强调，无论处于什么时代，有共享才会有传播，要吸引观众，一定要把片子的内容做得好看，让这些珍贵的资料重新焕发生机。

此外，随着越来越多的观众开始在手机上观看视频，中央新影集团在策划拍摄纪录片时，也会考虑手机移动端的传播。赵捷以最近拍摄的《新三峡》为例，“除了长的纪录片，我们还将制作若干部时长只有5分钟、适合新媒体传播的微纪录片，叫《探秘新三峡》。这样不仅有利于传播，而且也会给地方的旅游文化发展带来利好。”

视频网站在纪录片领域发力，组建专门创作队伍

以往，纪录片产业的市场体系和运营机制不健全，导致其核心资源大都集中在国有大型电视机构当中。现在，随着互联网跻身主流媒体行列，全媒体传播逐渐成为常态，搜狐、爱奇艺等视频网站纷纷开设纪录片频道，并组建专门的纪录片创作队伍。

腾讯纪录片频道主编黄平茂认为，由于电视台对纪录片播出平台的垄断逐渐被打破，一些有想法、有创意的纪录片制作人在网络上找到了展示自己的舞台。“比如，2015年著名导演焦波独立制作的纪录片《乡村里的中国》在腾讯上线，网民点击率就接近5000万。”

黄平茂告诉记者，近年来他们的主要工作是着力打造平台价值。“从2015年起，腾讯视频将热播纪录片作为主要努力方向，主打世界级版权内容（如跟美国国家地理杂志合作）。首批上线的300小时纪录片，在2015年一年就获得了4.3亿人次的播放量。”

除腾讯视频外，其他视频网站也努力发力。凤凰视频早在2010年9月就正式单独分拆出纪录片频道，除了同步独家播出凤凰卫视的纪录片节目之外，还与其他媒体和个人广泛合作，运营丰富的纪实内容；爱奇艺付费VIP

会员数已经突破2000万，其纪录片频道的部分作品已经开始付费观看；优酷土豆纪录片频道从《季录》开始，部分自制纪录片已从线上的视频观看走向线下的商业活动和图书出版等，逐步加大商业化步伐。

纪录片试水院线，“众筹”方式调动观众积极性

今年3月，纪录片《我在故宫修文物》在距离央视纪录频道热播一个多月后，被上传到网络上，突然走红。这种片方没做宣传，却因良好口碑在社交平台上形成话题，并持续发酵，进而使播放量不断攀升的事例，正是“互联网+”时代才会出现的特有景观，也给纪录片的营销发行带来了新思路。近年来，不少纪录片的制作和发行团队开始尝试运用“众筹+口碑营销”的方式吸引观众。

几年前，一部由网友“众筹”而来的纪录片曾在网上吸引了大量网友关注。著名导演凯文·麦克唐纳希望发现一些真正由普通人拍摄的好素材，便通过YouTube平台号召全球网民以镜头捕捉2010年7月24日这一天的生活点滴。令他没有想到的是，截至活动结束，有192个国家（地区）的网友参与活动，他们共收到多达80000段短片，总时长达4500小时，最终由他们选取素材剪辑成95分钟的成片。由于在社交网络上受到大量关注，这部纪录片也选择了在网友参与颇为活跃的日本、以色列、俄罗斯等十个国家上映。不少网友表示，正是因为这部纪录片，让他们看到了不同肤色、不同年龄、不同价值观的人们在一天当中的样子。

今年收获了超过千万元票房的《喜马拉雅天梯》，也尝试了“众筹”这一宣发手段。“你愿意在电影院里遇到这些藏族登山少年吗？你可以选择参加首映礼来支持我们，首映礼定在五座城市……每场会有60名的支持名额。”这是纪录片《喜马拉雅天梯》在网上的众筹宣传语。该电影出品人路伟告诉记者，这几百位众筹出品人，不仅是电影投资人，也是电影营销员和团购的第一拨观众，他们不仅通过“众筹”形式参与了首映礼，而且很多人还通过自己的社交网络为这部纪录片作了“口碑”宣传，这与一般仅仅是买票走进电影院的普通观众有很大不同，实践证明，“众筹”这种方式调动了每一位观众的积极性。

网络直播　清朗方能更红火

2016年8月10日　来源：人民网—《人民日报》　记者：张意轩、尚单、程远州

开栏的话

连续18天不出门，利用互联网享受一切所需服务——某应用软件发起的“18天不出门”实验引发广泛关注。活动的体验者利用各种软件不但轻松解决一日三餐、购物、办公等日常需求，还享受到理发、足底按摩、宠物美容等服务，日子过得封闭却并未“与世隔绝”。

根据新近发布的《中国互联网络发展状况统计报告》，我国互联网普及率达到51.7%，超过全球平均水平3.1个百分点，超过亚洲平均水平8.1个百分点。截至2016年6月，我国网民规模已达7.1亿，连续9年位居全球首位；每位网民日均花费约3.8个小时上网，网络直播、互联网金融等新业态发展迅猛。然而，在繁荣景象的背后，各种问题也在日益凸显：直播火热，难逃“涉黄涉暴”阴影；微商盛行，信任的小船时常“说翻就翻”；各类APP丰富，恶意刷流量、泄露隐私的例子屡见不鲜……

从工业时代到信息时代，互联网以其强大的渗透力深度塑造着我们的日常生活。那么，互联网正在引发我们生活中的哪些新变化？又需警惕哪些陷阱与风险？未来“互联网+”的生活还可能遇见怎样的精彩？本版即日起推出“互联网新观察”系列报道，旨在关注百姓身边“网事儿”，挖掘问题、分析原因、探讨对策，以期激浊扬清，为我国实现建设网络强国目标提供可行性路径参考。

核心阅读

2016年，被业内人士称为“中国网络直播元年”，“无直播不传播”走进千万普通人的世界，秀场、体育、电竞等各类直播形态“遍地开

花”。只要一部智能手机和一个注册账号，人人都能对着镜头来场现场直播，日进斗金的“传说”吸引着越来越多的人持续加入，梦想一夜成为“网红”，从此“走上人生巅峰”。那么，网络直播到底有多火？“吸睛”“烧钱”的背后又是怎样的运作模式在支撑？如此“盛况”还能持续多久、又该如何正本清源？请看记者调查——

直播，究竟有多火

■平台超过200家，相关“网红产业”预计2016年产值接近580亿元

白天，认真读书、参加集体活动；晚上8点，就到了自己的直播时间——在租住的公寓里，面对网络世界里的粉丝，一首一首地唱歌，答谢那些送出虚拟礼物的粉丝……

对大学生“小西米”来说，自从在YY网络直播平台注册为主播后，这成为她每天的日常生活。凭借网络直播平台带来的高关注和粉丝礼物，“小西米”一周四五次直播，月入近两万。

今年7月11日，网络红人papi酱在八大网络直播平台同步直播，不到一小时就吸引观看人数超过2000万，点赞人数过亿，收到粉丝打赏90万元。

实际上，“小西米”和papi酱只是活跃在网络直播平台上众多“网红”的一部分。这些“网红”，也成为网络直播平台火爆的缩影和注脚。

网络直播有多火？据不完全统计，中国在线直播平台已超200家，与直播息息相关的“网红产业”预计在2016年产值接近580亿元。阿里巴巴、腾讯、百度、奇虎360等互联网巨头纷纷“入局落子”，9158、新浪SHOW、虎牙、斗鱼、花椒、映客、战旗等网络直播平台也已驶入“快车道”。早在2014年上市的天鸽互动数据显示，截至今年3月31日，天鸽互动注册总数已达2.95亿人，主播人数超过36000人。

直播平台的火爆也引来资本追逐，不少平台获得巨额融资。今年3月，成立仅仅两年多的斗鱼直播平台已完成新一轮融资，获得腾讯领投的约1亿美元投资。

套路，到底有多深

■平台烧钱赚人气，经纪公司培训推广，竞争激烈引发乱象

打游戏、美妆、运动，甚至是吃饭、睡觉——看似“平常”的直播内容，为何能吸引大批粉丝为之疯狂、一掷千金？

“通过直播平台，普通人有了施展才华的空间。”天鸽互动CEO傅政军直言，主播与粉丝互动，或唱歌，或讲笑话，又或者分享好玩的事情以及有意思的观点，粉丝会有很强的参与感，自然会受欢迎。

“其实我的粉丝大都不是很有钱，但是他们愿意把钱花给我。”“小西米”表示，做直播的确比较赚钱，但网上所说的月入几十万上百万元只是极少数的情况，而且竞争越来越激烈，主播们为了多赚钱，会用各种手段，“比如说，年轻女主播的观众多是同年龄段的男生，所以‘撒娇卖萌’就是必备的技能。”

与“小西米”的单打独斗不同，主播“我想叫花花”则有专门的经纪人帮其打理工作。她介绍说，在斗鱼平台，每一名签约主播都有自己的经纪人和内容管理团队，帮助他们做推广，教其更好地与观众互动，“一般说来，主播们的收入，一部分会被直播平台截留，剩下的经纪人抽成后归主播所有。”

铁杆粉丝被主播称为“后宫团”，而当红主播也是直播平台的“吸睛神器”，各大平台为争夺主播、获得用户，各种“挖角大战”“烧钱竞赛”早已屡见不鲜——2014年底，YY旗下直播平台虎牙宣布签下一系列知名主播；几乎同时，一批虎牙主播宣布集体跳槽到斗鱼，斗鱼为此的花费以千万计……

另一方面，激烈的竞争也让各种“潜规则”在直播圈内盛行。易观智库高级分析师、高级分析总监薛永锋告诉记者，在不少直播平台，聊天、唱歌、化妆、发嗲等早已成了“标配”。但随着网红数量越来越庞大，单凭这些内容，想要突围困难重重。不少网络主播开始游走在“灰色边缘地带”，暴力、色情、低俗、猎奇等违反公序良俗的内容层出不穷。

而在平台监管方面，“关闭房间”“封号”等处罚虽常被提起，但

和主播拴在“一根绳”上的直播平台，却可能“雷声大雨点小”。据北京市文化执法总队网络队副队长秦永明介绍，今年7月，移动互联网直播APP“嘿秀”因为有大量的淫秽色情表演已被停业整顿，成为北京市首家被责令停业整顿的直播平台。

“目前直播行业能实现盈利的企业不多，有些甚至靠投资人的钱勉强维持。”傅政军说，有些主播突破法律底线和道德底线，个别网络直播平台心知肚明，但为了赚取流量和佣金，吸引融资，同大平台展开竞争，往往会默认和纵容这种行为。

不止如此，刷单刷榜、数据造假也已成为行业内“公开的秘密”。记者在淘宝上输入“直播、粉丝”等关键词进行搜索，不少商家明码标价，“2元购买5000粉，3元购买10000粉，38元包省热门，88元包全国热门……”

盛况，还能有多久

■政府监管和行业自律“双管齐下”，盈利模式创新迫在眉睫

业内人士和相关部门均表示，网络直播行业要想获得长远发展，首先要加强对各种乱象的整治，政府监管和行业自律应“双管齐下”。

实际上，相关部门早已打出监管重拳，给直播行业“降温去火”。6月1日，在《北京网络直播行业自律公约》实施了一个多月后，北京市文化执法总队公布一批违规主播名单，9家网络直播平台的40名主播被永久封禁；7月12日，文化部依法查处26个网络直播平台，关闭4313间严重违规的直播间，包括熊猫、六间房等在内的12家网络直播平台被责令整改；7月底，公安部表示将在全国范围内组织开展为期3个月的网络直播平台专项整治工作……

受此影响，不少直播平台纷纷制定规范。映客直播相关负责人介绍说，映客通过技术手段24小时对直播内容进行巡查，一旦发现有主播播出违法违规内容，将永久关闭主播账号，拉入主播黑名单，平台对其永不开设直播，并保存有关记录，确保执法机构抽查时能够随时调取相关证据资料，“随着各方面监管的加强，平台发展得越好、主播的收益越高，他们

反而会越谨慎，因为试错的成本太高。”另一方面，YY、花椒等直播平台也相继开始实行“实名制认证”。

“现在的直播和以前不一样了，观众群体相对固定，过了靠美色吸引眼球的时期了，主播需要靠内容取胜。”“我想叫花花”告诉记者，竞争日益激烈，如不精心策划很难吸引观众。

与此同时，业内人士表示，网络直播平台还要走出盈利模式的困境，创新迫在眉睫。

“除了游戏、秀场，未来直播还将更广泛地应用在财经、体育健身、教育等垂直领域。”傅政军认为，靠打“擦边球”生存的平台将会被淘汰，网络直播将迎来新一轮行业洗牌。

“除了提升内容质量，也要打造个人品牌，将资金和精力更多地用在加强原创、探索多元内容上，以差异化满足用户需求。直播平台要走精品化道路。”斗鱼直播负责人说。

实际上，不少直播平台开始在这方面创新探索。今年5月，口碑携手陌陌“哈你直播”邀请百位网红在全国10个城市进行“520为爱吃狂”的网络直播活动；6月，花椒直播与途牛影视达成战略合作，开设建立旅游直播频道……

少点套路　多点真诚（记者手记）

“有个性、很直观、互动强”，凭借这样的“标签”，网络直播快速成为年轻人喜欢的娱乐方式，在吸引众人注意力的同时，不断赢得资本和市场垂青。作为风头正劲的新生事物，在其崛起发展的过程中，网络直播不免存在种种违反公序良俗、触犯法律红线的不规范行为。

技术并无原罪。尽管存在种种乱象，但网络直播平台并非“假恶丑”的代名词，尤其是近年来，依托网络直播为主要载体而爆红的“网红经济”，成为互联网经济发展的重要组成部分。

应该看到，网络直播平台让人们多了一个自由表达的渠道，也让更多普通草根阶层有了成为明星的可能。对于这个正在“风口”上的新兴事物，既不能一棍子打死，也不能置之不理，而应引导公众正确运用，呼吁相关部门出台措施，加大整治力度。唯有在鼓励发展的同时加强有序监管，让主播和平台“少点套路，多点真诚”，才能促进网络直播走上更为健康、长远的发展道路。（尚 丹）

打开手机，围观考古

2016年8月25日　来源：《人民日报》 记者：贺勇

十来名考古人员蹲在地上拿着手铲、刷子等工具小心翼翼地推开泥土，半个多小时后，在一个刚刚清理完的探方内，考古人员发现，一块约25厘米长的孔雀蓝色琉璃构件半掩于土中，弧形的番花清晰可见。

而这一切，观众不用亲临现场，通过手机直播就能真切体验。

在新媒体上实况直播考古现场

17日，圆明园遗址公园首次在微博、微信、直播软件等新媒体上直播考古实况，向公众展示西洋楼遗址区的远瀛观考古现场，让更多人可以在网络上“近距离”观看并了解考古工作。对紧盯手机屏幕的观众而言，他们并不在考古现场，却能感受到考古的魅力。“由于是直播，考古过程中会发现什么文物，工作人员事先也不知道。正是这种不确定性增加了趣味性，这也是直播考古实况的魅力。”北京市文物研究所圆明园课题组组长张中华说。

远瀛观遗址位于圆明园长春园中轴线最北端，曾经是一座西洋钟楼式高台大殿，是乾隆皇帝宠爱的容妃生活的场所。目前，远瀛观遗址仅存汉白玉雕花石柱和一些散落的石构件。此次考古工作涉及800平方米的遗址，将为远瀛观遗址下一步的抢险保护提供科学依据。

“西洋楼遗址区的遗迹很丰富，我们今天虽只清理了一个探方的表层土，就已经发现了十几件文物，包括黄色和蓝色的琉璃构件、瓷片，还有青花瓷和粉彩。”张中华介绍，文物出土后，历史学、古代建筑学等学科的专家会对出土文物进行会商，推测出文物的名字、用途、成分等信息，对能修复的文物进行清洗、修复、绘图、三维扫描，再由文物局确定是否面向公众展出。

“公众考古”揭开考古神秘面纱

此次圆明园为何要直播考古实况？以往，考古现场都是封闭的，甚至还有荷枪实弹的武警守卫，“通过网络直播、实时互动，让更多的人可以便捷地近距离观看考古工作，了解考古发现和考古知识，让公众走进文化遗产，也让文化遗产融入大众的生活。”圆明园管理处副主任李向阳说。

近年来，圆明园持续开展公众考古活动。去年6月13日的第十个“中国文化遗产日”，圆明园首次开放了西洋楼遗址区养雀笼考古现场。今年6月11日，第十一个“中国文化遗产日”，圆明园开放了远瀛观遗址考古现场。游客可在现场近距离观摩考古队员的工作，观看考古全过程，揭开考古工作的神秘面纱。李向阳认为，“公众考古”可以使考古从神秘走向公开，从庙堂走近公众，丰富现代人的文化生活，成为传承文化根脉凝聚民族精神的丰厚土壤。

据悉，直播西洋楼远瀛观考古现场的活动效果良好，受到了广大网友的欢迎和好评，直播视频的观看点击已达7万次。网友还就遗址历史、考古工具、发掘进度等问题与专家展开互动交流。当考古工作人员挖掘出文物时，网友非常激动，纷纷询问文物的具体情况。

李向阳表示，此次远瀛观考古现场的勘测计划将持续到11月底，根据考古进展还会分阶段直播。已故中国著名考古学家苏秉琦先生说过，“考古是人民的事业，不是少数专业工作者的事业，人少成不了大气候。考古没有广大人民群众的参加不成。”今后，圆明园还将持续开展公众考古活动，传播形式也会越来越丰富和多样。

非遗移居互联网

2016年1月17日　来源：《经济日报》 作者：朝石

一次文化修复的新尝试——“翻译”圆明园

金　晶

数字技术能让文化遗产的保护与开发进程有趣有序，有张有弛，还有机会成为文化修复的主流技术

岁末年初，圆明园推出的“历史其实也有fun儿”亲子游园活动吸引了大批游客。与普通的亲子游不同，游客在这里可以通过数字科技领略到百年历史的沧桑巨变。一部手机、一个iPad就可以体现互动和“穿越”。

“乾隆五十五年，王公大臣为乾隆贺寿的地点在哪里？”对于这道题，iPad上给出了3个选项，A是九州清晏，B是正大光明，C是长春仙馆。当游客选出其中一个答案后，便可以按照地图的指示先到达对应的景点。而他的选择是否正确，扫过景点里的二维码就能知道。当答案正确，并在对应的景点扫过二维码后，谜题就会解锁进入下一环节。工作人员告诉记者，“定位功能可以记录游客的答题成就。这样一来促使许多游客按照兴趣点，开发线路进行游览，亲子游也变得更有意思起来”。除此之外，手机可以通过定位功能，在不同的景点接受到不同的知识讲解，让人们领略到园中深厚的历史和文化魅力。

有趣有序，有张有弛，文化遗产的保护与开发才能互惠并行。在文化遗产的保护方面，现代科技也能够发挥重要作用。

“我们是历史的翻译者。”北京清城睿现数字科技研究院院长贺艳说。她和她的团队首次突破技术应用瓶颈，将3D扫描技术应用于文化遗产

保护，还是在2006年圆明园碧澜桥虚拟拼接项目。

碧澜桥位于圆明园的九州景区，经过考古发掘后，大量残存的石构件重见天日。如何利用仅有的实物遗存重现碧澜桥原貌，成了摆在研究人员面前的难题。传统的对比拼接方式显然并不适用，除了石构件自重较大，起吊困难以外，对构件本身的二次伤害更加难以估量，毕竟成功拼接可能要经过成百上千次的尝试。

最终，清城睿现团队给出了一个全新的方案，即利用3D扫描技术，把碧澜桥遗存石块转化为点云数据，在电脑中通过大量的运算和拼接尝试完成虚拟复原。

在这次成功尝试后，团队提出了更加理想的遗产修复技术构想：在以后的遗产修复工作中，运用数字技术，对文化遗产残缺的部分进行数字重构，并利用3D打印补配其残缺部分，从而补配部分的与残存部分的黏合性和整体性更为理想，也将更加接近文化遗址原貌。

“希望随着数字技术的发展和数字仪器的广泛使用，这个技术构想将有机会成为文化修复的主流技术。”贺艳说。

一位非遗保护专家的构想——以网络之长　补非遗之短

广东省非物质文化遗产促进会副秘书长　朱钢

互联网时代的年轻人所关注的微博、微信、微视频和APP等平台力量会是今后传播、展示非遗的重要工具

自2003年起，非物质文化遗产逐渐进入公众视野。国家为保护这些珍贵的文化遗产出台了专门的法律法规和各项优惠政策，为非遗传承人提供各种补贴和帮助。但我国非遗品类多、体量大，目前的非遗保护传承仍面临很多问题，如技艺传承出现断层，公众了解度不够，缺乏推广途径等。有些非遗项目已淡出人们的视线，与市场脱节，脱离了我们的日常生活。在互联网时代，如何利用互联网手段，保护和传承非遗，也就成为一个值得探讨的话题。

非遗保护较为棘手的是非遗传承人队伍严重不足，后继无人。以技艺类项目为例，很重要的原因是很多非遗产品依靠纯粹的手工制作，制作过程辛苦，耗费时间长，而所能带来的经济效益并不与之相符，年轻人不愿传承该项技艺。再深究原因，传承人有技艺、有生产能力，但生产者和消费者之间信息不对等，非遗传承人无法对产品进行很好的包装推广，不能满足现代消费的需求，无法产生经济效益。在这里，互联网就有了用武之地。

互联网的属性之一是共享，“互联网+”突破了地域空间的限制，方便传承人与消费者之间的互动，助于传承人将非遗和现实需求融合，使非遗产品更能为消费者了解和接受。传统手工艺通过互联网展示，一方面使公众对非物质文化遗产有更便捷的了解平台，另一方面也让传统手工技艺有新的商业模式。通过电子商务模式打造非遗产品，从物流、营销、运营等各环节找到持续发展的利润点，共同为非遗传承人服务。一旦形成良性的产业循环链，非遗的保护就可以不依赖于政府部门，而非遗传承人则可以一门心思做好手艺。

从传播角度而言，80后、90后的年轻人是非遗传播的主要对象，而互联网是他们了解信息的主要渠道。互联网时代的年轻人所关注的微博、微信、微视频和APP等平台力量会是今后传播、展示非遗的重要工具。此外，通过手机客户端，借助百度、爱奇艺等互联网平台，非遗传承人可通过视频方式，使其作品和技艺变成可知可感的移动互联的沟通内容，增加公众的了解度和关注度。通过占领年轻人的信息接受渠道，非遗将会在互联网时代取得更好的传承和发展。（庞彩霞整理）

一个初见成效的非遗成果，数据库活了

庞彩霞

数字时代，非遗项目不仅要变成计算机语言录入电脑中，更要让人们使用它，接触它

2011年颁布实施的《非遗法》明确指出：“文化主管部门应当全面了

解非物质文化遗产有关情况，建立非物质文化遗产档案及相关数据库。”这是国家第一次在法律层面明确了开展非遗数字化保护的必要性。经过多年摸索，非遗数据库的建设取得一定的经验和成果，在非遗保护及传播中发挥了重要作用。

在非遗保护的实际操作中，数据库是非遗保护的基础工作。现在，切实可行的办法是通过文字、照片、录音、录像、数字化多媒体等各类载体，利用非遗数据库来记录非遗项目的核心与代表性内容。数据库采用数字化技术的记录手段，类似于人类学研究中的“描述”，而在“描述—解释—评价”的研究过程中，“描述”位于研究工作的底层，因此，建立非遗数据库，是全面、完整地呈现各个非遗项目的特性，为后续研究、保护工作提供支撑的基础环节。

在收集归纳的基础上，非遗数据库还成了管理非遗项目的有效方式。我国的非遗种类多样，内容丰富，因此在实际的管理过程中，工作较为繁杂，需投入大量的人力、物力、财力。而在非遗的保护中，数据库越来越凸显出其操作灵活、便于储存与管理的特性，这对于提高我国非遗资源的管理水平，制定科学的保护规划，开展系统的保护工作，都具有重要意义。

与此同时，非遗数据库的传播手段能够符合人们的接收方式。因为，建立非遗数据库，实际上也是信息传播的编码过程，它将每一个非遗项目转化为文字、图片、声像、数据等符号，对非遗信息资源进行系统的、形象的、逻辑的表述。简单地说，就是使得非遗项目通过数据库的平台，将信息转换成符号，人们再通过这个平台展现的符号，组合成它所表达的思想内容，以直观地达到传播的效果，从而提高社会大众的保护意识，加大非遗的保护力度。

今天，非遗数据库已经可以被活化利用，渐渐成为非遗的基因库。那里，非遗基因正被进行解码提取，并与相关领域进行产业对接，从而拓展非遗的发展空间。就算大多数非遗项目只能“单打独斗”，处境被动，但数据库却能为解决非遗与现代社会脱节这个根本提供更多帮助，从而使传统文化渗透到更多领域中，吸引人们的关注，不至于沦为一种符号。

老牌文学杂志首次刊登网络小说　接受在线投稿

2016年8月17日　来源：《人民日报》　记者：曹玲娟

“每个人内心深处都存在许多不安，在生命中的某个节点，人一旦真正体会到衰老和死亡的存在，便再也无法摆脱恐惧，哲学、美学、文学都无法解决。”

汪若这篇名为《六十岁的中文系女教授》的小说，刊登在7月出版的《收获》杂志上，与韩少功、周嘉宁、翟永明、毛尖、吉狄马加等作家的作品共列。不同的是，这是一篇“网络小说”，来自于5月18日上线的移动创作出版平台“行距”。

网络写作与传统文学创作不应处于分道扬镳的状态

“是的，我们现在接受在线投稿，你的才华一分钟都不需要等待，我们每位编辑都在‘行距’上出没。”今年5月，居于中国文学期刊金字塔尖的《收获》宣布，将直接通过手机APP软件接受在线投稿。而此前，包括《收获》在内的严肃文学杂志长期只接受纸质投稿。

虽然只是投稿方式上的小改变，但足以窥见文学生态系统的悄然嬗变。

在线投稿，是“行距”APP为《收获》订制的一个功能。在“行距”的开发者、“赞赏”IP平台创始人兼首席执行官陈序看来，以往，网络写作只存在双边关系，创作者的作品优劣靠用户的点击量判定。也因此，“同质化、文学性弱、IP泡沫等问题随之出现。”而优质文学创作的三方关系机制，既有作者、读者，也有编辑和出版人，到互联网时代演变成简单双边模式，难免缺乏专业判断和审美引领。

但在当下，在覆盖生活各个角落的网络空间，零门槛的草根网络写作明显压倒传统优质文学创作。陈序坦言，“年轻人在网上提到文学，只会想到《寻龙诀》《盗墓笔记》等，很难想到莫言、余华。惟一一个在线诞生的茅盾文学奖作品《繁花》，也不是在主流网络写作平台创作、发布的。”

“源于草根的网络写作与经过沉淀的优质文学创作不可能一直处于分道扬镳的状态，这是一个能力错配的问题。”陈序认为，“我们希望探索在移动互联网上，优质文学创作如何重新繁荣。”

痛点就是起点。与其它网络文学社区不同，“行距”APP引入了优质文学创作的三方关系机制，目前已有近百位包括《收获》杂志编辑的一流文学编辑和中信出版的资深出版人入驻。文学创作者在“行距”上创作作品，完成后只要在标签中输入“收获”，稿件就会自动提交《收获》编辑部初审。作者还可以在移动端通过分享，投稿给在线的出版人。

“专业筛选不会完全被市场取代，未来更大的可能是专业筛选与读者筛选的一种有机结合。”陈序说。而《收获》今天的试水，正是看到了市场变化的可能。

数据显示，上线60天，“行距”APP已聚集超过1000名作者和超过1400个作品，近30个作品进入出版、影视等IP转化环节。而汪若，是《收获》承认的第一位“行距”作家。

拓展领域，希望建一个影视行业的剧本工厂

“这是《收获》正式跨出拥抱互联网的一步。”《收获》主编程永新说。

程永新介绍，《收获》创始人之一巴金先生曾提出，文学杂志就是出人、出作品，“《收获》让投稿平台更直接地向对文学有极大热忱的年轻写作者敞开。我们肯定希望能吸引更多的年轻读者，也希望能有更多年轻的写作者加入这个行列。”

道理很简单：今天的时代，读者、写作者在哪里，平台就需要搭建在哪里。

变化，是切实存在的。曾凭《繁花》摘得茅盾文学奖的作家金宇澄分析，“如今的时代，可说是中国文化水平最高的时代，有那么多人接受高等教育，与东、西方自由沟通，按各自的兴趣进行各类研究，网络更是提供了大量的空间和自由度，因此如今的读者见多识广。”

讲故事的人，总是与听故事者为伴。金宇澄的《繁花》，最开始便是在网上写作。也因此，他感受到，“如果我们继续按50后或更年长作家的路子写，摆出试图启示他人的姿态，是不智的。小说作者和读者将日趋平等。作品的优劣并不在于发表在文学杂志还是网络上，主要看作者处在怎样的写作立场。”

网络，无疑是一种前所未有的平等交流舞台。

用程永新的话来说，与过去单向度的投稿方式相比，如今《收获》的实践，是将互联网的开放性、平等性与传统严肃文学杂志的审稿制度结合起来。“时代变了，文学发展的形态变了，需要我们打开思路，寻找更多的渠道，吸引更多的新人参与到文学的生态链中。”

程永新一直希望，《收获》可以发挥原创作品集聚的优势。“《收获》杂志一直是容纳华语文学原创作品最好的平台，我们希望在互联网的环境下，提升优秀文学作品的影响力、传播力及价值。”

除了在线投稿，一个优质文学IP孵化器也在启动。

需求旺盛和泡沫化结合的影视市场，急需更多元丰富、更优质的文学IP。“行距”从投稿中挑选出好的文本，就可以向下游进行转化，此前，《收获》编辑部经常做影视版权代理，但从没有商业化运营。去年口碑上佳的电影《烈日灼心》，正是根据《收获》发表的长篇小说《太阳黑子》改编。

于是，在“行距”上选稿的同时，《收获》作为独家合作伙伴和文学服务商与“赞赏”正在共同搭建优质原创文学IP开发平台。《收获》资深编辑、作家走走将出任这个平台的文学合伙人，苏童等一些知名作家的版权也将交由这个平台代理、开发。程永新和陈序一致表示，“我们希望建设一个影视行业的‘剧本工厂’”。

体育迈进e时代——“互联网+”时代的体育观察

2016年4月6日　来源：《吉林日报》 记者：董博、景洋

今天，越来越多的人从体育运动的旁观者变身为参与者，在强健身体的同时以昂扬的精神风貌和积极的生活态度构筑着健康中国的风景线。

在这个被誉为“互联网+”的时代里，体育健身运动、体育产业都在与科技发生着不可抑制的组合、融合。一个更时尚、更便利、更普及的“互联网+体育”的时代已经扑面而来。

今天，体育已不再只是电视上运动员的争金夺银、为国争光，也不再仅限于中老年人群跳跳广场舞、打打太极拳这样简单地活动筋骨，而是一项全民参与、全社会共同关注的民生工程。运动收获健康的理念越来越深入人心，越来越多的人从体育运动的旁观者变身为参与者，在强健身体的同时以昂扬的精神风貌和积极的生活态度构筑着健康中国的风景线。

如果说时下什么产业最火，相信很多人一定会说是体育产业。资本市场上的投资风起云涌，体育产业的布局与发展，正在以可见的速度，开拓着国人的眼界。在这个被誉为“互联网+”的时代里，体育健身运动、体育产业都在与其发生着不可抑制的组合、融合。一个更时尚、更便利、更普及的“互联网+体育”的时代已经扑面而来。

互联网+体育健身时尚便捷

近几年来，在互联网与体育快速融合的背景下，各类大型群众体育赛事的办赛和参与模式，都在发生着翻天覆地的变化。通过互联网，体育锻炼与人们的生活更加密切，也更易于参与。通过互联网实现赛事报名、成绩查询、预约社会体育指导员，开具科学的、因人而异的运动处方，体育教练查找，公益性场馆开放预约，社会体育场地预订等，都已经是很平常

的事情了。

长春市民王美心只动了动手指，就能用一款手机软件找到附近所有的体育场馆。在“运动朋友群”里吆喝一声，便找到志趣相投的人一起健身。早在2014年末，长春市体育局与“奥运动”共同研发的APP大众健身服务平台惠民工程正式发布。找场馆、找朋友、发起活动等都可以在手机上一键操作。以往停留在互联网论坛上的体育健身模式被搬上了移动客户端，为此开启了探索长春市全民健身“O2O”服务模式的大门。

据了解，在健身平台上，有健身需求的居民可通过程序完成查询、预约、付款、邀约、评价、积分等一系列步骤，从而实现体育现代化向互联网时代的延伸，实现线上选择和预定、线下参与健身活动，调整场地人流量、提高场馆利用率，实现体育场馆、健身人群和服务提供者的有机结合。

这从社会层面上讲，这种方式打破了健身爱好者在运动过程中面临的信息不对称瓶颈，盘活了场馆存量资源，弹指之间解决“场地难找”和“顾客不足”的两大难题，从而改变了全民健身方式和场馆运行方式；打造了健身人群实时、实地、多渠道互动共享的全新健身模式，为广大城乡居民健身提供优先、优惠、优质服务，填补长春市乃至全省“互联网+全民健身”服务空白。在平台试运行期间，长春市体育局开展了一系列万人公益健身体验活动，从而推广惠民工程，让健身锻炼不再存在障碍，让不同人群都能轻松从健身中找到兴趣点和成就感，这也将是“互联网＋”时代下全民健身发展的必然趋势。

互联网+体育产业创新模式

在“互联网＋”的概念之下，很多国内资本早已找到商机。去年6月在天津召开的体育互联网经济研讨会上，盛世中体新体育产业集团宣布，将在未来的3年内投入5亿元打造新的体育产业平台。盛世中体希望通过“互联网＋”的方式为传统的体育注入新的活力。为此，盛世中体将打造三个大型体育互联网公共信息平台，包括中国体育旅游网、中国体育收藏网、中国体育人才经纪网，而这些平台目前在国内都还是空白。

此外，在他们的体育规划中包括了体育赛事、体育旅游、体育收藏、体育金融、体育培训经纪和体育产品等板块，这六大板块将紧紧围绕体育产业做文章。例如在金融领域，盛世中体将与长江国际商会发起盛世体育产业发展基金，基金将针对国内体育产业的优质项目进行股权投资。在全民健身方面，还会推出“菜鸟体育计划”，汇集全国范围内的体育专业人才，通过互联网工具帮助每个喜爱体育运动的人提升运动专业水平。同时推出环渤海篮球大奖赛、全国健身教练韵律健美操大奖赛、京津冀越野汽车运动精英挑战赛等正规体育赛事。

去年4月，某运动装备品牌携手互联网搜索巨头，双方联合成立“大数据创新实验室”，启动智能运动鞋的研发和生产，开启了传统产业与智能制造结合的大门。互联网搜索引擎利用自身的优势，将先进的互联网技术注入鞋服产品的研发，可以帮助该品牌获取更多实时的、真实的消费者行为数据。

针对成人运动的智能化需求，运动产品制造商自主研发的智能跑步鞋也相继面市。智能跑步鞋与手机app绑定后，系统会自动根据顾客的性别、年龄、身高、体重来测算每天需要达到的运动量，如果运动量没有达到，手机会自动提示。此外，通过智能鞋还可以检测消费者的跑步姿势是否正确，并通过和体感游戏结合，增加智能鞋的娱乐性。

如今，很多知名运动品牌厂商，都开始利用互联网大数据平台进行生产和服务，从“传统卖产品”向“为用户提供专业、健康、智能解决方案”转型。为体育消费客群构建集产品、营销、服务和安全生态为一体的“活力生态圈”。“互联网+体育”成为体育产业新的增长点。

“互联网+体育”前景可期

2015年，对于中国体育来说是不平凡的一年，在全民健身成为国家战略、体育产业爆发式发展、体育改革破冰前行的大背景下，体育的热度也攀升到了一个新的高度。在此契机下，也让“体教结合”、“体医结合”、“体育产业”、“青少年体育”、“全民健身新时尚”等成为更具关注度的内容。全民健身曾面临的“青少年正在沉睡、中年人刚刚觉醒、老年人奋起直追”的现状正在改变，全民健身主体在逐渐平行化，参与健身的人群、年龄也更丰富了。如此，也为“互联网+体育”创造了更大的发展空间。

在如今的数字化时代里，任何事物都被不由自主地被打上数字化的烙印。随着网络宽带和移动网络的不断完善，网络基础设施日臻完备，让全民上网成为可能。而硬件智能化的不断升级，各类电子产品对于体育健身运动的辅助功能也变得愈加强大。随着国民生活质量的不断提高，全民健身意识的不断加强，都为“互联网+体育”提供了有利条件。再加之国家系列政策上的扶植，为“互联网+体育”创造了良好地生存发展环境，促使广大市场资本积极涌向体育产业，又为“互联网+体育”提供了强大的生命力，所以“互联网+体育”的未来充满着光明。

体育运动最重要的就是参与性，而移动互联网让参与变得更方便。“互联网+体育”的发展，不仅给人们的体育生活带来了便捷，更给体育产业注入了新的元素和动力。“互联网+体育”正在经历从萌芽期到成长期的发展阶段，虽然这需要相当的过程，但其发展空间和速度却是不可估量的，毋庸置疑，它必将成为体育事业和体育产业腾飞的强劲“翅膀”。

互联网+传统文化，“屏”上共生

2016年3月17日　来源：《人民日报》　作者：刘阳

随着移动互联网的发展，获得旺盛生命力的不仅只有那些新兴的产业，曾经被冷落一时的传统文化也在这个时代获得了复兴的机遇。这种复兴，一方面来自处于社会转型期的中国人对文化身份、文化归属感和文化价值的追求，另一方面也来自互联网思维和技术为传统文化的时代感提供了实现基础。事实上，在今天互联网已经与传统文化形成了密切的共生关系。

网络已经成为人们了解传统文化的首要渠道

在白天忙碌紧张的工作之后，也许你想听一首古诗静静心，那么你可以在手机上装一个提供有声古诗朗诵的应用软件，或者关注一个提供相关服务的微信公众号；闲来无事的时候，也许你想练练书法，却苦于手边没有纸笔，那么你可以装一个用手指就能在移动终端上书写的软件；也许你爱好文玩收藏，却短于欣赏、了解和购买的渠道，那么你可以在网络拍卖平台上，在多家拍卖行、典当行及画廊进行浏览和竞拍……

2015年，中国网民已达6.7亿人，而数据调研机构艾媒咨询发布的《2015中国“互联网+”传统文化发展专题报道》显示，71.2%的中国网民会通过网络了解传统文化，网络已经成为网民了解传统文化的首要渠道。目前网上关于传统文化的软件，涉及传统文学、传统节日、传统戏曲、中国建筑、传统医学、民间工艺等诸多领域，提供的服务包含资讯、游戏、电商交易、教育、医疗等多种类型。

“互联网时代，传统文化获得了一种新样态，它既是被传播内容，也是传播方式。”中国社会科学院文学所博士后谷卿说，“传统文化作为一个巨大的信息源和信息元，极具开发价值，而开发、激活和重启传统文化的方式又是多种多样的。随着移动终端的普及，文化传播也必然要考虑到终端及其用户的接受习惯与体验。”

数据显示，在使用传统文化应用软件的用户中，传统文化资讯浏览是用户主要的需求点，占比达61.2%，传统文化应用工具及教育学习则分别位列第二、三位。此外，在用户的年龄分布上，26—35岁用户的占比超过40%，36—45岁的用户占比为24.3%，也就是说，“80后”占比远远领先于其他年龄层的用户。

“文化是从社会的生活环境中培养出来的，脱离了生活环境的文化必然无法生长，传统文化要更好地传播，就必须生活化，而互联网恰恰是将其生活化的重要载体。”上海民俗学会会长仲富兰说，“比‘80后’更年轻的‘90后’‘00后’在接触传统文化的过程中，更需要全新的传播方式，互联网的作用可以说是不可替代的。”

触网要避免过度商业化

虽然传统文化应用软件涉及领域广泛、服务类型多样，但从数据看来，用户的使用满意度却并不高：用户中，对产品使用体验表示非常满意的占比为9.1%，表示“一般”的占41.3%。69.1%的用户认为当前相关服务商对传统文化生搬硬套，产品缺乏内涵；同时，网络平台杂乱及传统文化信息错漏也成为密集的“槽点”。

业内人士分析“互联网+”传统文化产业所处的困境时指出，产业当前的总体状态是缺乏规模性的行业生态，互联网与传统文化的结合与发展处在探索创新阶段，行业生态尚未成型，各服务商在产品的研发创新及运营上均未成熟，从而给产品在市场普及和推广上带来阻碍；另一方面，传统文化与互联网原本在学科属性和发展逻辑上就有很大的分歧，这两个领域的结合虽然既符合社会发展的趋势，也具有广阔的市场空间，但也对相关从业者的专业性提出了较高的要求，行业人才的匮乏恰恰是造成当前发展令人不甚满意的关键所在。

事实上，社会发展越快，人们对传统文化的需求就越大。然而，另一个隐忧也在新的发展形势中逐渐浮出水面——触网之后，传统文化在网络平台的商业化在所难免，一定程度上的商业化固然对传统文化融入现代日常生活、得以有效传承和传播有所增益，但过度的商业化，则是对传统文化精髓的背离和破坏。

“传统文化能否普及、普及的效果如何，很大程度上取决于传统文化能否回应当下社会发展中出现的问题，能否与现实生活相结合，这些问题靠老百姓自发读读三字经、上上国学培训班是解决不了的，这对传统文化的传播提出了更高的要求。但在这个过程中，传统文化固有的、本质的内容必须存在，没有了这些，传统文化就不成其为传统文化。”北京师范大学教授萧放说。

这不仅是一趟顺风车

顺历是一款集日历、万年历、罗盘、黄历天气、农历、法定节假日、日程提醒、备忘记事等功能于一身的生活日历类工具，依据中国传统的择吉文化经典《钦定协纪辨方书》和《玉匣记》编写而成。在“互联网+”传统文化的应用上，顺历既传承了中国传统的择吉文化，同时也通过互联网渠道为用户打造了融合择日参考、日程提醒等功能的工具，截至2015年底，顺历在移动互联网上的下载安装量已经超过了2000万，而在互联网上，类似顺历这样受到老百姓欢迎的“互联网+”传统文化应用软件还有很多。

“互联网+”传统文化应用软件的火热究竟是昙花一现还是未来趋势？《2015中国“互联网+”传统文化发展专题报道》的数据足以回答这个问题：对于“互联网+”传统文化的发展前景，大部分手机网民持乐观态度。其中持“非常看好”及“看好”的手机网民总占比达到了68.4%。艾媒咨询分析认为，基于互联网在其他领域的成功融合转型的事例，用户对“互联网+”的推动普遍持积极态度。

而如今，从该行业的发展情况来看，不难得出的结论是，单说传统文化搭上了互联网的顺风车显然过于偏颇，事实上，互联网产业在传统文化传播的基础上，也正在生发出许多新的枝叶，赢得了更多用户，使得其自身规模更加壮大。互联网与传统文化，正在形成相互依存的共生生态。

业内人士指出，相较于“互联网+”餐饮、出行等领域的火热现状，“互联网+”传统文化领域的行业参与者仍然偏少，但却处于蓝海状态。随着“互联网+”政策的推动，以及国民对传统文化需求的逐步上升，行业将迎来更多资本和创业者的关注。在工具应用以及资讯提供的细分领域，互联网服务厂商将以传统文化为中心，进行互联网与传统文化的深度融合。与此同时，随着线上、线下各种渠道的整合，传统文化产业中不同领域之间的壁垒正在慢慢打通，“互联网+”传统文化与社交、餐饮、出行等领域的跨界融合，或将持续产生新的业态。同时，在有效的利用互联网进行整合之后，“互联网+”传统文化产品的开发、营销和销售也将更加多元化，传统文化产业将迎来新的升级。“互联网+”的链接，将使得部分传统文化资源得到更加有效的分配，传统文化形象也将更加贴近用户，从而促进传统文化的传播及传承。

互联网产业和文化产业发展的另一个趋势是以版权经济为核心。目前，百度、阿里巴巴、腾讯等国内互联网企业已经开始布局传统文化相关领域，包括网络文学、数字音乐、电影电视、手游等内容领域及产业链上下游环节，如内容制作、演艺明星、衍生产品等。未来，基于知识产权的用户运营模式也将在“互联网+”传统文化的市场中占据主导地位，内容产品的质量将成为决定产业和市场发展水准的关键。

第二节　互联网+教育

截至今年6月，用户规模达到1.18亿——

在线教育：这所学校没有边界

2016年8月31日　来源：《经济日报》 记者：佘颖

中国的教育产业正迈入“黄金时代”，“互联网+”的点金效应功不可没。8月初，CNNIC发布了第38次《中国互联网络发展状况统计报告》。《报告》显示，截至2016年6月，我国在线教育用户规模达1.18亿，较2015年底增加775万，增长率为7.0%；在线教育用户使用率为16.6%，较2015年底基本持平。随着互联网发展，国家对教育行业高度重视、云计算等相关技术应用得以推广，人们对知识和技能的需求不断提升，在线教育在解决师资短缺、促进教育公平和培训职业技能人才方面也将大有可为。

政策资本双管齐下

近日，在新华网主办的“2016在线教育开放合作大会暨教育资本新趋势峰会”上，德勤教育行业领导合伙人李思嘉分享了一组数据：“2015年，中国教育产业总体规模为1.6万亿元，预期至2020年这个数字将增长至近3万亿元，并实现12.7%的年均复合增长率。特别是培训领域，包括早教、K12培训以及职业培训，都将成为未来主力增长点。”

这个富矿对资本有着巨大吸引力。2015年教育领域的投资总金额是2014年两倍多，并购总金额同比增长165%，上市挂牌总案例数同比增长76%，社会资本注入总金额与频率都在高速上升。

在频繁投资中，在线教育的概念热度远远超过传统教育。以BAT为代表的互联网公司带来了互联网的基因，而新兴的教育领域创业公司无一例外地借力互联网。数据显示，截至2015年底，国内互联网教育企业约9500家，相关从业人员近30万，已成为教育界一股重要力量。

好未来、沪江网校、51talk这些在线教育企业急速扩张。拥有学而思网校、励步英语等品牌的好未来7月份公布了2017财年第一季度未经审计财务报告显示，其净收入从上年同期的1.294亿美元增长到本季的1.951亿美元，增幅50.8%；总学生人次从上年同期的约41万增长到本季的约64万，同比增长56.8%。

老牌的新东方等培训机构也推出了自己的网络学校，抢占新兴市场，带来营收快速增长。2016财年，新东方总净营收为14.78亿美元，首次超过百亿元人民币，同比增长18.6%，如果排除汇率影响，同比增长达22.6%；2016财年学员总数为364.51万人次，同比增长25.8%。

不过，在线教育的大饼比现有的大得多。据腾讯统计，截至2014年底，我国K12人群总数约为2.83亿人，但其中仅有18%接触过在线教育。也就是说，未来仅在K12阶段就尚有2.3亿人的空白市场待开发。

在线教育不仅有资本热捧，也有政策风口。2015年以来，伴随“互联网+”写入《政府工作报告》，“互联网+教育”正在以前所未有的速度席卷而来。“教育部日前印发了《教育信息化“十三五”规划》，对未来5年我国教育信息化发展作出了全面部署，其中一大目标就是要发展在线教育与远程教育，推动各类优质教育资源开放共享，向全社会提供服务。”新华网董事长、总裁田舒斌表示，这样的政策描绘将为在线教育加速发展注入政策动力。

解决师资短缺难题

最近，中国科学院院士、原北京航空航天大学校长李未的学生通过慕课去了斯坦福。“他听了三个大学的研究生的核心基础课，参加了所有的细节，包括课堂练习、讨论、作业、测验，最后满分273分，他得了270分。他最后考上了斯坦福大学的博士，准备明年到那里学习。”这让李未非常感慨，“有了互联网以后，很多名师课程都是在线的，很少的开销就可以得到世界上最好的老师指导、教育和帮助”。

这个学生的经历，让李未认识到在线教育的走红不是偶然，它解决了当前教育最大的痛点之一——师资短缺。“当前教育界亟待解决的问题之一就是师资优质资源缺乏，名师资源被少数一流或名牌大学拥有，没有被其他高校和师生共享，以名师为代表的优质教育资源稀缺成为我国全面提高高等教育质量的桎梏。”李未认为，“互联网+时代的到来为解决名师教育资源不足，又快又好地、全面提高高等教育质量提供了新思路，带来新机遇”。

李未的观点得到了教育部在线教育研究中心副主任、学堂在线创始人聂风华的赞同。“1999年我国高校18岁人口毛入学率是10.5%，2013年是34.5%，发展速度非常快。”但聂风华对比同期欧美国家的毛入学率发现，欧美国家是从56%增长到了74%。“我们要赶上欧美国家，必然要迎来高等教育普及化时代。”聂风华认为，要实现这一目标，师生比是很大的障碍，“1991年一个老师教5个学生，到了2010年一个人教17个，现在差不多是1个老师教20个学生”。

如何用有限的资源投入解决这么多人的上学问题？聂风华把希望寄托在互联网教育身上。2013年10月10日，清华大学发布了MOOC平台。清华的慕课唯一授权给学堂在线。两年时间过去，8月12日，学堂在线注册用户数突破400万，选课人次超过616万。特别是今年6月22日用户数突破300万之后，只用了不到两个月时间，学堂在线新增100万用户，显示出慕课的超强活力。

目前，学堂在线运行了包括清华大学、北京大学、复旦大学、斯坦福大学、麻省理工学院、加州大学伯克利分校等国内外几十所名校的1000多门优质课程，涵盖计算机、经济管理、自主创业、理学、工程、文学、历史、艺术等多个领域。学生足不出户，就可以向全世界的名师学习最经典的课程。

一个老师上课，上百万人听课，已经不是设想，而是实实在在的教育现状。这有助于缓解我国优质教育资源严重不均衡的现状，也能在一定程度上缩短我国与欧美国家先进教育理念、名师的差距。

职业培训潜力足

随着我国加快落实创新驱动发展战略，主动适应和引领经济发展新常态，大众创业、万众创新的新浪潮席卷全国。为创新创业培养生力军，也成为在线教育的蓝海。

麦子学院去年11月份获得曲速资本领投的过亿元B轮融资，他们的看家本领就是职业技能培训。在麦子的课程中，有曾参与台北故宫文物AR导览3D素材制作的台湾VR/AR产业联盟主席高焕堂讲解如何“从零基础修成VR领域最急需人才”、有6年网络营销实战经验的杨亮来讲解如何通过6步数据分析命中爆款商品，有原阿里巴巴资深运营总监王粲讲解如何打造阿里旅行18亿播放视频，这些看似标题党的课程名称都踩着最新技术门槛，讲解着创业者需要的实用技术。

麦子学院只是众多IT职业技能教育机构中的一家。“慕课的真正大市场是在校外。”国务院参事汤敏认为校外的终身教育领域是个发展潜力巨大的投资领域。

汤敏举了个例子。去年1月，著名男高音歌唱家戴玉强创办了一个网站“戴你唱歌”，因为每天都有很多的业余歌手想跟他学唱歌，戴玉强就想干脆把这件事放到网上来做，让更多人参与。

《戴你唱歌》首先在网上“海选”，公众上传自己的歌唱视频，由戴玉强的团队筛选有潜力的学员，让这个歌手先唱一首歌，他来进行指导，哪个地方发音不对、运气不对，怎么处理。这个过程大约半个小时至40分钟，录制成视频上网。仅仅1年半时间，“戴你唱歌”已制作200期课程，成为数千万人的免费声乐老师。

这有点像互联网版的师傅带徒弟。只不过，过去的师傅带徒弟是一个师傅带几个徒弟，现在有了互联网，一个戴玉强可以带几千万个徒弟。

“别的职业教育能不能用这种方式，比如带你电焊，带你当木工等等？”汤敏认为这一经验可以复制推广，“我国有2.6亿农民工，都有希望成为大国工匠。我们能不能找一些大师，每个星期帮他们拍摄绝招，放到网上去。这很可能就是未来职业教育，或者说终身教育的一种模式”。

在《教育信息化“十三五”规划》中，已明确提出要“构建网络化、数字化、个性化、终身化的教育体系，建设‘人人皆学、处处能学、时时可学’的学习型社会，要建成与国家教育现代化发展目标相适应的教育信息化体系。”李未说：“毫无疑问，这条路需要包括政府、企业在内的各方一道，共同走出来。政府要主导顶层设计和制度保障，把握教育信息化的方向；企业则发挥技术、人才、资本等优势，通过产品竞争赢得市场认可。政策贯通、企业发展、社会共享，可谓多赢。”

网络时代，如何做老师

2016年9月13日　来源：《人民日报》　记者：管璇悦、曹玲娟、杨远帆

【内容摘要】

互联网时代，教师这一群体面临诸多改变。一方面，随着教育改革的推进，教学思维不断更新；另一方面，得益于移动互联网的急速向前，老师的边界不断拓展，既有专业老师走向大众，也有职业达人跨界成为老师。9月10日是我国第三十二个教师节，本版推出特别策划“网络时代，如何做老师”，让3位背景迥异的老师，谈谈自己的感悟与体会。

互联网时代，教师这一群体面临诸多改变。一方面，随着教育改革的推进，教学思维不断更新；另一方面，得益于移动互联网的急速向前，老师的边界不断拓展，既有专业老师走向大众，也有职业达人跨界成为老师。9月10日是我国第三十二个教师节，本版推出特别策划“网络时代，如何做老师”，让3位背景迥异的老师，谈谈自己的感悟与体会。　——编 者

北京市十一学校教师贾祥雪
教数学是门艺术

本报记者　管璇悦

贾祥雪从小就与数学有着不解之缘：学生时代经常参加数学竞赛、2000年考入清华大学数学系就读。数学对他来说既是特长也是兴趣，而现在，更是他职业中不可或缺的一部分：2010年，从中国科学院软件研究所博士毕业后，他选择来到北京市十一学校，成为一名中学数学老师。“毕业以后也想过继续做研究，但总觉得相比之下，把学会的东西用来培养学生，更能带给我成就感，也能为社会带来些改变。”

贾祥雪的父母都是中学老师，家庭氛围在无形中影响了他，“上大学以后也曾经在教育机构兼职教过数学，教得还不错，更坚定了当老师的决心。”

这个时代的孩子是网络原住民，这给贾祥雪的教学带来了冲击。“学生不再完全信任老师，他们可以从互联网上得到很多关于学习和作业题的方法与解答，但有时候，网络上的解答存在一些错误和不规范的地方，一旦孩子先入为主了，反而不好纠正。”

让贾祥雪头疼的还有学生们习以为常的课外补习班。“我接触到的大部分孩子都会上课外班，提前学习。这些课外班大多不讲原理、知识体系，只讲题型技巧，好像蜻蜓点水，孩子以为自己学会了，上课就不怎么愿意好好听老师讲课，其实只是一知半解或理解有偏差，学得并不扎实。”

走上讲台6年多，贾祥雪也亲历了教育改革。“现在，北京高考的数学卷子难度降低了，虽然负担减轻了，但对老师教学和学生学习都有影响。”他曾经教过一个学生，参加中国数学奥林匹克冬令营拿了金牌，数学能力很强，但高考时却因为粗心失误，成绩反而不太理想。“卷子难度降了，学生间很难拉开梯度，考试成绩不一定能完全代表学生的素养和水平。所以，比起培养数学素养，这可能会让我们把更多的时间，花在磨做题的易错点和考试时要注意的地方。”

贾祥雪觉得，自己的博士学历有助于给家长和孩子留下良好的第一印象，也能让自己考虑问题时视野更开阔。不过，即使手握高学历，对于这位理科博士来说，教书育人始终是个挑战。“教会学生做一道题就是门艺术，育人更是。当一名好老师太难了！”这也是当老师以来，贾祥雪最大的感受，“我没有师范专业的教育背景，如何与学生和家长进行有效沟通、如何管理班级等等，很多事都需要多与老教师请教、继续摸索。”他将此视作一辈子的任务。

上海音乐学院作曲系副教授田艺苗
移动互联把我推向大众

本报记者　曹玲娟

上海音乐学院作曲系副教授田艺苗有着悦耳的嗓音，前不久，她跨界入驻网络电台喜马拉雅FM，开设付费节目《田艺苗：古典音乐很难吗？》，刚刚上线就连续两周位居销量榜第一名，超过大批娱乐节目，连素来淡然的田老师都略感吃惊，“现在节目订阅量已经达到2.6万了。难怪欧洲的大师们都觉得古典音乐的未来在中国。”

跨界向大众普及古典音乐，田艺苗说自己不是刻意而为，而是顺势而行。随着时代的发展，社会在这方面的需求在提升，“我们是大学音乐教师，也是音乐人，大家或多或少在做这方面的普及工作。就像美国著名音乐家伯恩斯坦，既在全世界指挥，也在电视上讲青少年普及课。把音乐的美好分享给大家，是一种责任。”

当然，这会花费一些时间精力，但既然两者都不可或缺，也只能尽量兼顾。“作为一名大学教师，光做研究，或者光做普及，我觉得都是不满足的。专业上要有追求，普及有需要也要去做。”在田艺苗看来，这两种不同属性的教师身份，也能相互促进，因为她是在分享自己学术研究时的激情与感动。“这段音乐打动我，我把这个感动传达给大家，希望更多的人能够理解古典音乐。”

细细算来，田艺苗更多的音乐普及课，是以各种剧院沙龙的形式展开的，有的课程，已经足足坚持了6年。这让田艺苗对大众的音乐教师这一角色有些感悟，也让她在开设网络电台节目时更得心应手。她说，重要的是要有把学院派的思维转化为生活经验的能力，“音乐本来就来自于生活。比如大提琴曲《天鹅》，你在演奏和聆听的时候，可以把自己想象成一只天鹅，这样才有代入感。理解音乐，找到感觉很重要。”

网络时代使得音乐教育更容易走向大众，这让田艺苗感到欣喜。毕竟，“古典音乐并没有那么容易听，需要找到它的种子和线索，才能靠近音乐本体，真正领会音乐的逻辑。”这也给教学提出了新的要求，“要比免费欣赏难一点，比学院教学生活化一点。”因为，“古典音乐是一门学问，300多年的积累发展，需要学习才能成为修养，不是简单去听就能顿悟的。像德国，小学中学都有专业古典音乐教学，德国人才可以做到拿着总谱去听音乐会。”

对于跨界，田艺苗觉得自己是无心插柳、顺水行舟。她乐见其成，“教师关键还是要去理解时代。就像古典音乐要继续发展，就需要注入当代的精神，反映当代的情绪。教师也要研究如何有创意地做学问讲课，不断去创造新的课程。如果没有创意，教师可能没法跟上年代的发展，必须有变化，才能活学活用。”

河北滦平县大屯中心校教师关金永
电脑这门课我得补上

本报记者　杨远帆

从土坯破窗，到亮堂楼房，36年。

1980年，高中毕业的关金永选择回到老家，做一名教师。“那会儿觉得光荣着呢！”

关金永老家在菸青村，是河北滦平县有名的贫困村。头一次站在锅灰刷的黑板前，关金永的震惊大于紧张：教室没有通电照明，窗户没有玻璃，许多学生没有椅子，只能坐在地上……转眼入冬，关金永去学生家里挨户收集塑料布，这才把教室窗户封上。

那些年的艰苦，关金永没有埋怨。“人活着得有点精神头，都要嫌苦，孩子怎么办。”工作的头几年，上一天课合10个工分，因为菸青村的经济水平低，邻村邻县的老师一天10个工分合0.8元，关金永拿到手的却只有0.3元。身边同事纷纷下海，家里亲戚抱怨置气，面对村里100多个孩子，即使吃饭都成问题，关金永仍没想过离开。

刚刚开始的新学期，关金永成为五年级两个班的数学老师。站上一方讲台，窗明几净，多媒体教学设备一应俱全。“时代变了，硬件好了，孩子也变了。”与过去相比，关金永觉得最大的挑战便是因材施教的能力。

这个材，一方面是学生。在一线36年，关金永琢磨出一套自己的教学方法：拔尖学生提一提，多数学生稳一稳，稍差学生补一补。课间休息时，关金永时常顾不上休息，把作业质量欠缺的学生叫到身边，在错题边上把每个计算步骤详细列出，以便学生回家巩固复习。下午课后，关金永还会给班上学习成绩较好的几个学生“开个小灶”，布置点附加题。

“现在学生人数少了，还有将近20%是留守儿童，准确拿捏好分寸，让孩子均衡地享受到高质量的教育，这不光是大城市的问题，在我们这儿，一样如此。”

材的另一面便是教材。在开始教师生涯后的很长一段时间里，关金永是“全能老师”，村小所有课程都一个人来教，教材进度都一个人来弄。现在大屯中心校为全部教师配备了电脑，“学校里现在的教师年龄分布是个哑铃型，头一回看到这些设备，还真是老同志遇上新问题哩！”课下，关金永和老伙计们拉着年轻老师可劲儿地问。刚开始是死记硬背，只知道第一步摁这个、下一步开那个，后来慢慢学会了制作PPT课件、学会了利用网络丰富教学内容，让自己手头的教材活起来。

最近，关金永被推选参加河北省第二届“最美共产党员教师”评选，说起这个，他也只是一颗平常心。“用心、用功、用爱去对待每一个孩子，足矣。”

“互联网+”，国学走进寻常百姓家

2016年3月24日　来源：《人民日报》

记者：张若然、姚怡云、何诗源、赵婀娜

近几年，“国学热”再度升温，学校设置国学课程、举办国学夏令营，考试增加古诗词比重，学生参加各种国学培训班……国学成了当下的热门话题。与此同时，在互联网技术飞速发展的今天，人们的学习方式也发生着翻天覆地的变化。

当“互联网+”遇上传统国学，会碰撞出怎样的火花？

互联网为国学教育提供了新的表达平台

随着新技术的蓬勃发展，“互联网+”国学教育大规模普及。放眼望去，学习国学的网站、视频公开课、移动客户端、微信公众号等新媒体产品如雨后春笋般涌现。北京师范大学教授李山表示：“现在在互联网上创立的国学平台、微信公号不少。如果做得严肃认真，就传播国学来讲，是有益处的。”

由北京大学教育学院和中华书局共同推进的“云国学”，是全国首家面向中小学教育工作者的国学在线教育平台。该项目通过微课交互式学习的方式，辅以移动学习方案的多媒体客户端APP，打造了一个具有浓郁国学氛围的线上、线下国学教育平台。除了提前录制微课视频，“云国学”还提供了阅读材料、作业题、结业考试等方式，提供了国学的系统化学习流程。值得一提的是，“云国学”还提供充满互动性的课程讨论区。用户可以在讨论区畅所欲言和提问，助教会及时进行解答，促进交流和反馈。从容设计的课程内容，加上精细化、专业化的教学管理，给国学在线教育带来了更多的想象力。

教育非一日之功，“云国学”以中小学教师作为抓手，通过继续教育的方式为国学传承和普及提供了师资储备。中华书局“云国学”项目负责人王建介绍，“该项目自2015年10月8日上线以来，已有超过2000名用户在线使用，取得了较好的传播效果。‘云国学’的主要用户群体是中小学教师，将中华书局优质的内容资源与北京大学教育学院先进的教育技术相结合，力争打造一个全方位便捷的教育平台，以培养出更多的国学教育优质师资力量。”

财经作家张建云是“微国学”的创办者。从2005年开始，他每天清晨给2000多人发送短信，内容都是国学经典中的名句，他把这叫做“微国学”，如今他已出版了发行量超百万册的“微国学”系列读物。2013年开始，张建云通过“微国学”微信平台，每天发表一篇“微国学”文章。“很多人一提起国学，都觉得艰涩复杂。用碎片化方式来整合国学思想，会更加喜闻乐见。”张建云介绍，如今，“微国学”广泛使用了图书、音像、视听、短信、博客、微信和APP等手段，真正实现了“互联网+”国学。

“对于国学教育来说，互联网提供了新的表达形态、新的交流通道。”北京大学教育学院教育技术系副教授郭文革分析。

还有专家指出，“互联网+”国学教育相比于传统国学教育有了很大改变。从特征来看，传统的国学教育是面授式培训，更重视现场效果。而“互联网+”国学教育则开启了线上教育的新模式，碎片化、网络化和互动化成为其主要特征。加之由于互联网跨越时空的传播特征，国学线上教育将学习过程细分，用户有更多的自主时间，学习效果也更好。同时，线上国学教育还可以充分调动用户的积极性，引发网络用户的主动参与，让学习不再是一件“苦差事”。

便捷化还是工具化

互联网为国学的普及带来的积极意义是应当被充分肯定的。正如李山强调的，传统的国学教育方式，普遍是办班、教学、出书，相较之下，网络传播起来更为方便快捷，易形成一定的读者群，除此之外，通过互联网这种新颖的形式，让国学“飞入寻常百姓家”也变得更为容易了。

张建云也介绍，有用户追随“微国学”多年，在微信平台上留言说，每天坚持不懈地读“微国学”，对人生的看法都豁达了许多。“通过国学对大众产生积极的影响，觉得很有成就感。”

武汉大学文学院教授高文强也结合自己的教学经历介绍：“借助慕课平台，我开设了一门‘佛教文化’课程，这是一门通识课，此前，已经开设了八年，但八年所教学生人数的总和还不如一次慕课选课的人数。我还发现一个有趣的现象，在传统的国学课堂里，师生之间互动是相对有限的，但在慕课平台上，学生反而变得积极，互动也十分自由、开放。”

但应该看到，“互联网为国学的传播带来了便捷的同时，也可能会带来一些问题与挑战。国学教育也要考虑文化形成的时代和今天的互联网时代之间的时间跨度、社会发展带来的误读和冲突。”郭文革认为。

一方面，由于网络上的内容质量没有一个客观严谨的标准，使得网络上传播的国学内容相对杂乱。加之在功利目的的驱动下，一些对传统文化的偏差解读充斥网络空间，使得互联网上传播的国学知识参差不齐。采访中，有不少国学软件开发者表示，社会效益与经济效益的矛盾，是他们开发产品过程中的一个重要瓶颈。一方面，作为国学爱好者，他们希望通过互联网，更广泛地推广国学，但另一方面又不得不面对残酷的市场生存压力，在社会效益与经济效益间做出一个艰难抉择。

因此，就有学者指出，随着市场上各种国学诵读软件的不断涌现，国学教育看起来比往日更加繁荣，但从深层次剖析，国学教育依然面临“儿童相识却不解”的时代窘境，即看似热闹却不求甚解的尴尬。正如有专家指出的，“如果不注重深刻理解并经世致用，我们的国学到头来就是昙花一现，没有生命力。”

更需要反思的是，互联网技术的普及带来便捷的同时，也易造成国学工具化的问题。互联网教学使得学生面临大量的、未经筛选的读本，在教学过程中，如何为学生精选读本，并且注重教学过程的体系化，都是“互联网+”对从事国学教育的教学工作者带来的新挑战。

还有专家指出，如今，“互联网+”国学大有“乱花渐欲迷人眼”之势。跟随着“互联网+”的脚步，部分开发者在“国学热”的现象中嗅到商机，于是跟风而上、随波逐流，但真正踏踏实实做内容的开发者并不多。在一片“国学热”景象的背后，国学教育的效果究竟如何，还有待深入分析。

让“互联网+”国学教育走得更远

“互联网+”国学教育实际上也是一种创意产业，在国家政策支持下，做得好应该有相应收益。另外，虽然近几年一直在做国学普及，但整个教育体制对国学还是不够重视。从小学到大学，大家对国学的受教育程度不是很高，不论是个人兴趣还是辨别能力，都还有提升的空间。高文强认为。

碎片化是互联网天生的问题，关键在于我们如何看待和利用。将国学价值体系与技术相结合，在互联网时代避免国学教育陷入“工具化”的困局，显得尤为重要。李山指出。

还有专家分析，人文素养的提升需要长期积累，这注定国学教育也将是一个持续渐进的过程，即使是在“互联网+”的助力下也不可能一日千里。因此，国学普及不能简单依赖技术手段，甚至被技术手段绑架，处理好教与学的关系十分重要，学生能否将所学到的知识内化于心才是国学教育教学过程中更应被关注的。

“互联网+”时代，国学教育如何突围

2015年11月11日　来源：《光明日报》　记者：鲁博林

中国的工商业语境已进入“互联网+”时代，国学经典的琅琅书声却比以往更加响亮。然而源远流长枝繁叶茂之际，国学却依然面临“儿童相见不相识”的时代窘境。比如，“不求甚解”的诵读是否适用于新媒体的当代背景？传统的内容是否有不同的演绎和承载方式？

科技时代，国学何为？

在近一个世纪的时间长河中，由技术的爆炸式发展印证的“摩尔定律”，掀起了各民族国家你追我赶的科技浪潮。对中国而言，“落后就要挨打”的教训亦历历在目，于是科技与实业发展自然作为国家战略之重。有人因之疑惑，心心念念“仁义礼智信”的国学，对当代国人来说意义何在？

“科学技术在不断进步，然而在文化上，今人却未必比古人高明。”在中国人民大学国学院教授韩星看来，因为传统文化的断裂而造成信仰缺失的年代，许多社会问题出现了，这并非实用主义的科技所能解决。北京大学中文系教授乐黛云一针见血地指出，“现在有些人常常是西方的道德没有，中国的道德也没有，处在一个真空状态里，这对于一个国家民族而言是很危险的。”

“人心惟危，道心惟微。”一直致力于推行传统教育的孔子礼仪文化学校校长金辉，深谙国学之道对于社会人心的塑造作用。中国管理科学研究院国学和管理研究所所长于江山则补充说：“科学、技术等现代性的发展思路，往往是以人为工具，而不是以人为目的。而传统文化讲‘君子不器’，是以人为本的。再比如当代大学教育培养的是‘专才’，而国学培养的是‘通才’，旨在拓展生命的宽度与厚度。从这种意义上讲，国学教育不只是道德教育，也是必不可少的人本教育。”

国学教育，到底教什么？

国学的回归既然是必经之途，那么教育就应担当大任。然而，国学教育究竟教什么，怎么教？一直以来，各方都在做自己的探索。

“如果不注重经世致用，我们的国学到头来就是昙花一现，没有生命力。”于江山认为，国学分为“源流之学”与“源流之用”两大块，“源流之学”是路径和载体，“源流之用”是最终目标和宗旨。而国学教育从一开始的误区就在于，只强调“源流之学”，而忽视了“源流之用”，这就使得国学愈加成为一种小众化、精英化的圈子文化。“任何文化如果不落实到生活，那就是一句空话。”

美国著名哲学家、教育家杜威曾说：教育即生活。民国时期的教育改革者陶行知也说：生活即教育。这两句看似“顶真”的格言，实则道出了关于教育本身的真知灼见——国学教育也是生活的一部分。

“国学光靠学校教育是不够的，需要从家庭开始，从点点滴滴做起，让孩子尽早地理解经典的内容，打破传统死记硬背的诵读模式。”作为孔子第七十四代孙、深圳市文华正道科技有限公司董事长孔凡鹏，对于国学的传播和教学模式有自己独到的理解。在“互联网+”的时代背景下，他从国学的“生活化”入手，用科技孵化新媒介，力图让传统文化的火种冲破古书的藩篱，飞入寻常百姓家。

“围绕社会主义核心价值观开展国学教育，要特别注重国家、社会、家庭三方面的结合与相互促进，因此国学教育的创新就十分必要。”团中央网络影视中心党组书记金东介绍说，由团中央网络影视中心建设开通的“青年之声”，为广大青年提供了一个网上交流渠道，也成为传播中华优秀传统文化的新平台。

“互联网+”了，国学怎么走?

1968年出生的孔凡鹏，现今已接近知天命的年岁。他曾与研发团队一起从“集成经典”出发，把历年来的传统经典篇目制作成电子版，开发了电子书形式的“国学宝典”。“那时网络没有现在这么普及，也没有平板电脑，研发的产品现在来看相当稚嫩，也没有成功。”

2011年，孔凡鹏决定以平板电脑为载体，探索一种新的集视听读写于一体的、具有资源整合特征的国学教育平台，并专门投资创办了深圳市文华正道科技有限公司，致力于中国优秀传统文化的现代化弘扬之道。2015年11月，由团中央网络影视中心、青少年国学教育办公室监制，文华正道科技有限公司研制的文华正道“国学宝典”正式诞生。“在‘互联网+’的时代，国学的传播必须实现现代化、生活化和社会化，观念和方式不能再拘泥守旧。我们很庆幸走在了时代前列。”孔凡鹏说。

不过，对国学而言，任何媒介的更替归根到底还是工具性的延展。或如乐黛云所言，它提供了一种“可能性和选择性”。“就如一个人的一生会遭遇诸多歧路，不知路在何方之时，往往痛哭而返。相比于抽象的知识，人内心的梦想和追求是最为根本之物，也是国学真正提供给我们的安身立命之所。”

第三节　互联网+旅游

“互联网+”开启旅游新模式

2016年8月6日　来源：《光明日报》 记者：周仕兴 通讯员：陆燕

在网上“点”一个导游，来一场说走就走的旅行。这曾是很多人的梦想，如今已成为现实。

近日，广西首家政府官方认证、旅行社承诺担保的导游服务平台——桂林“道游网”在全国率先上线。桂林作为今年国家旅游局确定的全国导游自由执业首批9个试点城市之一，主要探索线上导游自由执业和线下导游自由执业。随着“道游网”的开张，“线上导游超市”正走进人们的生活。

网约轻松游

登录桂林“道游网”，一个“线上导游超市”映入眼帘：300多名执证导游的照片、资历、星级、评价、收费标准等信息一目了然，这些从业经历丰富、精通多种语言或方言的“星级导游”，都是经过桂林市旅游发展委员会和旅行社严格审核认定的。游客只要轻点鼠标，就能放心“预定”导游。

来自贵州的游客张婷婷是首批在线选导游的尝试者。7月中旬，张婷婷在“道游网”上预约导游熊间贵后，开启了为期3天的桂林之旅。周密的行程安排，周到的随团服务，全程无购物的纯旅游……在旅行结束后，意犹未尽的她给导游好评并在网上留言：“感谢导游让旅程变得美好。”

事实上，导游熊间贵也深有同感：“网络平台给导游展示自己的机会，让游客更多地了解自己，进一步拉进了彼此之间的距离与信任感。”

桂林“道游网”上线不久，申请加入的导游越来越多。导游秦润忠说，在相互信任的基础上，互不相识的导游和游客通过在线联系选择，双方从虚拟走向现实，本身就是一种难得的旅行体验。

“线下”监督

“线上导游超市”是个新鲜事物，在走向规范的过程中，诸如导游的服务评定、平台的安全度以及游客遇到问题时能否及时解决等，都是必须直面的考验。

对此，桂林“道游网”负责人黄大东表示，将进一步加强对导游的培训管理，不断提升服务质量，同时，积极完善风险防范及应对机制，确保游客和导游双方的权利得到有效保障。

“‘线上导游超市’要在线下监督运行。”桂林旅游学院副教授李强建议，要依据《旅游法》来约束导游与游客行为，规范在线导游的管理，明确导游服务费，实行明码标价，建立健全游客评价机制，完善相关旅游保险制度等等，避免出现政策真空。

桂林市旅游发展委员会导游管理服务中心书记吴健认为，导游实现“单飞”，意味着导游行业从封闭式管理逐步迈向市场化、自由化，不仅能进一步满足游客个性化需求，对于提升导游待遇、促进旅游市场秩序良性发展也具有一定作用。

春风吹暖智慧景区

2016年3月22日　来源：《经济日报》 记者：徐红

“当旅行遇见了互联网，原本波澜不惊的生活开始了滔滔不绝的巨变。”中国旅游研究院院长戴斌的这句话，确实所言不虚。

移动通信、互联网和大数据正在深刻改变旅游业。目前，在线旅游市场已经是高度竞争的“红海”，相比之下，智慧景区作为静悄悄的“蓝海”则刚开始引人关注。去年世界互联网大会上，乌镇用智慧旅游为人们带来了全新的旅游体验。如今，各地智慧旅游的春风正劲，已经成为我国旅游业发展的一个新趋势。

其实，早在2012年，国家就确定了首批18个智慧旅游试点城市，不过一直进展缓慢。去年出台的《关于进一步促进旅游投资和消费的若干意见》明确提出，到2020年，全国4A级以上景区和智慧乡村旅游试点单位实现免费Wi-Fi（无线局域网）、智能导游、电子讲解、在线预订、信息推送等功能全覆盖，在全国打造1万家智慧景区和智慧旅游乡村。

目前，我国景区数量已达26000多家，“互联网+景区”到底会碰撞出怎样的智慧火花？

位置信息是基础

点开景区APP，动一动手指，就能收听语音导览、知道景区里有什么好吃的好玩的、选择最佳路径避开游览堵点、并快速找到离自己最近的卫生间……这样新奇又便捷的旅游体验已经在乌镇、古北水镇两个景区落地，也正是高德地图智慧景区的成果。

智慧景区是指通过智能网络，对景区地理事物、自然资源、旅游者行为、景区工作人员行迹、景区基础设施和服务设施进行全面、透彻、及时的感知；对游客、景区工作人员实现可视化管理；同旅游产业上下游企业形成战略联盟；实现景区环境、社会和经济的全面、协调和可持续发展。

在国家加快智慧旅游的政策引导下，越来越多的景区开始触网，寻求新的发展路径，开辟APP、网上预订及微信营销等渠道，并主动寻求与OTA（在线旅游服务商）的开放合作。

如果说在线旅游预订所服务的内容是游客的出行和住宿，那么智慧景区所要解决的则是游客到达景区后“最后一公里”的游览问题。以往，由于无法提供基于景区的地图信息、游客位置的实时在线服务等数据信息，景区管理方和OTA都无法独立提供景区内的游客在线服务。

从传统景区到智慧景区，从游客有痛点到解决痛点，中间隔着两重鸿沟，一道叫互联网，另外一道是地图。专家认为，只有景区附加上各类基于位置的互联网服务，用户的痛点才能彻底解决。在高德集团产品副总裁陈永海看来，高德与景区的合作是资源和能力的互补，景区更懂游客在景区内的游览需求，而导航地图公司有地图信息的优势，可以与景区强强联合，共同做好智慧景区。

免费WiFi要先行

今天的景区要想吸引游客、留住游客，不能仅靠秀美风光和优惠门票，而要靠高质量的旅游服务，毕竟今天的游客越来越看重旅游体验。而智慧景区在提升旅游体验方面可说是相当给力。

在移动互联网时代，要建设智慧景区，免费WiFi（无线局域网）是“标配”。毕竟这是游客在智慧景区使用智能导游、信息推送等功能的基础设施。《关于进一步促进旅游投资和消费的若干意见》也明确提出，到2020年，全国4A级以上景区和智慧乡村旅游试点单位实现免费WiFi（无线局域网）等功能全覆盖。

作为世界互联网大会会址所在地，乌镇景区目前共有WiFi-AP（无线访问节点）点位3000个，景区内的102个卫生间全部做了信号增强，可谓连接无死角。“在乌镇老街上走走，随手拍张照片分享到朋友圈秀一下，不用烦恼流量消耗太快的问题，想分享就分享，这样的体验真是棒棒哒！”乌镇旅游股份有限公司销售公司总经理姚洁表示，乌镇各区域WiFi上网速度均可达到20兆以上。

利用WiFi，游客可以在线游览景区和进行景点导航。高德LBS开放平台总经理魏凯明告诉记者，游客还可以利用高德地图LBS定位服务，查找附近餐饮、会场、商家优惠活动等，让行程安排更高效。而高德地图的云图管理也可以帮助景区管理者及时、高效、智慧地解决景区资源调度等问题。因此，景区管理者也是智慧景区建设的受益者。如果景区能及时了解交通动态，作出预警分流，景区就不会再遭遇人满为患。

互联网巨头也有“软肋”

2016年1月28日　来源：《人民日报》 记者：吕洪

看看当下能在电商、社交和生活领域生存下来的公司和应用，做的要么是巨头们不屑做、不愿做的，要么是忘记做、做不好的。而这些，都需要创新的视角、思维和方式，看到别人看不到的行业爆发点

过去一年，是互联网大咖联姻最频繁的一年。从滴滴快滴合并攻取打车市场的半壁江山，到大众点评和美团网联手催生国内最大O2O公司，众多互联网公司在经历多年惨烈的、以价格为主导的市场争夺战之后，戏剧性地一笑泯恩仇，不仅让众多看客下巴掉到地上，也让本来充满未知和变数的市场，少了很多可能。

与大咖合并逐渐主导市场并存的，是在巨头影子下迎来的互联网创业潮。中国互联网协会公布的数据显示，以互联网为基础的企业登记数量明显超过新登记企业的平均增速，北京中关村创业大街一时也成为各方人士朝圣之地。

一边是互联网巨头逐渐瓜分割据的势力范围，一边是在夹缝中井喷而出的创业热潮。今天的互联网上，每天有数不清的新公司成立，但也有数不清的“出师未捷身先死”，看不尽的新应用上线，道不完的“其兴也勃焉，其亡也忽焉”。

互联网的创业环境让人不禁疑惑：互联网还能承载多少无处安放的梦想？互联网还是不是创新之地？互联网创业该去向何方？

互联网创业重在一个“创”字，创新才是创业的灵魂。当下，很多创业者都习惯将互联网思维作为创业的圭臬，每每将做到极致、用户至上、精准营销等口号挂在嘴头、做在日常。这没有错，但却不能将互联网思维

等同于这些口号。互联网思维改变了商业、消费和传播的模式，也没有改变本质。看着苹果做手机的模式可行，就一窝蜂似地去做手机，这不是带着创新基因的创业，而是东施效颦。真正成功的产品是建立在属于自己的核心技术、核心价值、核心营销模式之上的。

美国风险资本家彼得·蒂尔在他去年大热的书《从0到1》里提到一个观点："互联网的核心是垄断而非竞争，创业公司应该先去找到一个细分市场并垄断之，然后再逐步扩大。"这句话虽然听起来有些极端，但看看国内外成功的互联网企业的发家史，无一不是这句话的验证者。

创业者众，成功者寡，这是残酷的博弈，也是骨感的现实。当下的创业者既要独树一帜，又要与巨头共舞，需要的不仅是勇气和才华，更有技巧和底气；更关键的，是思考清楚自己想要什么，知道要解决什么需求，瞄准靶心，找到一个精准的"细分市场"。

对当下互联网的创业者来说，找到这个细分市场仍然植根于"创"。核心的业务是巨头们赖以生存的底线，也就是生命线，用户习惯已经养成，巨头们绝对不会允许后期的创业者动他们的奶酪。但这不代表他们没有软肋、空白和需求。看看当下能在电商、社交和生活领域生存下来的公司和应用，做的要么是巨头们不屑做、不愿做的，要么是忘记做、做不好的。而这些，都需要创新的视角、思维和方式，看到别人看不到的行业爆发点。

还记得那个美国淘金的故事吗，同样都是去美国西部淘金，真正挖到金子发财的屈指可数，但是卖水和卖帐篷的人却发了财。在淘金的路上拥挤不堪，却少有人注意到路边那个赚得盆满钵满的卖水人。

携“互联网+”思维去玩生态游

2015年9月17日　来源：《经济日报》 记者：刘成　通讯员：李颖慧

游完九顶莲花山后，经营超市的青岛游客王丽点击手机“山水洋河”的微商城，很快便订好了一批特色农产品。“洋河不仅景色秀美，而且智慧旅游也一样令人心仪！”王丽由衷地赞叹。

通过“山水洋河”微信公众号，一键预定景点门票、民宿房间、农产品礼盒，如今越来越多的智能应用出现在洋河旅游中。

今年以来，随着“山水洋河”微信公众号的开通及上线运营，旅游景点、农家乐、民宿、特色农产品统一打包上线，山东省胶州市洋河镇的乡村旅游步入“互联网+”时代，短短上线一个月的时间，微商城日均接单100多次。一个小小的偏远小镇，借助互联网开启了智慧旅游的新时代。

“山清水秀的美丽乡村是我们最大的资本，搭上国家生态建设的顺风车，‘美丽’也成了我们偏远小镇最大的经营资源。”该镇党委书记赵遵路介绍说，近年来，该镇凭借特有的生态环境，发展绿色循环产业，镇党委定下基调：保留绿水青山，维持乡村特色，避免做资源的减法；改造自然村，使之成为个性化、有品位、可持续的休闲农庄，实现村民在家门口创业赚钱。

围绕“爱山乐水见乡愁”主题，打造了高端度假生活、户外运动健身、休闲观光体验三大板块，完善洋河春夏秋冬旅游线路，逐步形成“全镇是公园、各村是景点”的旅游格局。

记者来到胶州市洋河镇山相家村“山水人家”农家乐饭店时，老板邱兰刚刚送走4桌用餐的客人，准备休息一下，再过一会儿，她还要和姐姐及母亲准备4桌晚餐。虽然不是周末时间，邱兰家的农家乐生意依然火爆。

邱兰是该镇最早开办农家乐的，往年客流最多的时候，就是每年镇上举办采摘节2个多月的时间，在平时周末也就三五桌客人。

令邱兰没想到的是，一搭上互联网这列快车，“店里的生意旺季来得太快，店里的服务员已经明显不够用了。连我这快60岁的人也要跟着跑堂了”。邱兰一边忙着盛菜一边说。

在邱兰家用餐的市民崔雯告诉记者：“来到这里呼吸一下山里的新鲜空气，爬爬山，再吃吃农家菜，心情特别好，要不是看到‘山水洋河’推送的链接，真不知道洋河还有这么美的地方，这里仿佛就是一个天然氧吧，我看公众号中还介绍，滑雪场、拓展训练基地正在完善中，真是来了第一次，就想来第二次第三次。”

商户看到当地特产竟然有那么多“粉丝”追捧，不到一周时间，村民纷纷将自己经营的产品搬到商城上，不少跟土地打了一辈子交道的“土把式”也赶起了时髦。原本走出洋河的优秀年轻人回到家乡，开始了自己的“创客”生涯。

青岛金米斗现代农业有限公司负责人谭向刚2013年从北京一家日企辞职，经过多方考察最终选定临洋村，承包200亩地种植高端有机蔬菜。经过2年多的发展，所种植的有机水果已经为他带来了300多万元的收入。

不管是经营农家乐的邱兰还是选择回乡创业的谭向刚，总结选择在洋河发展的原因都一致认为：是这里的好山好水给了他们发展的机会。

曾经，洋河镇因为工业企业欠缺，不少年轻人都跑到城区或者邻镇企业打工，留守的村民羡慕邻村的富裕，满怀热情却有劲使不上。现在，“山水洋河”慢慢出了名，每逢周末，总会迎来一群群手持相机的游客，游莲花山、吃农家菜、住农民房，村民的人均年收入也从2008年的5000多元，增长到2014年的30000多元。赵遵路告诉记者，接下来，他们打算把滑雪场和拓展基地配套完善起来，在九顶莲花山生态观光园种上四季花卉，让每一季都有吸引眼球的景致，“真正把美丽乡村的资源转化成美丽经济。”

走天下，先有图

2015年5月14日　来源：《经济日报》 记者：闫静

外出旅游，在旅游景区里，游客们常常会遇到这样的尴尬：由于不熟悉景点，而不知道该往哪里走；不知道景区周边是否有可以让自己饱餐一顿的当地小吃；附近究竟有哪些购物娱乐场所，等等。

“这些问题，在传统的地图里很难解决。然而，在具备三维实景地图的智慧旅游平台就可以轻松搞定。”立得空间公司品牌总监徐洋告诉记者，基于位置服务的智慧旅游开始走近大众生活。今年4月底，她和家人一起到四川九寨沟旅游，享受了一次“智慧之旅”。

在徐洋的手机里，有一款“乐行九寨”的APP。徐洋说，最大的亮点就是为游客提供了浏览景区实景地图。你可以一边在线欣赏景点高清实景，一边查看景区推荐行程，减少盲目性。在实景地图上，九寨沟景区的各个景点、各项服务设施、观光车站点和步行栈道等信息一应俱全。开启“智能导航”功能后，旅客不必再为“方向”犯愁，景点信息全部“掌握”在手中。除此之外，“乐行九寨”还能提前预知景区游人数量、在线购买门票、收听专业的语音导览介绍景点传说和文化、及时将景区美景分享到朋友圈等。通过APP自带的扫一扫功能，更能轻松获取周边酒店、餐饮、娱乐、购物等打折优惠信息。基于移动互联网的位置服务，让大众游玩更轻松。

据了解，作为国内“智慧旅游”的先行实践者，九寨沟景区是国内首个提出“智慧旅游”的景区，更是国内首个智慧旅游景区的实践者。据这款应用的开发商北京秀友科技有限公司技术人员介绍，这款APP去年9月29日上线当天，下载量就有5000多次。黄金（1172.20，4.10，0.35%）周7天时间内，安卓与苹果两个平台的下载量接近6.5万次。今年五一期间，下载量约9.1万次。

立得空间公司近年转型“智慧旅游”运营与服务，作为“乐行九寨”三维实景地图提供者，它借助自有的移动测量技术和三维实景地图技术，除了为九寨沟打造全方位一体化管理的智慧景区外，还帮助神农架、青城山、溪口镇、三亚等景区建设了类似智慧旅游服务平台。在旅游业，位置服务应用正遍地开花。

“未来，智慧旅游肯定是大方向。”立得空间总裁郭晟表示，将位置服务理念引入到旅游景区应用中来，是景区管理向智慧化转变的基础。让大众享受“智慧旅游”带来的便利同时，旅游消费也将更上一层楼。

第四节　互联网+交通

网约车PK出租车

2016年8月10日　来源：《吉林日报》 记者：孟歆迪、聂芳芳

“滴滴出行”报告显示，截至2016年5月底，滴滴为17个重点“去产能”省份提供了388.6万个就业机会，其中来自“去产能”行业的滴滴司机有102万人。

现在出租车司机的年龄更年轻化，随着网约车的出现，市场竞争越发激烈，他们愿意用更好的服务来抢占市场份额，赢得乘客的信赖。

比方便：随时 随地 随意

下车时，一摸兜，没带钱包，或者零钱不够，拿出百元钞票，司机师傅为难地直蹙眉头。这种情况，打过车的你，遇到过吧。

时代的进步和乘客的需求，推动着乘车付款方式的改进。网约车，不需要带钱，不需要找零，甚至不需要当场付款，在最方便的时候轻点手机屏幕，确认即可。

白女士要参加驾考，凌晨4点半就得到达吉林工业大学北湖校区附近的考场，时间早、路途远。凌晨3点半，几个考票的“学友”就在会展大街上集合了。天还蒙蒙亮，马路上基本没有车经过，等了近20分钟，路过的两辆出租车都不顺路。抱着碰运气的想法，白女士第一次叫了网约车。6分钟后，一辆白色私家车从朦胧的晨曦中驶来。

网约车的存在，让路上的每辆车都有了载你回家的可能。

长春理工大学读研二的李同学是个娇小的女生，暑假回家，要乘坐晚

上10点半的火车。她早晨就在软件上预定了晚上9点半的“顺风车”。到了晚上，她拎着行李就如同坐私家车一样稳妥、方便、及时地赶到了车站。

不需要现金，更不用找零；不仅随时随地，还可以预定何时何地；让等乘客的司机和需要车辆的乘客“碰”到一起，网约车就是这样方便。

比实惠：市场定价 政府监管 合规合理

这里有一笔账：7月24日晚上8点25分，记者在桂林路7.8广场对面的公交车站附近用“滴滴”叫了一辆快车，车费明细显示：里程7.7公里，9.9元，时长费21分钟，8.5元，优惠券抵扣5.0元。记者实际用微信支付了13.4元。收费情况清晰明了，而且还有红包。

如果乘坐出租车呢？记者打车时已错过高峰期，等候3个红灯，同样的路程花费17元。

网约车平台不仅经常派发红包，还会根据市场变动疯狂打折，让开自驾车的人，都有种“开车干嘛，不如约个车”的冲动。7月28日，记者收到一条短信：“3折3折就是3折！7月28—29日呼叫滴滴快车，满城尽享3折优惠！夏日高温不要怕，小滴带你嗨起来。”而优步恰好在7月27日正式进驻长春，上线当周每位市民可享受全城自动3.5折的优惠。

但是8月1日，滴滴出行收购了优步中国，“死对头”变成了“亲兄弟”，不少市民反映网约车涨价了。不过，互联网约车服务主要实行市场调节价，同时，网约车平台公司不得为排挤竞争对手或者独占市场，以“低于成本的价格”运营扰乱正常市场秩序。所以，波动是暂时的，网约车的价格会随着市场变化而更趋于合理。

目前来看，“顺风车”还是要比出租车便宜的，出租拼车不论中途停车几次，都只减免1元燃油费，但预约“顺风车”，拼得越多，费用越低，旅途越长越省钱。

比安全：分享行程 人像认证 安全全方位

在新出炉的《网络预约出租汽车经营服务管理暂行办法》中，规定车辆技术性能符合运营安全相关标准要求，还要安装卫星定位和报警装置，并需要按规定的条件审核后，拿到《网络预约出租汽车运输证》。

网约车驾驶员资质审核上，也设立了入行标准，要求3年以上驾驶经验和3个记分周期没有扣满分记录；无交通肇事犯罪、危险驾驶犯罪记录，无吸毒、饮酒后驾驶记录；无暴力犯罪记录。这些规定提高了驾驶员的准入门槛。

据中国消费网分析，根据《暂行办法》《侵权责任法》的规定，乘客如果因为乘坐网约车遭受侵权，可以直接向网约车经营者主张权利，其合法权益可以得到全面维护，并且承担较少的举证责任，大大减少了维护自身合法权益的成本。

“滴滴”从6月份开始，已陆续上线“分享行程”“紧急求助”“号码保护”及“人像认证”等安全功能。同时，在滴滴平台上所有司机及车主信息都确保“三证验真”，前不久上线的“车型一致”也取得了阶段性成果。

而每一位在滴滴出行平台上提供真实有效的“身份证”“驾驶证”和“车辆行驶证”信息，成功完成注册的司机，在接单前，都需要在滴滴司机端上进行“人像认证”，只有认证通过后才能开始接单。

有了上面这些规定，网约车的安全性就有了保障。

比市场：点到面 面到面 触角在延伸

学生、白领、有车人士、无车人士，所有会操作智能手机的人都可以成为网约车的用户。如果说出租车满足的是点到点的出行需求，那么网约车则弥补了点到面、面到面、时间维度的空白。

网约车是一种趋势，是势在必行的时代进步。网上购物、网约车、网络外卖……这些新消费方式的崛起，是社会的进化。我国网约车合法化，为这种新消费方式提供了成长的空间和健康的保障。它关系的不仅是乘客乘车的市场，更是就业市场、创业市场。新规出台后，意味着每个会开车的人，在达到相关要求后，都有机会成为网约车主。记者采访了多位网约车司机，印象最深的一句话就是：“啥叫创业，这就叫创业。用自己的时间和车，给自己赚钱。”服务也是一种商品，合法的自食其力，合法的万众创业，是一次伟大的创新。

人大劳动人事学院课题组针对15478优步司机的调查显示，32%下岗失业人员来自煤炭钢铁过剩产能行业，其中一半以上把开网约车作为唯一收入来源。“滴滴出行”报告显示，截至2016年5月底，滴滴为17个重点“去产能”省份提供了388.6万个就业机会，其中来自“去产能”行业的滴滴司机有102万人。

任何新兴事物初期都会显现弊端，但网约车市场已是曙光乍现。

比方便：招手就停 上车就走

“TAXI！”一个简单的招手动作，就能搭上一辆出租车。针对网约车出行方便这一话题，“的哥”“的姐”提出了很多反驳理由。

早上4点，承担白班任务的司机王伟开启了一天的工作。有着5年的驾驶经验，每天开着出租车穿梭于各个街道，对每条街道、甚至小巷已经了如指掌。

谈及网约车这个话题，王伟很健谈。“网约车是新型的出行方式，现在不少年轻人都在使用。”他说，虽然网约车有它的优点，但自己仍看好传统的打车方式。

“我们出租车采用的是巡游方式，乘客招手，我们就停车。对乘客来说这是最直接的打车方式。”王伟说，和网约车对比，出租车更方便。“如果乘客选择网约车，肯定要等一定的时间，如果遭遇堵车，可能等待的时间会更久。此外，如果乘客有急事，肯定愿意选择招手就停的出租车，而不会花时间在网上预约叫车。”

今年34岁的刘颖，去年刚加入到出租车司机的队伍中，她说，网约车的便捷度是相对的。一旦手机没电即使网约车再方便你也无能为力；还有就是手机流量用完、突然没信号或者欠费等情况，都可能使智能手机“罢工”，这时候还是传统的打车方式最靠谱。

“师傅，去重庆路，顺路吗？”上午9点，市民张大姐搭乘了王伟的出租车。“对于我们50岁左右的人来说，打出租车更加方便，而且现在可以拼车，打车更容易了，只要顺路就可以搭乘。很少存在打不到车的情况。”张大姐透露说，现在身边的同龄人虽然在使用智能手机，但是很少花时间去“摆弄”它。

比实惠：价格透明 拼车更便宜

价格透明，打表收费，出租车让百姓感到更加放心、实惠。

8月3日，记者体验了网约快车和出租车两种方式，出发地点和终点分别为中东大市场、东岭南街。10点30分，记者准时在中东大市场成功搭乘一辆出租车，大概15分钟，到达了东岭南街，里程为6公里，价格为14元，加上1元的燃油附加费，总计15元整。

下午1点，记者又成功预约了一辆网约快车，从中东大市场出发，里程同样为6公里，算上时长费用，本次网约车共计花费23.5元，扣去优惠券抵扣2元，一共为21.5元。对比两种打车方式，出租车的价格更实惠。

“如果没有优惠政策，网约车的价格优势不会很明显，相反，我们出租车的价格还是比较合理的。”王伟说，从当前看，很多乘客尝到了网约车的甜头，他们有时叫网约快车只需花几元钱。然而，这里面的价格并不是固定的，是随着优惠力度而变化的。

王伟还说，如今，考虑优惠力度，网约快车确实比较便宜，但是网约专车却很贵，同样里程价格可能要比出租车贵很多。“出租车的价格是由多个部门经过多方考虑才定下来的，价格相对合理，对市民来说也是比价实惠的。”

比安全：政府监管 正规发票 为安全加锁

政府监管，开具正规发票，为出租车安全加锁。

随着网约车合法化新闻铺天盖地袭来，一些网约车的安全隐患也被曝光，不少网约车出现车主抢劫、私装摄像设备等案例，也证明了网约车存在不安全因素。

一位不愿意透露姓名的出租车司机说：“出租车有发票及证照，安全上有保障，网约车司机只要满一定驾龄就可注册，驾驶技术怎么能和我们比？”他说，现在驾龄不能代表什么，有的人即便有3年驾龄，但很可能他实际驾车仅有一年的时间。

“我们是专业的司机。”刘颖说，驾驶出租车是他们的职业，他们会把乘客的安全性作为第一要素。然而，对于一些网约车主来说，这份工作可能是业余的，他们利用自己的业余时间来赚“外快”，开车技巧上肯定不如专业“的哥”“的姐”，同时，很可能发生一些不利于乘客安全的事情。

针对打车安全性的话题，记者还联系到了长春一家大型出租车公司。“我们出租车都是受政府监管的，安全有保障。”一位工作人员说，如今，出租车是强制性保险，为营运安全加把锁。同时，驾驶员的信息和车辆信息全部在政府主管部门掌控之中。还有一点值得肯定的是，乘客搭乘一辆出租车，出租车可以为乘客提供票据服务，假如乘客有物品忘在车上，完全可以通过发票上的车号联系到车主，保护乘客的利益。

比市场：速度决定我们的市场份额

因为专业，因为速度，出租车拥有一定的市场份额。

在长春，像王伟、刘颖一样的出租车司机有很多，他们每天坐在车上一开就是10个小时，有时连饭都顾不上吃。虽然有司机出现拒载、绕路等情况，但这也仅仅是个别现象。

王伟坦言，网约车的出现，确实对他们造成了一定影响。“原来我每天收入300到400元左右，现在每天大概减少近80到100元。”他说，虽然网约车有它的市场，但是传统出租车凭借自己的专业、速度赢得了乘客的信赖。

“我们出租车司机每天都会绕着长春来来回回，对这座城市的熟悉度决定了我们的速度，这也是很多乘客选择我们的原因。我们知道哪条路堵车，哪条路维修，我们能用最短的时间把乘客送达目的地。”

王伟还说：“我们出租车的队伍很庞大，有时十几个要好的车友自发组成一个小团队，还在出租车内安装对讲机，可以随时播报路况。”刘颖也透露说，现在出租车司机的年龄更年轻化，随着网约车的出现，市场竞争越发激烈，他们愿意用更好的服务来抢占市场份额，赢得乘客的信赖。

自驾游，掌上租车也挺爽

2016年7月22日　来源：人民网—《人民日报》 记者：杜海涛、周卷舒

轻踩油门，说走就走，无拘无束尽览路上的风景——租车自驾，是目前最受欢迎的旅游方式之一，尤其随着租车APP的广泛使用，游客订车更加方便，但也经常遭遇车况不透明、租用费虚高、押金退还迟滞等问题，一旦发生消费纠纷，维权难度大，解决不容易。暑期自驾出游，选择租车公司应该注意什么？怎样才能避免发生不愉快，保持旅行中的好心情？

APP订车真爽，但提车时最怕没谱

旅游旺季，有的租车公司车辆周转不过来，甚至为了降低成本，减少对汽车的维修保养，车况没保证

7月初，北京某证券公司员工周适带家人到青海旅游。青海地域广阔，景区之间距离遥远，带着孩子来回转车又不方便。在朋友的推荐下，周适通过神州租车的手机APP预订了一辆丰田SUV。到西宁后一下飞机，他就在机场提到了事先订好的车，神州租车还为他免费准备了儿童座椅。周适带着家人愉快地踏上旅程。

异地租车自驾是目前最受欢迎的旅游方式之一。国家旅游局的数据显示，2015年国内旅游人数达40亿人次，自驾车游客为23.4亿人次，占58.5%，其中相当一部分是异地租车自驾。预计到“十三五”末，我国自驾游人数将达58亿人次，占国内游总人数的70%以上，异地租车自驾的游客会进一步增加。

游客需求刺激了汽车租赁行业的发展。短短几年，神州租车、一嗨租车、易到用车等专业汽车租赁公司已在市场有了广泛的认知度。其中，神州租车的车队规模达10万辆，在全国250多座城市设立了上千家直营或加盟

网点。这些租车公司都推出手机APP，实现了一键租车、异地提车。出发前，游客只要点开手机，可随时订车。到旅游目的地后，拿出身份证、驾驶证和信用卡，就能提车。目前，异地租车的费用一般为每天200元—300元左右，大多数游客基本承受得起。

可是，APP订车虽方便，有时也难免出现“意外”。

前不久，山东青岛某杂志社编辑陈立军和朋友到山西自驾游。出发前，他通过携程网预订了一辆标志207。当陈立军和朋友下飞机赶到提车点时，服务人员却说，他预订的这款车暂时没有，需要从其他网点调车。陈立军等了1个多小时，车才调来，然而车况比较糟糕：车内烟味很大，脚垫和车门内侧都有不少泥土，烟灰缸里还有用过的纸巾，“我一气之下打算取消订单，但如果临时改租其他公司的车，当天晚上就无法赶到在平遥订好的旅馆，没办法，只好去附近的洗车店洗了车才上路。”

陈立军说：“本以为几分钟就能提车去玩，没想到折腾了那么久。出门旅行安排一般比较紧凑，如果提车耽误太多时间，后面的行程就要受影响。”

来自宝驾租车的数据显示，以度假旅游为目的的租车订单已占50%以上，在周末及法定节假日甚至高达70%。旅游旺季，大量游客租车自驾出行，一些租车公司用车紧张，车辆周转不过来，甚至为了降低经营成本，减少对汽车的维修保养，向租车人提供车况差的车辆，影响旅行质量。

租车出行自在，但遇到故障急死人

多数租车公司在三、四线城市尚未形成完整的服务网络，租赁的车辆一旦出现意外，就可能产生沟通不畅、服务延迟、救援不到位等情况

“租车自驾让自由行更自由，可我最担心旅途中车辆本身出现问题。”江西南昌某公司白领王宏杰通过艺龙网预订了车辆，带家人去云南旅游。不巧，他们在大理附近的高速公路上行驶时发生了爆胎。

“我立即联系租车公司，客服表示马上派救援人员，让我耐心等待。我打了五六个电话、等了1个多小时，救援人员才来，却发现车辆备胎与使用轮胎不符，只能回去另取。眼看天色已晚，我们在旁边小镇凑合住了一

宿。直到第二天，救援人员才给我们换上合适的轮胎。一夜下来，全家人疲惫不堪。”王宏杰说。

异地租车刚刚兴起，多数租车公司在三、四线城市尚未形成完整的服务网络。当游客自驾到了比较偏远、服务未覆盖的地区，租的车辆一旦发生故障，或者遇到交通事故，就可能出现沟通不畅、服务延迟、救援不到位等情况，给原本愉快的旅游带来不愉快。

“我在与租车公司签合同时，他们说如果车辆出现意外，要我们第一时间报告，没想到我们报了险，租车公司的服务却跟不上。”王宏杰说，租车自驾通常都是长途旅行，完全依靠租车公司处理所有意外情况不现实，希望租车公司加强与保险、维修等专业公司合作，完善事故处理方式，让游客遇到紧急情况能得到及时处理。

神州租车北京西站租赁点的一位工作人员介绍，目前神州租车通过线上客服和门店24小时营业的方式，为客户提供全方位的支援服务。他建议游客租车时购买车辆保险，如果在旅途中出险，可随时拍照留存资料，还车后由保险公司赔偿损失。

今年“五一”期间，湖北武汉的张晓舟在租车自驾途中，与其它车辆发生碰撞，车前保险杠破裂，车身留下了几道明显划痕。由于在提车时购买了全险，张晓舟立即将车辆停到路边，拨打当地交管部门电话报险。十几分钟后，交警抵达现场，很快厘清了双方责任，张晓舟重新上路继续行程。

张晓舟说：“APP租车，都是预订在前、提车在后，消费者在提车检查时应仔细观察车辆的刹车、减震、轮胎等部件，发现问题及时提出，避免不必要的纠纷。在签订租车合同之前，最好争取试驾，充分了解车况，为出行安全上一把‘锁’。”

网上结算便捷，但资金安全有风险

租车费用结算涉及车行、银行等多头，周期较长。租车公司应增加结算流程的透明度，让游客及时了解支付信息，心中有底

“异地租车都使用信用卡进行费用收取和押金冻结，这种方式会不会造成重复扣费？钱安全吗？”暑假来临，北京某中学教师唐欣打算去四川

租车旅游，看到租车公司要她提供信用卡信息，心里直打鼓。

异地租车牵涉到银行、租车公司等多头，有时可能会因为信息交流延迟、操作失误等，产生不和谐的“小插曲”。

前些日子，唐欣去苏州租车自驾，就因为预付押金、事后结算等问题，颇费了一些周折。当时，唐欣还车后，按合同，她用信用卡预付了2000元违章押金。租车公司告知她，一个月后如无违章通知即可退还。一个月后，唐欣没有查到违章记录，却迟迟收不到退款。眼看着两个月过去了，唐欣再次和租车公司联系，客服人员查阅资金流转记录后发现，由于工作疏漏，“这笔押金忘退了”。在唐欣的催促下，租车公司才启动退款程序，又过了几天，这笔押金终于退到唐欣的账上。“如果我不盯着，这笔钱是不是就丢了？”唐欣很困惑。

一嗨租车的客服人员解释说，由于车辆违法信息查询系统存在一定的滞后性，通常租车公司会设定一个月的期限来返还违章押金，并将这一条款写在客户租车时签订的合同中。但有时因为银行出账时间较长，返还违章押金的时间可能推迟30—35个工作日。而实际操作中，超过这个时限的情况并不少见。

唐欣认为，违章押金退还过程涉及租车公司、公安交管局、银行等，核对和退款时间较长，而游客无法及时了解退款进程，“希望租车公司通过手机APP，在线显示退款进度，让退款更透明，让客户及时了解信息，心中有底。”

为避免因信用卡预授权发生意外导致资金误扣，现在一嗨租车、神州租车与芝麻信用开展合作，根据芝麻信用的分值，最高可授予用户5000元左右的免预授权额度，享有这一资格的用户就不用再刷预授权。

“租车业在我国的发展前景取决于行业生态，而并非只是‘互联网思维’。”一嗨租车首席执行官章瑞平认为，汽车租赁行业尚未形成有效自律，租赁公司良莠不齐。建议游客在网上租车时，仔细验证租车公司的相关资质，尽量选择口碑好的公司。在签订租车合同时仔细阅读条款，重点了解保险责任、事故处理相关条款。用车后注意保存好相关租车票据，便于在发生纠纷时合理维权，确保自身合法权益不受侵害。

◆链接（茂边）

我国出境自驾游爆增　互联网境外租车规模逾131亿元

中国自由行服务平台蚂蜂窝旅行网联合租租车发布的《2015中国出境自驾游报告》显示，去年中国互联网境外租车市场交易规模达到131.3亿元，预计今年交易规模将增长88.6%。

去年，我国出境自驾游人次同比增长130%，租租车平台境外租车需求同比增长约600%。随着互联网租车行业的发展，中国出境游客可以简单快捷地通过互联网平台预定境外租车及增值服务。

出境自驾游成为全国各地旅行者热衷选择的新旅游形式。在人群方面，以男性驾驶员为主，70%出境自驾游的游客均为70后、80后，互联网、金融、传媒等行业参与者最多。90后消费者增长迅速，2015年同比增长485.5%。

出境自驾游以一线城市居民为主，北上广深合计占比高达50.3%；2015年，成都、杭州、南京等城市增长快速。

数据显示，大部分中国出境游客自驾行程都在一周以内，越来越多的游客希望通过自驾游更加深入了解旅行目的地，选择自驾1—2周的游客同比增长23%。

智慧交通　让出行更便利

2016年2月24日　来源：《人民日报》 记者：何勇、李坚、姚雪青

动一动手指就能知道附近哪儿有停车位；看一下路边的显示屏就知道视线盲区有没有车辆驶来；有了便携式抓拍电子警察，应急车道被非法占用明显减少……智能设备的使用让百姓出行更加方便也更加安全。

停车场泊位手机可查

哪条路不堵，哪有停车场，沈阳市民通过“沈阳易行”手机APP就可以查！2015年10月份，沈阳市“行车易、停车易”智慧交通系统正式运行。这款应用软件包含500多个停车场的即时信息，覆盖率能达到80%。

沈阳公安局交警支队有关负责人介绍，这款软件最基本的两个功能，一个是预约，一个是找停车场。预约停车场就是告诉你想去的下一个停车场大约需多长时间到；如果找不到停车场，可以通过APP的电子地图导航到最近的停车场。软件后台与每个停车场联网，车位的动态变化能做到实时更新。

记者打开“沈阳易行”的路况地图功能，直观看到全市路网的交通通行状况以“红、黄、绿”颜色呈现。在一些主干道，沈阳公安局设置了900多个地磁线圈，可实时监控道路拥挤程度，比如在手机显示屏上可以看到青年大街的实时路况，不同路段不同颜色，红色就是堵车了。

“沈阳易行”还为市民提供了便捷的交管业务服务功能，市民可通过“违法查询”“快速理赔”“便民查询”“办事指南”等功能，足不出户获取最新出行资讯、办理交管业务。此外，还可以上传居民身份证、驾驶证、行驶证等信息，系统后台对身份进行认证和绑定后，市民可以享受到车辆违法、驾驶证到期审验等相关信息的关联提醒服务。

弯道会车智能预警

龚玉坤是一名客车司机，长期由重庆涪陵城区发车驶往白涛镇，319国道是行驶必经之路。最近他发现，白涛街道附近的319国道一段急弯公路上出现了一套弯道会车的预警系统：车快要行驶至弯道时，路旁的预警显示屏显示“前方来车”“减速慢行”等提醒过往驾驶员前方对向车道车辆行驶的信息。“有了这套提示系统，我们驾驶员途经弯道的时候，对来车情况更熟悉，开车更有安全感。”龚玉坤说。

在弯道会车，因双方驾驶员都存在视线盲区，只要在会车时有一方车辆占道，由于驾驶人本能反应和驾驶经验不足，其结果要么直接相撞，要么一方车辆猛打方向盘避让，驶出路外翻车、坠崖或者撞向路边行人等等，导致事故范围和后果扩大。因此，弯道事故在所有道路交通事故形态中，具有最大的危害和最严重的后果。据了解，目前这套弯道会车预警系统已在重庆市投入使用，主要由两部分组成，地埋无线传感器和预警显示屏。

涪陵交巡警支队支队长陈锋介绍，弯道会车预警系统投入后，通过智能评判，提前预警，达到车辆各行其道，避免事故发生的目的。从2015年4月投入以来，319国道弯道占道行驶引发的交通事故同比下降了约一半。

“这套系统实现了减速提醒和弯道路况提醒的功能，非常适合丘陵地貌、弯急坡陡的319国道等山区道路，未来我们还将结合辖区的实际情况在319国道上交通事故易发地区对弯道智能会车预警系统进行推广使用。”涪陵区公安局局长周京平说。

应急车道电子监控

当高速公路上发生了拥堵，你会为了节省时间而从旁边的应急车道上过去吗？这种情况下占用应急车道行驶将面临哪些后果？南京交管部门将在绕城高速公路长江三桥段启用便携式应急车道抓拍电子警察，对相关区间进行全程监控，对非法占道行为进行相应处罚。据悉，这是江苏首次启用该设备，以减少大客流可能导致的交通事故隐患，保障应急车道这一“生命通道”的安全畅通。

“高速公路属封闭式道路，应急车道是发生突发事件时，供执行抢险救援任务车辆通行的唯一生命通道。”南京市交警支队高速三大队副大队长苏子毅介绍，一旦发生交通事故等意外情况，受事故或故障车辆占道影响，后车往往只能排队缓行甚至是排队等候。如果应急车道被占用，导致救援车辆无法及时达现场，就会耽误宝贵的救援时间。

南京此次启用的便携式应急车道抓拍电子警察设备，每次能抓拍四张以上连续图片，清晰反映车辆占用应急车道的全过程。同时，针对固定抓拍监控的不足，将该监控设计为便携式设备，民警可方便携带，根据交通拥堵情况和重点管控区域的变化在高速公路快速安装使用。

航空出行也能“拼机”

2016年1月15日　来源：《经济日报》 记者：周雷

互联网时代出行不“拼”不行，地上拼车，天上拼机。1月5日，香港全球之翼公务航空控股有限公司旗下子公司GLOBAL WINGS铂雅公务航空技术（北京）有限公司宣布，“我要拼机”APP正式上线，首批开通11个城市的航线拼机业务，拼机价格等同于个别航段甚至低于民航全价头等舱票价。凭借这一国内首创的线上拼机平台，更多乘客可享受优惠的价格。

“我们致力于解决公务机市场的痛点问题。”GLOBAL WINGS董事总裁张洪超表示，一方面全球公务航空运营商浪费了过多的空调机资源；另一方面，多年来传统包机价格昂贵阻碍了市场的拓展。

统计数据显示，截至2015年底，中国大陆地区公务机机队规模近400架，公务机运营商自有机队规模不断扩大，利用率却严重不足，每年浪费的空调机资源约2500个航段。随着互联网及共享经济的发展，公务航空业为乘客提供定制化、个性化的消费体验和更具竞争力的附加值服务已成为大势所趋。

业内人士认为，拼机APP的面世，将加深共享经济模式在中国通航产业内的应用。据GLOBAL WINGS董事副总裁韩充、田旭等人介绍，“我要拼机”APP业务范围包括拼机、商务包机、飞机买卖、定制度假、国际医疗5个核心板块。用户可通过APP平台自主发起首批开通包括北京、上海共11个城市110条对飞航线拼机请求，创建专属于自己的定制化航线，并可实现线上选位、在线支付及咨询。与传统公务航空公司不同的是，“我要拼机”APP平台还通过与金融、高端旅游医疗、特卫安防等机构强强联合，针对消费者提供系列增值服务。

车位共享，让停车更容易

2015年12月30日　来源：《人民日报》 记者：常钦　实习生：黄程

你是否经常碰到这样的事：大白天，小区里车位空着，附近办公区停车却“一位难求”。现在，分享经济有了解决办法：利用互联网平台，车位拥有者可以把空置车位分享出来，让苦于找车位的车主错时停车，既节约了社会资源，还能增加个人收益，听起来一举多得。那么，大家接受车位共享吗？在实践中遇到哪些问题？未来前景如何？

在分享平台，车位空闲信息实现一键发布——

“安装智能共享车锁后，车位差不多每天都有出租记录”

“没想到车位的使用率这么高，从安装丁丁车锁到现在不到1周，就已经挣了70多元。”近日，家住北京巷上嘉园社区的李威告诉记者。

47岁的李威在北京从事销售工作，入住巷上嘉园社区已有一年多。自家的车位只有晚上才用，白天基本处于空闲状态。

“上个月，我看到丁丁停车在小区做宣传，我决定安装一个，效果真的不错。”李威说。

丁丁停车在李威家的车位上安装了一种智能车锁，只要用手机下载APP，注册登录后，就可以实时发布车位空闲信息了。

每天早晨，李威开车离开车位后，打开手机里的“丁丁停车”APP，把车位设置为出租状态，收费标准为每小时5元。需要停车的司机可以在APP上获取空闲车位信息，并且在地图导航下准确找到车位。停车结束后，手机APP还可以自动结算费用。

“安装智能共享车锁后，车位差不多每天都有出租记录。”李威说。

数据显示，我国大中型城市停车位颇为紧张：北京市停车位缺口达250万个；深圳、上海、广州、南京等城市的停车位缺口均超过150万个。对于很多开车族来说，找个车位很不容易，有些人为了占车位，不得不早起1小时上班、打时间差下班。

停车难的一部分原因在于车位使用率不高。“我们经常看见这个怪现象：白天，一边是小区里面的车位空着，一边是周围商场、办公楼、路边的停车位紧张。如果实现双方资源互补，做好车位共享，一定程度上可以缓解停车难。”丁丁停车总裁申奥说。

以前，重新调配车位的供需关系面临技术难题。现在，搭上了移动互联网的技术快车，“共享车位”变成了部分创业公司的“金矿”。

申奥细算了一笔账：目前，一线城市车位的平均价格在20万元左右，假设白天空闲8个小时，就意味着损失了20万元的1/3。如果能够把这些车位分享给别人一起使用，不仅减少了稀缺资源的浪费，也给车位所有人带来收益。

目前，丁丁停车聚焦北京三环内的891个小区，从中筛选出最适合、最迫切需要分享车位的54个小区，开展分享车位服务。此外，丁丁停车在北京还和150多个小区及商业停车场展开合作，超过1500个车位安装了智能车锁，实现与他人分享。

车位权属性质复杂，分布零散，实现共享不容易——

“如果小区物业态度不积极，我们就没有什么办法了”

“我偶然发现共享车位服务，用过之后感觉不错。”北京市朝阳区某外企员工李健是使用丁丁停车找车位的用户，每次需要停车时，打开手机APP，能比较方便地找到空闲车位，使用结束后用微信就可以支付停车费用。

在李健看来，丁丁停车等共享车位的软件方便了用户。然而，共享车位并不是没有困难。车位分散、权属性质复杂，都是共享车位需要突破的瓶颈。

成都泊泊停车负责人熊运余认为，车位共享需要处理好所有权、使用权、收益权等三方面的关系。共享的内容是车位使用权，而所有权和营收权需要利益各方协商和推敲。共享车位除了涉及物业，还涉及停车管理公司，协调起来比较复杂。“如果小区物业态度不积极，我们没有什么办法。”

还有很多车位资源集聚在机关、学校等“大院”内部，要想提高这些车位的利用率，阻力更大。

“如果学校内部的空车位可以适量共享，学校门口的乱停车或许可以少一些。”北京海淀区某高校研究生杨超说，学校里有两个停车场，靠近他们宿舍的停车场有30多个车位，但每天只有十几辆车停靠，空闲比较严重。

与此同时，该校不远就是北京的一处著名景点，停车需求大，周围商业停车场数量有限，导致很多车辆都停在校门口马路两边，阻碍交通而且带来安全隐患。有些车辆想停在学校里，都在校门口被拦下来。

为集聚共享车位，丁丁停车采取“迂回”策略：“我们先从业主个人做起，当小区里第一批共享车位带来一定收益之后，就容易跟物业沟通了。”目前分享车位的收益，业主、丁丁、物业按照6：3：1进行分配，让物业享受一部分收益。这一做法收到了效果，在朝阳大悦城附近的雅筑社区，已经有90个车位装上了丁丁停车的设备。

为了培育车位共享理念，申奥还想了不少其他办法，比如建立分享微信群。在有100多人的“巷上嘉园停车群”里，微信好友们可以互相“晒”停车记录，分享包括车位编号、车牌号码、开始和结束时间、总计时长、停车费用等信息。

车位共享前景广阔，不确定性也大——

“在供应链上多下功夫，开展增值服务”

“目前各企业都在投钱，还没有考虑收益，处于培育市场的阶段。”北京分享停车平台——无忧停车负责人靳宇文对于共享车位有着自己的见解。

“建设智能共享车位系统的投入很大。”靳宇文说，现在，停车场管理涉及房地产商、物业、停车场管理公司，承包、劳务输出以及共同管理等管理形式复杂。有些停车场不具备信息收集和传递的能力，需要更新设备，嫁接互联网。而一个出入口设备需要1万到1.5万元，改造设备成本巨大，一个停车场就需要投入3万元，无忧停车在案和在建的停车场一共有200多个。

车位共享能否被用户接受，也是一个问题。“如果大家都用手机软件抢或者预约车位的话，会不会引发新一轮的抢车位大战？”河南郑州市一所中学的英语教师陈捷说，车位共享概念很好，不过需要处理好细节，如果弄不好，反而会增加矛盾。

熊运余表示，目前公司运营仍处于早期，为了更有效切入市场，往往采取赠送道闸、地锁以及软硬补贴投入。同时，对车位“占有”采取限时办法，避免出现抢车位现象。

熊运余说：“我们试过多种经营模式，目前形成了从平台、硬件到软件的一套完整解决方案，在广州、成都两地正在开展试点。”

“车位共享模式复制性高，现在不可能出现巨头。但是我们可以在供应链上下功夫，开展增值服务。”靳宇文说，最初，参与车位共享的企业很多，但目前有影响、有规模的只剩四五家。车位共享市场前景广阔，风险也高，不确定性很大。只有各方共同努力，才能实现共赢，包括车位使用率最大化、业主车位收益最大化和停车便利化。

“随着车位的增加，无忧停车将延伸产业链，在车位共享的同时开展洗车、保养等专业服务。”靳宇文说。

申奥认为，实现车位等社会资源共享是未来发展方向，“我们目光还盯向新能源汽车，希望能解决电动汽车停车位问题。充电桩对于位置需求高，个人充电桩的分享将是新课题。”

共享车位，试试这几款APP（链接）

■丁丁停车

基于智能硬件的共享平台。通过在车位安装智能地锁，车位提供者可以使用手机进行操作，包括设置出租时间等。这种分享方式通过物联网模式，将线上线下资源高度整合，实现了车位锁手机遥控升降、闲时车位即时搜索、出租和租用。通过完备的停车引导系统和对闲置车位的优化利用，将路侧占道车辆最大限度地导流到周边小区和停车场，实现资源的有效利用。

■无忧停车

基于停车场信息的共享平台。侧重提供停车场信息。支持地图搜索停车场，了解车位空余情况和价格信息，并且提供导航服务和预订车位服务。支付停车费用实现在线支付，减少等待时间。该方式可实现周边停车场车位查询、手机支付停车费、停车场内找车位等功能。

■泊泊停车

集停车比价、错时分享等功能于一体的车位共享平台。软件的数据包括收费信息、精确导航车场入口、停车攻略等；购物商场、小区、商业停车场的停车地图、无线网络服务实时定位。软件除了能够实现停车场信息服务和比价服务外，还能提供分享空闲车位、车位预定、停车场内导航以及便捷支付等一套完整的停车付费流程。

第五节　互联网+餐饮

90后北大毕业生的智慧餐馆

2015年6月9日　来源：《光明日报》 记者：钟超、邱玥

5月29日，在清华大学“众创空间主题互动”活动现场，身着黑色T恤的张天一走上讲台，胸前两个大字“霸蛮”引人关注，显示了这个湖南小伙儿的倔强个性。40分钟的精彩演讲，展示了这位90后北大毕业生创业开办“伏牛堂”智慧餐馆的故事。

创业，选择一条与众不同的路

90后、北大法学硕士、创业卖米粉，几个关键词放在一起，就是张天一这两年来走过的路。

2014年夏天，张天一从北大毕业。学习法律的他本想在北京找一家律师事务所当律师，但是，严峻的就业形势摆在他面前。

“当好几百人去竞争有限的几个工作机会时，却有大量的工作没有人做。就好像我每天上班路过国贸时，看到三环路无论是主路还是辅路，都在堵车。而我骑着我的破二手自行车时，十分轻松地就把一辆辆豪车甩在身后。”张天一坦言，创业对他而言，是一种被动选择，但经历之后，才发现这是自己喜欢的生活方式。

为什么选择卖湖南米粉这条路？张天一这样对记者说，首先，餐饮行业前景广阔，与麦当劳等国际连锁餐饮品牌相比，国内的餐饮连锁还有广阔的发展空间；其次，湖南米粉名声在外，是南方人喜爱的主食，但是在北京却很难吃到正宗的；再次，湖南米粉的准备工作主要在前期，现场做

一碗米粉用时不超过30秒，有利于标准化生产。

于是，2014年4月，张天一和几个伙伴凑了10万元钱，在北京环球金融中心地下室的拐角，拉起了伏牛堂米粉的大旗。为了把正宗的常德米粉引进到北京，张天一回常德走街串巷寻找口味最好的正宗米粉，配制出伏牛堂米粉的独家配方。

手机，引来第一批顾客

店开在地下室拐角，如何吸引客流成为关键。张天一说，我们只有依靠移动互联网将“伏牛堂”打造成智慧餐馆才有生存的可能，事实也的确如此，第一批顾客几乎都是拿着手机找上门来的。

开业之初，小店业绩蒸蒸日上，不到一个星期单日营业额就接近1万元，让张天一和他的创业伙伴们欣喜不已。然而，面对越来越多通过移动互联网的口碑带来的“食客”，发米粉、炖牛肉、烧开水等二作让张天一和他的几位伙伴忙得不可开交，难免在服务等方面疏于把关，影响了一些顾客的用餐体验。

为此，四位创业伙伴展开多次讨论，最终形成了统一认识：决不能为了业绩而违背对品质的坚持。经过周密计算，他们认为，在这家37平方米的小店里，为了保证口味、环境、卫生、服务的品质，一天最多接待120位客人。当张天一最初在网上宣扬这个理念时，引发了不少人的质疑。

但这并没有阻碍张天一探索“互联网+”时代智慧餐馆的经营之道，他坚持要做最正宗的湖南米粉。有了好的产品和服务，再利用互联网平台宣传推广，吸引人流、精确定位消费者、保持核心竞争力，米粉店的生意越来越红火。

“例如，有顾客给我们提建议，说你的米粉太辣、太油，但是我并没打算改变。因为我清楚地知道，在互联网时代，我只要精准地在北京找到30万到40万接受这个口味的人，并坚持做到最好就行了，我并不需要满足2000万人的胃。”张天一说，“真正的生机在我们运营三个月时就显示出来，那时我们积累了8个QQ大群、3个微信大群，以及微博上将近1万人的粉丝群体，这就是我们真正的核心竞争力。”

政策，与天使投资助力创业

目前，国家出台了一系列鼓励创业创新的政策，按照规定，张天一属于毕业年度内自主从事个体经营的高校毕业生，三年内可享受月销售额不超过2万元暂免征收增值税等优惠政策。张天一说，税务部门已经和他联系税收减免的事宜。另外，现在工商年检等手续经办也方便了很多。

更重要的是，随着创业环境的改善，关注大学生创新创业的人也越来越多。特别是天使投资的发展，给张天一这样的创业者带来了资金、经营、管理等方面的巨大帮助。在清华大学的众创活动现场，伏牛堂的投资人之一、真格基金的联合创始人徐小平对张天一期许有加。如今，伏牛堂已经获得了包括真格基金、险峰华兴等公司的天使投资，门店也迅速扩展到十余家。

“未来，我们希望伏牛堂能够成为传统餐饮走向‘互联网+餐饮’的一个典型。我们志在成为一个真正的智慧餐馆，通过线上的支付体系、ERP系统建设，让餐馆更加智能，成为整个行业的标杆。短期目标是今年年底扩大到20家门店，社群覆盖100万人左右。”张天一对伏牛堂的未来踌躇满志。

互联网餐饮“炒”出新味道
小龙虾搭上外卖顺风车

2016年8月30日　来源：《经济日报》　记者：佘颖

夏天是属于小龙虾的季节。不过，今年的小龙虾可是坐着互联网外卖顺风车来的。呼朋唤友围坐家中，一边看着电视、聊着段子，一边把虾钳子嘬得滋儿滋儿响，这才是当下小龙虾最正确的打开方式。

天生适合网络外卖

舌头很忙、卷福、虾baby……从去年开始，这些小龙虾外卖的名字就刷爆了朋友圈。中央厨房、微信订餐、快递送餐……这些互联网的玩法让小龙虾成为了最新的外卖网红。

“小龙虾天生适合外卖。”舌头很忙的创始人汪雪告诉《经济日报》记者，一盒单价在100多元的小龙虾通常在20只左右，客单均价高、配送成本低。再加上小龙虾口味单一，总共就麻辣、十三香、蒜香、油焖、清水这几种，易于后厨加工；壳厚味重的小龙虾经过两三个小时的行程之后，比堂食更加入味，即使是冷冻后再加热，口味也不会有太大变化，特别契合外卖市场。

因此，2015年当单纯的外卖送餐斗得头破血流之时，许多人都看上了小龙虾外卖这片蓝海。据说去年全国兴起的小龙虾外卖项目超过千个，其中北京就有200多个，卷福小龙虾、闪电虾、虾baby、夹克的虾、大虾来了等都在去年成立。2015年也被称为小龙虾“网红”元年。

“小龙虾最佳销售季节也就是6到9月。”汪雪说，舌头很忙去年7月上线，推出的第一款产品就是小龙虾，3个月复购率达到60%，为公司赢得了开门红。

进入2016年，外卖虾更红了。美团点评数据研究院的数据显示，小龙虾在千亿级外卖市场中表现出色。特别是今年6月适逢欧洲杯，有1500吨小龙虾在夜宵阶段（20时至23时）搭着外卖小哥的电瓶车奔赴吃货们家中，销售高峰期出现在21时至22时。

为什么小龙虾会成为“夜宵网红”，只要看看小龙虾的体格就知道答案了——小龙虾全身只有20%左右是肉，虽然吃的时间特别长，但是不占肚子，即使晚饭吃再饱，啃几只小龙虾也没问题。

“我们的油焖虾很快也要在大众点评的外卖频道上线了。”坐在北京丰台区新开的“一品楚虾”餐厅里，老板向俊杰告诉记者，“潜江油焖虾使用了数十种秘料，加上去头、开背、焖煮10多分钟等工艺，入味更深、咸鲜适口，口感特别好”。

他特意强调自己的虾是从潜江空运过来的白腮虾，这意味着小龙虾生活的水质干净。实际上，无论线上线下，目前全国知名小龙虾商户销售的都是白腮虾。因为在网络外卖市场，食客最看重的就是干净卫生，而互联网足以将一丁点儿问题都千万倍地放大，一旦出了食品安全问题，任何一家小龙虾外卖店都承受不了巨大的后果。

双城擂台赛打到线上

红遍大江南北的小龙虾主要来自湖北潜江和江苏盱眙。

今年6月12日，第七届湖北潜江龙虾节再次拉开帷幕。这座人口不过百万的小城仿佛刷上了龙虾红，到处都是味道工厂、虾小弟等龙虾品牌的广告。

同在6月12日，第十六届中国·盱眙国际龙虾节在千里之外的江苏盱眙上演。不过，早在6月5日，“中国盱眙·京东”第二届互联网龙虾节就已拉开帷幕，乌兰图雅等明星现场拍下京东盱眙龙虾“第一单”，并由京东快递员现场派送。

两个龙虾之城的擂台赛已经从线下打到线上，成为小龙虾网红之路的主推手。

这两个城市的龙虾可是老对头了。盱眙是小龙虾十三香口味的发源地，这是目前全国最受欢迎的小龙虾口味；潜江的油焖大虾在湖北和广东地区最为流行。2003年以前，江苏小龙虾出口量连续13年位居全国第一，但2004年至今，湖北小龙虾出口则独占鳌头。因此，2008年盱眙县被中国烹饪协会授予“中国龙虾之都”，潜江则在2010年被中国水产流通与加工协会评定为“中国小龙虾之乡”。

眼下，这两个城市的小龙虾也积极抢占互联网的新阵地。今年5月，潜江小龙虾交易中心开始营业，采取“互联网+小龙虾+物流”的线上、线下双轨流通模式，日均交易量达300吨以上。盱眙也不甘人后。今年以来，当地众多龙虾企业均在淘宝、京东商城、苏宁易购三大电商企业建立了网络销售平台，全年电商销售额有望达到5000万元以上。

互联网快车直通稻田

盱眙龙虾和潜江龙虾斗红了眼，两地的虾农也都赚够了钱。

据统计，目前我国小龙虾年产量超过60万吨，而2003年，这个数据不过是5万吨。小龙虾产量的猛增源于潜江人民创新的虾稻连作、虾稻共作饲养模式。

2000年，潜江农民刘主权第一个在农闲季节将小龙虾放在水稻田里饲养，虾吃了稻田里面的天然饵料，长得更好。因为可以使每亩地的收益增加数千元，这一养殖模式还被写进了2006年湖北省政府的一号文件，在全省推广。

2010年，潜江市水产局在原虾稻连作的基础上推出“虾稻共作”模式。每年四五月份，在稻田种植之时，可以把幼虾养到稻田旁边的沟渠里，等整田、插秧完成后，再把幼虾放回稻田养着，等到八九月份的时候，又可收获一季大虾。据介绍，通过“虾稻共作”模式种养，一年可以收一季稻、三季虾，亩均纯利润达4000元以上，是纯稻田的4倍。目前，潜江有小龙虾养殖面积35万亩，年加工能力30万吨，去年综合产值突破100亿元，带动就业人数突破7万人。

盱眙也在全县落实“虾稻共作”综合种养模式达3.5万亩，“虾稻共作”综合种养模式全省推广。今年3月下旬，盱眙“虾稻共作”标准化示范区获省立项，成为江苏省三个农业标准化示范项目之一。

2015年，盱眙人段德峰回到家乡，承包了1500亩农田和150亩水面，用来种植水稻和养殖龙虾，起名叫小河农场。

农场采用的也是虾稻共作模式，但段德峰通过最新的物联网技术对虾稻的生长全程进行数据化管理，对水温、亚硝酸盐、PH值、氨氮等多项指标每天进行检测，保证最终产品的可追溯性和食品安全性。段德峰的小龙虾品质得到了市场的认可。今年6月，段德峰养出的稻田虾已通过线上平台U掌柜首发，熟制净虾一斤半，售价119元，目前已销售超过5000份。全国的龙虾爱好者甚至还可以花4999元认购一亩虾田，回报则是至少200斤小龙虾，外加一直在自己网络监控下长成的稻米。

在盱眙，像段德峰一样的新虾农为数不少。线上小龙虾外卖品牌卷福也选定盱眙为自己的小龙虾基地之一，小龙虾还在稻田里就已经搭上了互联网的快车。

第六节　互联网+商务

便利店：深度融合谋逆袭

2016年5月16日　来源：《经济日报》 记者：王晋

“小而美”的便利店正迎来一波新的机遇。最近，家乐福推出精品便利店品牌“Easy家乐福”，麦德龙开始便利店品牌“合麦家”的经营，各种资本纷纷试水。

虽然电商给不少实体零售业企业带来巨大压力，便利店业态却颇有“逆袭”之势。前不久，中国连锁经营协会公布的2015中国连锁百强榜单显示，2015年，百强企业各业态的销售增幅分化明显，便利店的销售增幅达到15.2%，超市的销售增幅为4.1%，百货店的销售增幅为-0.7%。

是新冲击 更是新机遇

在城市的大街小巷，互联网外卖送餐车穿梭不停。电商给“离客户最近”的便利店也带来冲击。记者走访多个便利店发现，应对新挑战，便利店各有招数。

便捷支付是便利店的共同选择。在7-ELEVEN店铺，除了现金、信用卡支付，支付宝、微信、Apple Pay、银联卡闪付等移动支付方式已覆盖。在好邻居便利店，微信、支付宝、百度支付已覆盖，“2014年底，好邻居门店推出条码支付，目前百度、微信、支付宝3种支付方式全部接入。我们在北京有300家店铺，去年销售额达到6亿元，比上年增长10%以上”。北京港佳好邻居连锁便利店有限责任公司副总经理毕震说。

增加会员服务是第二招。好邻居微信服务号在2014年12月上线，通过线下门店、网上店铺、微信服务号、后台云版ERP和自主开发的O2O全渠道营销系统，以及APP推进等措施，构建了国内便利店行业的首个全渠道实景。会员到门店消费，仅需出示好邻居微信服务号应用中的绑定条码会员卡，即可享受优惠活动、积分等会员特权。毕震说，基于微信公众号，他们建立了会员体系，与乐视合作，实现会员打通，同时还将与国安合作，球迷在店内也能享受会员折扣。目前，好邻居的会员数有60万左右。

与电商携手是便利店拓展业务的第三招。2014年，京东宣布与广州、上海、北京等15个城市的1万多家便利店合作，用户在京东下单后，由离家最近的合作便利店配送货物。消费者下单后，确保1小时内送达，最快15分钟就能送到。在24小时内，用户可以任意选择商品送达的时间。一方有线下的门店，另一方有线上庞大的商品体系。线上购物，便利店线下取货，双方物流实现配送。去年，亚马逊中国联手好邻居便利店在北京布局自提点，消费者可以在门店自取快递包裹。毕震说，好邻居基本不付出额外成本，除了能得到一些服务费外，增加了服务项目，更能吸引消费者到店，目前每天有近200到300单。

用新技术 更要回归本质

不过，便利店的生存秘笈还是商品和服务。

北京东直门商圈内，一家7-ELEVEN店铺灯火通明。这家店铺周边有商场也有写字楼、居民楼。下班时，不少消费者走进这里，一位妈妈正在给孩子选购次日的早餐。7-ELEVEN的自有品牌如饭团、寿司、盒饭等最受欢迎。最近，他们又大力改良了面包的品质，通过一个卡通人物推广自有品牌的“有爱”面包。

柒-拾壹（北京）有限公司行政本部本部长吴萌告诉记者，截至2015年10月，7-ELEVEN在中国内地开了2140家门店，覆盖7个省区市。7-ELEVEN北京于2004年在北京开店，东直门店是当时的“一号店”，标志着日式的便利店模板进入内地。目前，北京店铺有196家，天津有60多家，但与公司设定的目标尚有差距。

“便利店面积有限、商品有限，只能覆盖500米有效商圈，必须不断开拓市场。我们的店铺日均单店销售额在2万元以上，客流量每天有1000人次以上，每天有20多万名顾客光临北京的店铺。看便利店业态是否逆袭，除了开店数量，更要关注销售额是否在增长。”吴萌认为，目前房租、人工、水电等成本高涨，必须要扩展店铺才能降低成本，同时，最重要的是要在差异化上下功夫，做到“人无我有，人有我优”。

对此，7-ELEVEN加大当日配送商品的比例，不断研发消费者喜欢的口味，每周都会推出新产品。在平谷他们有一家米饭工厂，只为7-ELEVEN门店生产便当、饭团、面食、三明治等鲜食产品，并不断开发新品。除了日配商品，非日配商品也尽量做到“独特”，公司有专门的商品部，通过市场调查、大数据等，与厂家共同研发新品。比如预判这个季节哪些商品好卖，推出商品后根据销售数据来验证，不断修改当初的设定，最终把成熟的经验复制到其他商品上。最近，他们正在推广一款与日本厂家合作研发的丝袜，很受消费者青睐。

在邻家便利店，一些全新的服务让人眼前一亮。门店里，有手机充电的小抽屉，每个抽屉一把钥匙，消费者充电更放心；与拉卡拉推出了缴费服务；还有洗衣服务，在专门存放衣物的衣物间里，挂着送洗的衣物，价格比洗衣店还便宜。

邻里家（北京）商贸有限公司总经理王紫告诉《经济日报》记者，“自有商品是我们的特色产品，品质上朝着安全、美味、健康三个方向开发，最近我们推出了世界风沙拉，提供各种口味的沙拉给消费者。在服务上，我们希望尽可能做到极致，不断挖掘顾客的需求。我们的目标是把便利店做成顾客的生活，就像‘互联网+’一样，邻家便利店希望做的是‘生活+’，消费者生活的需求都能在邻家解决”。

探访便利店，记者发现“舒适”正成为新追求。在北京邻家车公庄店，记者看到，包子、萌煮等制作类食品用透明专间隔离，避免食材的气味弥漫卖场，影响购物体验；店铺里使用定向发声器，顾客只有走到相应位置，才能听到播音，减少嘈杂。“我们重视顾客体验，希望从视觉、听觉、嗅觉等方面让消费者感到舒适。下一步，我们会致力于‘指导店’业务，其本质是通过业态升级提高店铺品质，从而增加店铺收入，是品牌加盟前的培育。为店主提供商品研发、物流配送、情报分析、运营指导、商业模式规模化等一系列完整的服务支持，为小型自营店主提高销售额和利润，同时给顾客提供更好的购物体验。”王紫说。

需加速跑 也需弯道超车

便利店业态1960年诞生于美国，此后兴盛于日本。作为现代便利店的鼻祖，7-ELEVEN重新定义了这个商业模式。7-ELEVEN、罗森、全家们的激烈竞争使日本成为便利店密集程度最高的国家。对中国本土企业来说，日资便利店是启蒙者，但他们希望通过创新实现赶超。

创新，成为便利店行业的共同选择。有的更注重开发中式鲜食类商品，比如包子、焖面、“京八件”等熟食产品、川味汤锅等；有的扩大独家销售商品比例，比如蝙蝠侠大战超人的独家玩偶、旅游纪念品；有的推出自己的APP、微信号，增强对会员的黏性；有的增加餐台和现磨咖啡，为消费者提供休闲服务。

一面在加速奔跑，一面在不断创新以求弯道超车。邻里家公司2015年5月成立，正在快速扩张，目前在北京开出了60家店铺。不少便利店从业者认为，虽然互联网带来了巨大冲击，但零售业发展空间广阔，加速创新，做好服务，就有可能弯道超车，在某些方面创造中国本土品牌的优势。

“零售业琐碎细致，不会因为某一两个大的创新就可以吃遍天下。北京的便利店市场既有国际巨头的竞争、国内新贵的追赶，也有互联网和O2O的重磅轰炸，加上地产价格的飙升、用工政策的严格规范等，应对挑战，我们一直在持续寻找改善的地方。”北京港佳好邻居连锁便利店有限责任公司总经理陶冶说，“从前年起，我们比较早地向移动互联方向转型，自主开发的在线ERP和移动营销系统这几年成效明显，一方面顾客能切实感受到有更多实惠好玩的营销活动，明显提升了到店频次，另一方面增加了若干增值服务和在线服务，降低了门店的运营和工作压力。今年，我们将继续推进业务能力的开放战略，把我们的供应链优势和IT系统优势开放给包括社区个体便利店在内的合作伙伴，形成众创的局面，扩大规模优势”。

中国连锁经营协会便利店委员会总干事王洪涛表示：“近年来，受经济环境、电商崛起等影响，实体零售业增速放缓，但一大（购物中心）一小（便利店）两种业态发展不错。随着年轻的消费者成为消费主力，他们更注重方便性，追求便捷健康。便利店网点密集，与消费者触点非常多，除了购物功能，还有生活服务功能，24小时营业还增添了安全等社会功能。因此，各种资本涌入这个行业，线上企业也看中其网点资源，在落地时选择与之合作。”据他观察，应对各种挑战，便利店正向舒适、时尚方向转变，在商品上也有不少突破，对消费者很有黏性。今后，“懒人经济”将大行其道，随着城镇化提速，城市里以小业态为主、周边环绕大业态的布局将成定局。

“朋友圈”的商战

2015年7月3日　来源：《人民日报》 记者：茂边

打开微信朋友圈，服装、箱包、奶粉、面膜……越来越多的广告占据了屏幕；翻开微博，“主妇做微商逆袭变时尚辣妈”“高一学生搞微商月入万元”等等，一个又一个微商创业的故事夺人眼球。同时，“轻信朋友圈买面膜毁容”“微商传销，致富梦终究破灭”等负面新闻也让人心烦。

何谓微商？简单地说，就是以微信、微博等社交工具进行产品展示与销售的卖家，以在微信朋友圈卖货最常见。微商就在你我身边，那么，微商靠谱吗？微商的营销特点是什么？谁在做微商？谁又在买微商的东西？我们为此走访了一些消费者和微商。

——编　者

去"朋友圈"赚钱

由于在用户数、流量、社交黏性等方面占据优势，微信朋友圈成了商业竞争新领域

"一年前，我每天打开朋友圈，都会被各种品牌服装、面膜、奶粉、海外代购护肤品的广告刷屏，看着他们的生意做得那么红火，我也心动了。刚好认识一家北京鞋店老板，有可靠货源，于是决定体验一下朋友圈销售。"张珺是湖北武汉高校的研究生，一年前她在朋友圈卖起了运动鞋，成为一名微商。

目前在微博、微信等社交媒体上出现的商品广告越来越多，这种基于社交媒体的新型电商被称为微商，主要分为C2C（个人对个人）微商和B2C（商家对个人）微商两大类。微信月活跃用户数超过5亿，每人日均启动次数超过10次。由于在用户数、流量、社交黏性等方面占据优势，微信成了微商们的主要阵地。

海外代购是朋友圈微商中的一大群体。王佳2010年移居加拿大后就和国内的亲戚一起做起了代购，主要经营保健品和护肤品，2013年开始用微信做代购。"我很早就用微信联系顾客，那时候也没感觉自己是在做微商，2013年微信支付等功能上线后，我才有了在微信里做生意的意识。"

除了个人做微商，一些品牌商也瞄准了朋友圈。众多服装、家纺等一线品牌纷纷在微信上开设微店，比如GAP、杰克·琼斯、欧时力等品牌微店吸引了不少消费者关注。某国内服装品牌的负责人介绍，其在微信上的商品已实现了和京东、天猫商品同步上架，当然，运营初期成交量还比较小。

线下实体店很多也在试水微商，作为实体店O2O转型（线下线上）的重要手段。永辉超市股份有限公司信息总监吴光旺说："面对电商冲击，我们近几年也在加快电子商务平台建设，开展网上购物，首先进行移动电商推广，利用O2O模式，试行微店和实体门店结合，利用各自优势，形成新的模式。"

一些个体自营的实体店也敏锐地嗅到了微商带来的新机遇。两年前，黑龙江省牡丹江市的杨春宝从俄罗斯留学回来后，在当地开了一家实体店销售俄罗斯商品，为了拓展自己的客户群，他也做起了微商："当地的顾客可以足不出户订购商品，而外地游客由于旅游时在实体店消费体验过，也可以通过微信放心购买。"

买卖双方做朋友

相比传统商业的买卖交易关系，微商更愿意通过和顾客建立情感纽带，从而影响其消费决策

微商带来了新的销售模式，消费者买账吗？

微商购物的便捷性和社交属性提高了用户黏性，相比传统商业的买卖交易关系，微商更愿意通过和顾客建立朋友关系，从而影响顾客消费决策。

卓玥是北京某公司一位白领，经常会在朋友圈海外代购护肤品和品牌服装。她说："我大多会选择自己朋友的微店和海外留学朋友经营的海外代购。很多微商会把一些买家的使用心得发在朋友圈，看了他们的使用效果会让我觉得产品很靠谱，也觉得很亲近。"

张宇是河北的高校体育老师，在他看来，朋友圈购物给生活带来很多便利。"淘宝上同一商品可能有不同价位和不同品质，要在众多商品中进行筛选甄别很麻烦。在朋友圈买挺好的，老板都是认识的人，相互之间都了解，对我的品味和喜好也都比较清楚。"

据易观智库和京东联合发布的《微信购物一周年发展研究报告》显示，京东微信购物用户中80后是主力，70后渗透率高，且高收入群体和三、四线城市用户占比均超过40%。

微商一大特点是基于社交媒体营销，在C2C微商领域，微商模式最重要的是建立了消费者和商家"朋友般"的关系，并通过人际关系传播扩展销路。

张珺的顾客开始时都是周围的亲友和同学，微信让张珺的客户群大大扩展，与朋友的同事、同学的同学等陌生人逐渐建立起朋友关系，还有一些人也成了她的二级代理商，"建立朋友关系更有利于沟通，也好拉回头客。此外，每个人的朋友圈子不同，二级代理商的销量也很可观。"张珺说。

同时，微商可以利用社交媒体和互联网平台进行组织管理，大大降低了管理成本。“开始做海外代购，货款都是转账到国内的银行卡，很麻烦。用微信做代购后，可以直接通过微信转账，很方便。此外，不仅可以在朋友圈发保健品的产品和功效，老顾客还可以快速地把我的微信名片推荐给其他人帮忙推广，这些都比运营一家淘宝店轻松。”王佳介绍。

不过消费者通过微商购物也担忧一些问题，比如假货难以分辨、维权困难等。

卓玥只从认识的微商那里购物，并且只买熟悉的品牌，因为担心从陌生人手里会买到假货，“微商的自主品牌我不敢买，比如面膜相继爆出了很多假货新闻。”虽然在朋友圈购物很方便，但有时卓玥也觉得，朋友圈广告多少对她的生活造成了影响，“朋友圈本来是朋友之间相互了解沟通感情的，如果打开都是商品广告，会让人很烦。”

念好微商生意经

当一名微商，需要技术含量，还要解决好信息不对称等问题，防止用手机搞“传销”

随着微商的兴起，如何当好微商、怎么做微商成为市场关注的新热点，《微商创业者手册》《微商创业进行时》《微商这么做才赚钱》……市场上出现了各种总结微商经营技巧的书籍。

做微商一年多来，张珺慢慢摸索出门道：首先是保证产品质量，客户才能从亲朋好友逐渐扩展到陌生人。其次是勤快耐心，介绍商品的图片要经常更新，才能在茫茫朋友圈商品中刷出存在感。还要掌握朋友圈用户的消费规律，12点后的午休时间和晚上8点后，咨询和下单的人特别多，睡前11点更新货品图片效果最好，因为睡前刷一遍朋友圈已成了很多人的习惯。

当好一名微商，还是需要一些技术含量。目前大多数微商都使用第三方平台的建店工具开设店铺，然后把店铺里的商品通过微信分享到公众账号或朋友圈。通过微信平台不仅可以对所售商品进行详细介绍，还能设置层层代理分销渠道、逐级计算提成，并支持多种支付方式。这比仅在朋友圈发图片配简单文字显得更专业、传播更有效。因此市场上出现了不少建店工具，如微信官方推出的“微信小店”、京东旗下的“拍拍网微店”和京东微店、“口袋购物微店”（也叫“微店”），还有微盟旺铺等。

为了当好微商，很多企业也在想办法。比如永辉超市的微信公众号不能直接实现购买，一些消费者感觉不方便，“经过一年多的微店营运实践，我们吸收到的更多是教训。如何了解和利用好互联网技术特点，都必须去思考去实践。”吴光旺说。

互联网的出现，不仅解决了市场信息不对称的问题，让商品价格更加透明，而且减少了消费者和生产者之间的流通环节，降低了流通成本，这是传统电商“淘宝”的思路。而微信朋友圈营销的随意性、即时性，有时反而会让信息变得不对称，价格变得不透明，甚至出现更多层级关系。有人认为，微商是对传统直销模式的升级和优化，也有人认为不少微商容易变形为用手机搞“传销”。

市场竞争优胜劣汰的法则是强大的，微商究竟能走多远，还需要时间检验。

◆延伸阅读：

微商新手从哪儿做起
注重好友数量，增强营销能力

1．好友数量

想要经营微商，微信好友是基础。如果只有几十个好友，恐怕很难把微信营销做起来。经营前期，一般至少要有200个以上的好友，同时应该是信任度较高、购买力较强的好友，才能对微信营销产生一定的积极效果。当然，也可以通过后期努力，增加微信好友数量。

2．人缘口碑

诚信是经营的基础，即便是摆地摊，想要长期经营也需要诚信，更别说专做熟人生意的微商了。也就是说，微商经营者平时和朋友、客户、同学等关系处理得如何，以及在朋友中的口碑是否好等因素，对于微商经营能否成功都有至关重要的影响。微商大多数的生意都是先从身边朋友开始，如果朋友都不认可、不支持，怎么说服其他人呢？

3．社会资源

积累社会资源往往需要一定的阅历。这一点对于刚刚毕业的大学生来说比较难，但事在人为，在平时工作中注意积累资源，除了自己的同事以外，认识和结交一些其他的朋友，如客户、合作伙伴。通过长期交往建立起来的良好信任关系，对微信营销可能起到非常重要的作用。

4．文字功底

好的产品需要一个会说话的文字介绍来支撑，这样才显得有生命力。所以，做微信营销，必须有一定的文字功底，不需要文案有多好，至少要把这个产品描述清楚，说得明白。如果不写文字，只发图片，很难吸引人。

5．营销能力

微商做得好不好，营销是一个重要的决定因素。相对传统商业模式，微商更注重通过合适的营销方式，把品牌形象传递给消费者，从而吸引固定消费群体。

哪些微商会被淘汰出局
杜绝交易中的价格欺诈和虚假广告宣传

1．重营销，轻产品

在大量的广告投入和营销人员去推销产品前，首先应该考虑的问题是产品是否已经够好。比起营销，微商更应专注于产品本身。在体验至上、品质唯真的时代，好产品才能迎来好口碑。重营销、轻产品的微商很难长久经营。

2．靠代理，走低价

大家吐槽微商，除了暴力刷屏、破坏朋友圈生态关系之外，另一个重要原因是微商产品不少都是消耗在层级代理手里，并未到达终端用户。只有金字塔顶端的代理赚到了钱，底层代理通过低价贱卖才能获得微薄利润，或无利可赚。这种层级代理的微商将走向末路。

3. 无卖点，同质化

随着进入微商领域的产品越来越多，产品同质化和标准化将越来越严重。微商对产品运营和营销能力要求越来越高，没有卖点、性价比低的产品会逐渐被淘汰。区别于京东、天猫等平台电商，微商更适合销售一些个性化商品。

一个运行良好、力求长远发展的微商应该遵守以下规范：

严格遵守国家有关消费者权益、产品质量、价格、竞争等相关法律法规和行业规范，不以任何方式侵犯消费者合法权益，在面对消费者维权时积极回应；

杜绝交易中的价格欺诈和虚假广告宣传，保证各类商品、服务信息的真实性，不误导、欺骗消费者，确保公平交易；

坚决抵制以分销之名行传销之实的违法行为。只有通过平台规范、法律监管和道德自律，才能推动微商产业的健康发展。

（尚文整理）

◆**链　接**

“朋友圈”购物要留个心眼

“微信朋友圈”买卖虽然有时能买到实惠，但也存在“维权难”等隐患。微信朋友圈买卖行为属于个人私下交易，微信用户并不用登记身份证等真实信息，一旦发生商品质量、售后服务纠纷、食品安全等问题，取证很难，行政主管部门或者消协很难受理。

中消协提醒消费者，微商不像大型电商平台那样，买卖双方都受第三方平台的制约和监管。微商存在于每个人的社交软件和交际圈中，自由度高、流动性大、虚拟性强，很难进行监管。现在利用微商进行网络传销、非法集资、诈骗的现象也不少，消费者应理性区分，多问多看多留心眼。

消费者要谨慎对待一些不法“微商”的新型营销手段。如果发现销售假冒伪劣商品或有其他违法行为的“微商”，应及时保留聊天、交易记录等证据。

此外，不要轻信未认证登记的“微商”，尽量到正规授权网店或实体店面购买商品，以免上当受骗。

互联网分期消费平台抢滩高校

2015年11月9日　来源：《经济日报》 记者：温济聪

随着互联网金融消费的逐渐普及，大学生分期消费市场成为众多互联网金融公司的青睐对象，网络分期平台购物日益成为家喻户晓的消费新方式——

记者了解到，不少高校大学生常常面临一种两难情况：需要抽取并不宽裕的生活费用购买电脑等学习生活必需品，而这些消费成本将加大他们的生活压力，降低生活质量，甚至捉襟见肘。如此一来，他们将不得不求助于银行的信用消费，大学生群体已日渐成为信用消费主要用户群之一。

然而，由于银行信用卡办理层面的局限性，大学生信用消费这片蓝海并未完全打开。以趣分期、爱学贷、分期乐、信通袋、喵贷等为代表的互联网金融分期消费平台则如雨后春笋般涌现。目前，全国在校大学生的数量有2500多万，倘若平均每人分期消费3000元左右，就是一个超过750亿元的消费市场。

抢食校园金融“蛋糕”

走在中国人民大学、北京理工大学等首都各大高校的校园里，记者发现，在寝室楼、食堂、自习室、大学生活动中心等场所，随处可见互联网分期消费平台的宣传招贴。这一全新的消费平台正走进大学生的日常学习和生活中。

在北京理工大学新1宿舍楼活动室内，几名学生围住一位高大帅气的男生，向他咨询。这位男生名叫陈玉伟，与他相熟的同学都叫他“大伟”。他有两个身份，一个是北京理工大学管理与经济学院国贸专业的大四学生，一个则是分期乐的高校经理。目前，他已经拥有了几百名北京理工大学的校园客户，他的团队中还有6名校园代理。

除了陈玉伟外，他的其余3名室友中就有两名经常在互联网分期平台购物。前些日子，郭雅强刚刚在分期乐平台上买了一部售价4099元的华硕笔记本电脑。“当时正好平台搞活动，可以享受‘免息’优惠。我只需要每个月还月供228元，连续还款18个月。尽管还款期限有点长，不过每个月200多元对我来说是个小意思。平时在校外做做兼职，一个月可以赚上近1000元。在分期平台上消费会大大减轻购物消费的经济压力。我们班里有30名同学，一半以上的人都用过分期消费平台，它已经成为在校大学生的消费新选择之一。”郭雅强告诉记者，他的另一位室友张琪也在该平台上购买过一款手机充电宝。

其实，自2009年中国银监会分年龄段叫停商业银行向学生发放信用卡业务之后，银行信用卡逐步退出了大学生金融借贷的舞台。信用卡的“退位”则给互联网分期消费平台发展提供了肥沃的土壤。目前，全国分期消费平台的总数在30家左右，地域上遍及东、中、西部。这一互联网金融消费新体验正迎来一波波蜂拥而至的淘金潮。

“互联网分期平台的出现，迎合了大学生的消费需求，填补了校园分期市场空白。”爱学贷COO王锋介绍，目前在校大学生很难申请到银行信用卡，即便是申请校园联名卡，流程也较为繁琐，而且额度基本在1000元以下，无法满足学生消费需求。大学生正逐渐成为消费需求最为旺盛的群体之一，年轻人热衷于电子数码新兴产品，对网络购物很熟悉，对创新性的付款方式接受度也高，校园分期市场还有很大的发展空间。

保障运营模式安全运行

同为因“互联网+”而生的金融服务形态，大学生分期购物平台也与P2P有着联系，拥有不少P2P基因。分期平台融资在大学校园日渐火爆。

在中投顾问金融行业研究员边晓瑜看来，目前大学生消费分期平台主要分为两种模式。第一种是最主流的“电商+P2P”模式，也就是电商平台消费和P2P网贷消费金融相互融合的模式。在该模式下，分期消费平台处于核心地位，是衔接产业链上消费者、供应商以及P2P平台等所有参与主体的关键。而另一种模式，则更类似于单独的P2P网贷平台。

“一边是平台、电商对接，另一端对接理财投资者，这就是互联网分期消费平台的内在结构。”中投顾问资深分析师霍肖桦表示，分期乐、趣分期等互联网金融企业本身并非电商，主要是帮助电商企业销售产品。高校学生在分期付款平台上购买产品，这些平台直接对接P2P平台，将大学生借款需求包装成为投资者购买的理财产品。“大学生在这些平台上发出借款购买标的，投资人选择借款人并将钱借出。借款标的投满后，学生使用这部分资金消费，再按月偿还本息。”霍肖桦说。

分期乐创始人兼CEO肖文杰认为，在运营方面，分期乐之所以选择与京东保持密切合作，也正是看重了京东在电子产品上的正品保障。“我们一直坚持零库存，所有的商品供应链、物流、仓储、售后全部由京东提供。这样不仅优化了整个运营体系，更使得分期乐有足够精力专注于信用钱包等产品的开发和营销。”肖文杰坦言。

与大多数互联网分期购物平台不同的是，信通袋则将借款、理财两端置于同等重要的位置，是单纯意义上的P2P网贷平台。信通袋创始人兼CEO彭愈认为，大学生在该平台上发布借款需求时，可以自定义首付额度以及利率，投资者可以根据学生的相关信息、利率高低等情况选择标的进行投资。而与大多数P2P平台相同的是，该平台只是负责审核借款人的相关资料，并提供本金保障。

为了保障运营安全，绝大多数互联网分期消费平台都需要高校经理或金融专员到学生宿舍现场面签。具体来看，在给大学生授予额度前，工作人员需要向学生核实身份信息，同时明示还款风险等。有的还需要留下学生家长和学校老师的联系方式，甚至要与老师或同宿舍室友当面核实。

趣分期CEO罗敏用这样一句话形容面签的重要性：只要进了学生宿

舍，就有了一定的信用保障。肖文杰也坦言，他们已经建立了基于网络使用痕迹的风控模型，以期对大学生的信用状况给予客观全面的评价，但不会省略面签环节。

信通袋在这方面则“另辟蹊径”。它的核实方式是将视频通话与手机通讯记录相结合，全程只需在线上完成，只需10分钟。彭愈认为面签会损害学生的购物体验，譬如分期付款买个3000元的电脑就到宿舍面签，会让学生“有些没面子”。

与机遇风险共生共存

互联网分期消费平台处于一片市场蓝海中，正日益显示出强大活力。不可否认的是，社会上对其质疑声也不绝于耳。机遇和风险更像是一枚硬币的两面，互联网分期消费平台这块大蛋糕固然“好吃”，但还需“会吃”。

风控能力是这类平台目前面临的较大的质疑和争议。边晓瑜坦言，目前互联网分期消费平台在风控方面存在以下挑战：一是分期平台面向的主要群体大学生并没有稳定的收入来源，客户还款能力相对较差；二是平台缺乏征信依据，无法对用户进行信用评级，且无法监测用户消费行为；三是平台与P2P企业存在资金合作，但是P2P企业自身风控就存在很大问题；四是有些分期平台还承担货物仓储、配送服务，平台运营风险很大。

业内人士担忧，尽管不少平台均声称自家坏账率很低，甚至远远低于银行信用卡千分之八至百分之一点五的坏账率。但由于多数大学生收入来源很少，即使靠兼职等工作所赚取的工资也不会太高，因此，他们的还款来源并不稳定，这是互联网分期平台面临的主要风险。

“若想解决风控问题，一方面必须严格实行实名制，严格审核用户信用，建立一整套用户额度审核系统和协助还款系统；另一方面应尽可能地与信用度高的电商平台和P2P平台合作。”边晓瑜建议。分期乐首席风控官刘华年则建议，应从风控管理、业务流程等专业系统的应用入手，将传统风险模型设计方法论及大数据概念有机结合，制定量化风险分析工具，同时依托决策引擎，高效、科学地部署信用风险及反欺诈模型和策略应用，实现消费信贷风控管理的系统化、流程化、数据化及科学化，严密保护用户隐私安全。

此外，互联网分期消费平台还存在一定的法律风险。记者调查发现，有不少直接作为出借方的平台并没有放贷资质，也没有小贷公司的相关牌照。中国政法大学金融创新与互联网金融法制研究中心主任李爱君坦言，“在互联网金融领域，存在‘业务往往跑在政策前面’的尴尬。如果分期平台没有拿到小贷公司的相关牌照和资质，擅自充当出借人，这就属于‘非法经营’”。

“如果这类平台将积聚资金池放贷变成主营业务，会扰乱金融市场秩序。”北京岳成律师事务所合伙人岳屾山表示，在互联网分期平台购物是一种信用贷款行为，建议对大学生的个人信息与信用审核更为严格和科学。同时，征信评估体系也应不断完善和更新，并需要相关部门提供政策支持。

第七节 互联网+金融

互联网巨头力推移动支付
无现金生活，您准备好了吗

2016年8月18日 来源：《经济日报》 记者：陈静

“1.82+0.74+0.45，8月8日那天，微信支付一共给我减免了3元钱，钱虽不多，但是很开心。”北京白领马启源告诉《经济日报》记者，“现在发工资，取500元现金一个月都花不完，连小区门口的水果摊都能用微信和支付宝支付”。

马启源的减免，正来自于微信的“无现金日”，在那一天，全国近70万家线下门店参与活动，这是去年数量的8倍多。而支付宝同样在7月20日到10月31日期间进行长达百天的“天天立减”，两大互联网巨头将移动支付的“主战场”从线上打到线下。不过，就像当年滴滴和快的的烧钱大战一样，与其说是为了抢地盘，不如说是又一场对用户的“普及教育”。

移动支付的大潮已势不可挡。来自市场研究机构易观的数据显示，今年第一季度，我国第三方移动支付市场交易规模达59703亿元人民币，同比增长111.02%。

从微信支付官方披露的“无现金日”一系列数据同样显示，用户对“无现金”支付的参与热情高涨，“无现金”的体验从早到晚、覆盖衣食住行的方方面面。

来自微信的数据显示，8月8日的消费高峰出现在中午的12点到13点和晚间的20点到21点，餐饮、便利店等依然是目前移动支付的主要“出口”，而“90后”以45%的高比例成为“无现金生活”的主要力量。来自市场研究机构奥美与益普索发布的《无现金移动生活报告》同样显示，一、二线城市17岁到22岁大学生中，有12.7%的人出门不带钱，58.1%大学生携带现金少于100元。

不过，从目前来看，移动支付依然主要集中在一线和沿海城市，“无现金”支付活跃城市榜单里，前十名分别是北京、深圳、上海、广州、重庆、青岛、苏州、东莞、佛山和南京。

除了互联网巨头的大力推动之外，政策层面的“松绑”也让移动支付的前景更加明朗。多渠道消息显示，央行已授权中国支付清算协会牵头制定行业技术标准和业务规则，并在个人信息保护、资金安全、加密措施、敏感信息存储等方面提出明确要求，一直被支付宝和腾讯以技术手段绕过的“二维码”支付即将“转正”。7月15日，工商银行宣布推出二维码支付产品。

在国家自然科学基金课题“互联网金融监管研究”课题组成员顾陈杰看来，移动支付的普及，不仅意味着不带现金的便利。“可以为网络征信机构提供研判用户信用水平的大数据，如根据支付交易记录、GPS轨迹等信息，可以对用户的职业、住所、收入水平等进行风险素描。更为重要的是，发展移动支付对实践普惠金融具有重要意义。尤其是对于偏远地区、农村地区而言，老百姓打开手机APP即可实现付款、理财、转账等各种金融需求，再也不会为金融机构网点少而困扰”。

中国建设银行支持小微谱新篇
金融创新助“双创”

2016年3月8日　来源：《人民日报》

“我们公司是一家小型民营高科技文创企业，没有太多的抵押物可以提供给银行来获得融资。随着企业经营规模快速扩大，公司流动资金出现缺口，影响了公司的进一步发展。去年，建行为我们公司提供了一笔200万元‘知识产权质押贷款’，可以说就是这场‘及时雨’解了我们公司的燃眉之急，公司的运转顿时顺畅起来。建行还根据公司的实际情况，帮助我们设计了一揽子的融资方案，增加了500万元的贷款额度，有了这个坚强的后盾，我们公司的发展步伐迈得更大了，今年我们公司将实现在新三板挂牌的目标。”蓝帽子文化传播有限公司总经理陈肖东如是说。

陈肖东的例子只是建行服务“大众创业、万众创新”的一个缩影。2015年政府工作报告提出，要把“大众创业、万众创新”打造成推动中国经济继续前行的“双引擎”之一。去年以来，国务院和相关部委相继出台促进创业创新的扶持政策，大众创业、万众创新热潮涌动。在“双创”背景下，建行借势政策利好，积极把握新的市场机遇，持续加大金融对“双创”的支持力度。截至2015年12月末，建行小微企业贷款余额1.3万亿元，贷款客户超过25万户，切实缓解了“双创”企业面临的资金瓶颈，有力支持了实体经济发展。

紧跟国家政策，让双创金融业务“推得开”

为加大对创业创新企业支持力度，财政部等五部委从2015年起开展小微企业创业创新基地城市示范工作，并给予专项奖励资金支持。建行及时跟进，全系统上下联动，促进金融资本与“双创”产业对接。

专项营销推高“双创”服务热度。建行在系统内开展了“创业创新示范基地”专项营销活动，积极对接政府部门，走访行业协会、创客群体，充分调动社会各种力量服务“双创”的热情与热度，形成了一系列独具特色的“双创”服务品牌。如“芝麻开门创客汇”“创客沙龙日”“蓝色梦工厂创客大赛”及“创客训练营”等“建行创客行”系列活动，将“融资”与“融智”有效结合，为创业创新主体提供资金支持、品牌传播、技术指导、业务交流。

专营机构保障“双创”扶持力度。为体现专业专注，建行在全国组建了一批以中关村分行为代表的专营机构。中关村分行从成立伊始便定位于支持高新技术产业发展的全功能特色分行，配备专业高效的营销、产品、审批及风控团队服务高新技术企业等“双创”群体，提供一站式、全方位、低成本、高效率的金融服务。此外，中关村分行还与清华大学创业孵化平台开展合作，平台所属企业均可享受开户免费、第一年账户服务费与资金结算费用全免的优惠待遇，同时银行还为这些小微企业提供包括资本市场规则辅导、企业股权规划设计、项目投融资等增值服务。

配套服务支持各地众创空间、孵化器建设。建行充分发挥在基础设施建设方面的优势，主动对接示范基地及众创空间，通过传统园区建设贷款或与政府共同设立孵化器基金的形式，满足众创空间、孵化器园区建设的融资需求，并向孵化器在孵企业提供信用贷款。

深耕科技金融，让“智慧变现”成为现实

“这‘几张纸’的专利就是我们公司最大的资产，但没有银行看到它的价值，只有你们建行明白这‘几张纸’的价值！”这是广东硕源科技股份有限公司董事长对建行东莞分行的感激之辞，也代表了建行众多创新创业型小微企业客户的心声。创新创业具有高风险、高成长的显著特点，因其“缺信用”“缺信息”，往往难以敲开传统金融机构的大门。建行凭借多年来与科技企业打交道积累下来的核心服务能力，让“双创”企业的“智慧”得以“变现”。

量身定制金融产品。建行综合考量企业专利申请、拥有量，专利应用情况，科技产品独创性，获得政府科技补贴金额、承接政府高校研究项目数量、科研人员占比等科技企业独有的特性，将知识产权、非上市公众公司股份作为可接受押品，研发科技企业发展贷款、上市贷、创投贷、科技智慧贷、科技投联贷等一系列产品，并充分运用建行集团优势，建立投贷联动中心，联合建银国际、知识产权评估等第专业机构，构建知识产权、股权质押业务与投贷联动结合的合作发展机制，解决科技企业轻资产、无抵押、融资难的“痛点”和“难点”。

打造科技金融服务模式。建行从融信、融创、融资、融智、融惠、融通6个方面入手，放大财政杠杆、支持众筹众创、提供融资支持、运筹资本市场、吸引高端人才、打造专属通道，全面扩充服务功能，积极做好需求对接，以金融创新推动科技创新，持续优化完善科技金融产品和服务模式，为“双创”企业提供最有品位、最有胆识、最专业、最有效率、最优惠和最高附加值等“六个最”的科技金融服务，引来当地经济发展的满园春色。

创设科技金融生态圈服务联盟。建行整合股权交易机构、券商、股权投资机构、会计师事务所、律师事务所等市场服务主体，通过专业化服务团队，设立科技金融生态圈服务联盟，打造信息交流平台，指导和帮助科技型企业了解、认知金融及资本市场，为科技型企业提供结算、信贷融资、挂牌上市、并购重组、股权转让等全链条一站式服务。

凝聚多方资源，让服务惠及更多客户

“大众创业、万众创新”重在激发每个创造主体的发展潜力与活力，他们总体融资需求旺盛但个体状况又千差万别。数量庞大、需求各异的潜在矛盾如何破解？底层产品研发之外，更需顶层模式创新。近年来，建行通过合作平台对接等方式，不断创新服务模式，截至目前，已与工信部、国税总局、人行征信中心签订合作协议，各分支机构与近1300个地方政府、近1400个税务机构搭建银政、银税合作平台，与超过600家政府背景担保公司合作，不断提高“双创”企业惠及面。

银政合作发挥财政资金撬动作用。建行积极与科技部门、国家高新区、经济技术开发区等合作，以“助保贷”为切入点，搭建服务平台，通过平台资源整合、财政科技资金风险补偿、综合金融服务三个方面，以市场化方式推动金融支持“双创”企业。如建行正在推动与北京市科委联合发行“国高新联名结算卡”，届时将有1.2万家国高新企业持联名卡可享受系列优惠结算产品套餐、绿色信贷产品服务通道等各项专属服务及科委科技金融专项政策支持。

银税合作以“纳税信用”享“银行信用”。“创业是基于对商业前景的美好愿望，初期没有固定资产做抵押，但企业发展需要资金。”湖南华美信息系统有限公司总经理胡德茂坦言。对于这类初创期小微企业，建行与国税总局建立以征信互认、信息共享为基础的银税合作机制，将其纳税信用、税收贡献与企业融资发展相联系，纳税信用级别越高，纳税金额越多，贷款额度就越大，而且贷款仅以纳税信用为担保，帮助诚信纳税、规范经营的“双创”客户轻松获得建行贷款。

银担合作探索多种风险共担机制。建行不断创新“政府+银行+第三方”多种风险共担机制，如与安徽省政府、安徽省担保公司合作，地市担保公司、省级再担保机构、建行、地市财政按照“4321”比例进行风险分摊的“政银担”合作模式。与厦门市经信局、担保公司合作，通过引入政府和担保公司风险补偿增信，帮助很多轻资产的“双创”企业克服抵质押物价值不足瓶颈，提升企业信用和可贷款额度。

借力“互联网＋”，让企业享受更多金融便利

建行将互联网与小微金融深度融合，充分发挥互联网、大数据、云计算的信息和技术优势，提高客户服务效率，为“双创”注入源源不断的动力。

“网银循环贷”7*24小时随借随还、循环支用。小微企业需要融资是共识，但往往被忽视的一面是：“并不是始终需要资金。市场上的融资产品不是很符合阶段性资金需求，固定期限的贷款给企业造成很大的融资负担。”为此，建行创新“网银循环贷”业务，把贷款申请、支用、归还从线下搬到线上，让客户通过网上银行自助操作，随借随还，极大提高了融资效率，节约了企业融资成本。

小微“快贷”提供互联网快捷信贷服务。小微“快贷”是建行在国内首家推出的一款针对小微企业创业经营等实体经济领域的网上全程自助贷款。客户操作简单、流程快捷，在网上或手机上办理只要分分钟，可快速满足万众创业经营周转所需资金。

大数据助推精准服务。建行在大数据、移动金融和社交等领域积极尝试与应用，组建了上海大数据分析中心，通过大数据分析挖掘“双创”企业客户群体的需求，通过一系列大数据产品，开展精准服务、提升客户体验。

智能客服提高客户需求响应能力。建行在同业中率先同时在微信、短信、网银等网络渠道推出智能客服，各渠道回复准确率均超过95%，可有效解答“双创”企业在创立初期的开户、结算、代发工资等业务需求，大大提高金融服务覆盖面和响应能力。

下一步，建行将继续把服务“大众创业、万众创新”作为践行普惠金融的使命与责任，在“大众创业、万众创新”洪流中做好小微金融服务，为助力国家经济结构调整和产业升级提供有力支撑。

互联网保险：“钱景”可期　风险须防

2016年1月13日　来源：《经济日报》 记者：姚进

在政策的持续推动和市场需求的刺激下，互联网保险获得了极大的发展。同时，新业务也带来新风险。保险公司不仅要加大对互联网保险产品的创新，也要提高承保风险的识别能力和理赔的反欺诈能力，更好地保护消费者利益

2015年，对互联网保险行业来说，意义非凡。2015年7月，在《关于促进互联网金融健康发展的指导意见》出台后不久，行业便迎来首份互联网金融分类监管细则——《互联网保险业务监管暂行办法》的落地。在政策推动下，行业加速发展，到目前，已有4家专业互联网保险公司拿到牌照，同时，多家险企都将互联网保险视为2016年的重要业务发展方向。

多家险企“开疆拓土”

继众安在线财产保险公司成立两年后，新近有3家专业互联网保险公司获批。其中，泰康在线于2015年11月18日正式挂牌成立；安心保险于2015年最后一天获得开业批文，拟于今年1月中旬正式开业；而易安保险已经基本完成了筹建工作，正在向中国保监会申请开业验收。

除了专业互联网保险公司，传统保险公司也在这一领域持续发力。据了解，目前，已有险企将互联网渠道进一步提升至集团战略层面。

“平安将不再局限于平安内部的综合金融，而是将‘互联网+金融’的发展模式向全行业开放，携手金融同业，共同利用新科技，打造更加强大

的、开放式的互联网金融服务平台。”中国平安集团董事长马明哲在新年寄语里，为集团2016年发展定下方向和目标。

互联网保险的迅猛发展，离不开监管层的支持和鼓励。“有序增加专业互联网保险公司试点机构，这是出于充分发挥互联网保险在促进金融普惠、服务经济社会发展独特功能的考虑。”保监会相关负责人表示。

或将引导主动投保理念

互联网保险也有其自身的发展优势。“大数法则是保险业的立业之本，但限于技术能力，传统的大数法则只能建立在历史数据和抽样调查基础上，存在较大缺陷和不足。”蚂蚁金服副总裁、保险事业部总经理尹铭认为，互联网不仅能够获取海量数据，而且维度更加丰富，实时性更强，准确度更高，从而能够帮助保险精算更“聪明”地定价，推出更多用户能够承受、保险公司能够盈利的保险产品。

“相比传统保险推销的方式，互联网保险让客户自主选择产品，服务便捷高效，缩减了交易成本的同时，降低了退保率，理赔也不再像以前那样困难。”北京工商大学保险学系主任王绪瑾表示，潜移默化中，互联网保险将提高居民的投保意识和风险保障程度，使保险回归防范和转移风险的本质。

业内人士认为，随着互联网带动下的消费人群不断增长、互联网保险用户基数持续扩大，跟随互联网一起成长的“80后”“90后”将成为消费主力，消费者对于保险的认知也将逐渐改变，主动购买保险的消费者将逐年增加。未来，互联网保险或将引导更多消费者形成主动投保的习惯。

“2015年互联网保险发展非常迅猛，参与互联网保险业务的公司已突破100家。未来，互联网保险一定会成为生命周期管理和财富管理的重要工具，互联网保险的场景化、高频化、碎片化的产品推出将更加频繁。”中国保险行业协会秘书长刘琦表示。

面对新风险须保持警惕

“近年来，互联网与保险加速融合，一方面，互联网保险业务规模急剧扩张，创新不断涌现；另一方面，互联网保险虽然并未改变传统保险的固有属性，但相伴而生的一些新模式、新产品、新平台所带来的新风险可能与传统风险相叠加，进一步加剧风险。”太保寿险董事长、总经理徐敬惠认为，保险业在面对互联网保险对传统保险的改造时，要对新风险和新问题有清醒的认识，并保持警惕。

徐敬惠建议，保险公司不仅要借助大数据技术实现更精准的保险定价，还要提高承保风险的识别能力和理赔的反欺诈能力，提升保险业的风险管理能力和水平。

事实上，针对互联网信息安全风险高的特点，《互联网保险业务监管暂行办法》要求保险机构加强信息安全管理，确保网络保险交易数据及信息安全。同时，《办法》还加大了对保险机构不严格履行信息披露和安全管理职责的惩戒力度。如，对因内部管理不力造成销售误导、信息丢失或泄露等严重事故的保险机构，保险监管机构可以及时责令停止相关产品的销售，以确保保险机构切实履行信息披露和安全管理义务，更好地保护消费者利益。

股权众筹，“聚沙成塔”助小微

2015年7月27日　来源：《经济日报》 记者：祝惠春

编者按　近日，多部门联合下发了《关于促进互联网金融健康发展的指导意见》，明确提出支持互联网企业依法合规设立互联网支付机构、网络借贷平台、股权众筹融资平台、网络金融产品销售平台，建立服务实体经济的多层次金融服务体系。政策的明确将对互联网金融行业产生什么影响？之前困扰行业发展的问题能否解决？本版从今天起推出“互联网金融向哪去”系列报道，通过走访互联网金融公司，采访业内专家，对相关热点问题作出解答

近日，多部门联合发布《关于促进互联网金融健康发展的指导意

见》，明确股权众筹融资中介机构可以在符合法律法规规定前提下，对业务模式进行创新探索，发挥股权众筹融资作为多层次资本市场有机组成部分的作用，更好地服务创新创业企业。

股权众筹，作为多层次资本市场的重要补充和金融创新的重要领域，其服务实体经济的意义不可小觑。

服务小微的金融创新

通过股权众筹，以12.5%的股权融资500万元——北京盛世全景科技有限公司创始人邵忠高兴地说："这次众筹解决了企业急迫的资金需求，这笔钱将用于研发和市场拓展。"

股权众筹为何受企业欢迎？中国人民银行金融研究所所长姚余栋认为，小微企业融资难、融资贵，不光是金融体制的问题，也由于存在着超大数量企业带来的巨大融资需求而产生的供不应求。市场上超过3000万个工商企业的融资需求，是进行股权众筹金融创新的巨大推动力量。

北京博星证券投资顾问有限公司董事长袁光顺接受《经济日报》记者采访时表示，股权众筹是互联网金融创新之一，是解决创业资金问题的一个重要途径。小微企业全部通过私募股权融资不适宜，因为PE、VC强调回报预期，需要企业的盈利能力到达一定水平，商业模式清晰。但小微企业初创期面临很多风险，商业模式不一定很清晰，或者团队不一定很完整。而股权众筹既能解决小微企业资金需求，同时由于投资人分散，又不会影响创始人话语权。

对于投资人来说，股权众筹可以直接对接可投资公司，将投资人手中闲散资金转化为保障企业再投资所需长期性资金，填补了市场上直接融资的缺口，降低了初创企业融资的门槛。

如何参加股权众筹

发起一个众筹大概需要多长时间？北京博星证券投资顾问有限公司副总监李建辉介绍说，一般是募集资金到位后就收官，快的半个月，额度大的也可能3个月。推荐机构一般跟企业签署协议，比如募集到多少算是募集成功，一般达到80%或60%，就算募集成功。

股权众筹有一个很重要的环节，就是领投。一个众筹项目一般会有一个领投机构。比如盛世全景公司的领投机构就是博星投资，在500万元募集额里领投了150万元。众多小股东的利益由这个领投机构代表，负责监督企业经营。“如果没有领投，散户很难形成合力，而且也很难对项目进行监督。如果有领投机构，尤其是知名的领投机构，后续的投资人跟投也更容易、更放心。”李建辉说。

据介绍，目前，一般每份众筹募集额大约在10万元，有的平台甚至做到每份5万元，参与的投资者自愿购买，年终分红或退出的收益会转入投资人专门账户。目前，博星投资通过中证机构间私募产品报价与服务系统来挑选众筹，该系统是证监会委托证券业协会建立的一个股权众筹试点平台。

投资人如何了解众筹项目？据李建辉介绍，一是通过券商。如果他是券商的柜台客户，跟券商提前沟通，会看到这些项目；第二类是通过有资质的投资机构，如博星投资；第三类是通过中证报价系统；第四类主要通过机构客户。

制度安排仍需完善

目前，股权众筹还存在一些问题亟待解决。首先是平台的公信力。公信力主要体现在平台提供的企业和项目的真实性。对此，《意见》明确，股权众筹融资方应为小微企业，应通过股权众筹融资中介机构向投资人如实披露企业的商业模式、经营管理、财务、资金使用等关键信息，不得误导或欺诈投资者。

其次，业内需要加大对投资人的教育。投资者教育，就是对投资人进行充分风险揭示，增强投资者风险意识。业内专家表示，如果我国把股权众筹打造成为推动小微企业股权融资的一种主流方式，加大培育投资主体必不可少。

值得注意的是，因为小微企业财力有限，股权众筹的收费太高也不行。袁光顺说，这需要一系列的创新制度安排来释放市场活力。比如，是否可以允许被服务企业用股权包括用期权来支付服务机构的服务费。

据悉，近期中国股权众筹专业委员会将要成立，它能反映行业的呼声，对接机构的监管并进行行业自律。股权众筹监管细则也将出台，为快速发展的股权众筹创造一个严守底线、适度监管的良好发展环境。

第八节　互联网+医疗

互联网医疗，“钱途”在哪

2016年9月12日　来源：《人民日报》 记者：李红梅

互联网技术催生了许多新业态，传统的医疗行业也开始“触网”。互联网医院、“滴滴医生”、在线问诊等新业态如雨后春笋般出现，手机APP、微信、支付宝上也都有医疗的身影。在“互联网+”的风口下，延续几千年的古老医学也在发生深刻的变革。

互联网医疗究竟改变了什么？它的价值和明天在哪里？

“风口”来了

“互联网+”挂号、咨询、健康管理，网络医院等新业态不断涌现

杭州钱先生、北京陈女士很“潮”地体验了互联网医疗。今年2月，钱先生在浙医一院互联网医院看了网络门诊，预约了心内科手术。去年10月，陈女士因骨折无法去医院复诊高血压，于是通过“滴滴医生”，预约了北京和睦家医院的医生上门服务。

没有“排队3小时，看病5分钟”的烦恼，没有找不到专家的困扰，网络门诊、“滴滴医生”等互联网医疗新业态的出现，正在打破人们对医疗的传统印象。除了以上两种新业态，“互联网+”还“加”上了在线咨询、预约挂号、候诊提醒、划价缴费、诊疗报告查询等等，药品方面也“加”上了配送、提醒服务，互联网医疗新业态还有和可穿戴、便携式等移动医疗和辅助器具产品结合的慢病管理服务，陪老人去医院看病的护士陪护服务，根据客户要求定制的私人医生服务等等。在“互联网+”大潮中，春雨医生、好大夫、平安好医生、阿里健康等应用APP，也越来越受到人们的欢迎。

记者分析了一下，眼花缭乱的互联网医疗，从平台性质划分，大概可分为三种：一是纯医疗平台，开展医疗外围服务；二是中介平台，本身不从事医疗；三是网络医院，即实体医院自己搭建的互联网医院。这些业态基于互联网、云计算、大数据等技术，改善了人们的医疗体验，缩短了等候时间，远程问诊等还优化配置了医疗资源，提高了效率，扩大了受益人群。

“互联网+医疗”的融合创新，确实给人们生活带来了很大的便利。中国社会科学院人口与劳动经济研究所副研究员陈秋霖认为，互联网医疗带来的好处很多：首先是丰富了医疗信息；其次是方便快捷，特别对一些特定人群和特定疾病来说更是如此；另外是节约成本，通过互联网信息互联互通，控制不必要的费用。

看病难、看病贵，医疗行业痛点多，互联网甫一介入，便呈现爆发式增长态势。今年5月，平安集团旗下全资子公司平安健康宣布融资5亿美元，成为互联网医疗行业最大的一笔融资。据称其估值已超过30亿元。投资界人士普遍认为，聚焦于人们不断升级的健康需求，互联网医疗投资会更加火爆。据普华永道统计，2015年互联网医疗行业投资增长超过100亿元。

困难不少

行业发展初期面临法律法规、标准缺失等问题，盈利模式较单一

去年出台的《国务院关于积极推进“互联网+”行动的指导意见》提出推广在线医疗卫生新模式。最近召开的全国卫生与健康大会也提出，要引导和支持健康产业加快发展，尤其要促进与养老、旅游、互联网、健身休闲、食品的五大融合。虽然大的政策明确支持，然而处于起步阶段的互联网医疗发展并不是一帆风顺。

为着力解决“号贩子”和“网络医托”等社会高度关注、人民群众反映强烈的问题，维护公平就医秩序，今年4月，国家卫计委等部门印发《集中整治“号贩子”和“网络医托”专项行动方案》，明确从4月到年底集中打击号贩子，查处“代挂号”网站，取消医生个人手工加号条。在此之前，北京市叫停商业公司挂号，医生按要求卸载手机上的商业公司APP。

由于不占有医生资源，不具备执业条件，一些互联网医疗公司无法开展“望闻问切”的诊疗核心服务，只能开展挂号等外围服务，一些具体政策的实施可能客观上会对他们带来一定的影响。

事实上，互联网医疗公司盈利模式往往比较单一。记者打开一些医疗APP发现，上面列出的医生大部分只开展在线咨询，预约诊疗的医生只有小部分，且其中很多医生的挂号医院并不是其就职的知名医院，而是另一个私立机构的执业地点。

互联网药品零售试点业务也被叫停。由于试点过程中暴露出第三方平台与实体药店主体责任不清晰、对销售处方药和药品质量安全难以有效监管等问题，不利于保护消费者利益和用药安全，近期，互联网第三方平台药品网上零售试点工作被叫停，通过互联网向用户销售药品的平台停止直接交易业务。

陈秋霖分析，医疗行业由于攸关人的生命，从严监管非常必要，政策的谨慎推进有利于互联网医疗行业的健康发展。很多行业发展初期都会面临不规范、法律法规和行业标准缺失等问题，互联网医疗行业也一样。他建议尽快研究、完善相关法律法规，确定互联网医疗信息甄别监管机制、互联网医疗责任认定机制、互联网医疗适用范围和诊疗规范。同时，更多地引导互联网医疗和传统医疗机构融合，实现医疗的O2O模式，在确保医疗质量的前提下，发挥互联网医疗便捷、低成本的优势，使该行业得到更好更可持续的发展。

寻求突破

关键在于打通医生资源和支付“最后一公里”，拥有核心服务能力，借助互联网往上扩展，往周边延伸

正如陈秋霖分析的那样，时下，互联网医疗企业开始线下寻路，获取医生资源，与真实的诊疗行为相结合，同时发展线上和线下业务，意图营造更多服务场景，提高用户黏性，吸引更多用户。今年7月，丁香园第二家实体诊所开业；此前，春雨医生宣布在5个城市建立诊所；阿里健康在实体药店推广“一分钟诊所”，和公立医院合作搭建在线问诊的网络医院；宁波云医院、微医集团也走到线下，开展实体业务等。

正因为清楚医生资源的重要性，平安健康一开始便吸纳核心资源。该公司市场营销及公共关系资深副总监姚鹏介绍，公司聘请的近千名医生都是全职医生，均来自二甲以上公立医院，医生能24小时实时在线解答问题。平安健康主要营收来自于体检业务，去年达到3.5亿元。很多人体检之后便找医生解读，成为其线上线下结合的一大亮点，据称其注册用户、活跃用户均超过千万。

一些人认为，线下业务会让互联网企业丢掉轻资产的路径发展优势，沉重的资产及冗杂的管理链条将拖累互联网企业，使之变成“医疗+互联网”，而不是“互联网+医疗”。然而，互联网企业却不这么看。

丁香园董事长李天天认为，医疗行业是一个产业链比较长的行业，患者需求复杂多样。互联网企业可以在不同的层面搜集不同层次的数据，提供相应服务，满足患者需求。他认为患者需求第一层次是获取信息，第二层次是咨询，即很多患者看完信息不满意，还希望跟医生有深度的关于疾病、用药、身体状况的互动，第三层次是满足那些咨询之后需要得到医生诊疗的患者，这一层次就需要有实体医疗机构满足其需求。“只做一个线上的内容发布或者线下的诊疗机构，都是不够的。我觉得‘互联网+医疗’更多的是体现‘医疗+互联网’，医疗有核心的服务能力，借助互联网往上扩展，往周边延伸。”他说。

有了医生资源，紧接而来的是“最后一公里”在线支付问题。“互联网医疗缺乏医保的支撑，但如果进医保，医保部门和保险公司是否有能力进行费用管控，将成为一个新的问题。”陈秋霖说。

此外，因涉及信息安全，互联网医疗公司对大数据的应用也引起了人们的关注。国家卫计委卫生发展研究中心研究员苗艳青说，互联网公司可以“+”健康管理，用好的健康管理理念与名医、名院合作，开发应用大数据，让用户享受更高水平、更好质量的公共卫生服务和家庭医生服务。当然，这也需要政府创新监管办法，服务可以由市场提供，但数据所有权应该是政府的。

杭州创业软件公司董事长葛航建议，一些脱敏数据应该公布，比如地区病种发病率等，对于个人数据则一定要本人同意并授权方可使用。“但无论如何，大数据得用起来，这是健康管理、精准医疗的基础。”

“互联网+医疗”来了

2016年4月8日　来源：《人民日报》 记者：余建斌

配备智能血糖仪，免费发放血糖仪和试纸，由当地相关部门邀请到医院安排确诊，出具诊疗方案……在贵州，已有6个市、县的近万名糖尿病患者，享受了当地政府牵头、地方医疗资源开展的诊疗服务，这种由腾讯提供医疗智能硬件与大数据技术的“互联网+慢病管理”的“贵州模式”也逐渐清晰。

在此基础上，腾讯日前正式对外公布了名为“腾爱”的“互联网+医疗”战略，并重点推出服务医生群体的平台型产品“腾爱医生”，用大数据打破医疗信息孤岛。

信息孤岛是目前国内医疗产业要实现互联网化的最大障碍，据腾讯副总裁丁珂介绍，“腾爱”战略的目的是要用互联网技术实现医疗信息共享，以开放合作的姿态帮助医疗产业实现改革。目前腾讯正通过与医院、医疗机构及地方政府的紧密合作，共同建立包括电子病历、健康档案等关键医疗数据的大数据中心，为“医疗信息孤岛”打开通路。依托医疗大数据，逐步将医院、医生、诊疗、金融保障等与广大患者连接在一起，提升医疗服务水平。

丁珂介绍说，“腾爱”将为患者与医生提供包括“医疗智能终端”“互联网金融医保”和“医生平台”等在内的一站式“互联网+医疗”服务。比如，以糖大夫智能血糖仪为代表的智能终端，使慢病医疗服务与患者建立良好的连接；互联网金融医保以健康基金+医保的形式，为患者提供商业保险计划；为医生群体量身定做的移动互联网产品则为医生与患者搭建一个可信任的信息沟通工具。

其中，“腾爱医生”是腾讯内部孵化的移动端互联网产品，定位于为医生群体提供专业的互联网服务。在医生端，主要实现帮助医生打造品牌、管理患者两大功能；在患者端，通过打造医生公众号，使患者找到相匹配的医生。医生可以在微信上认证个人或团队的公众号，并通过“腾爱医生”APP快速定制公众号主页，编写从业履历与专业信息，将自己的品牌直接展示给患者，使患者建立起清晰的认知。患者可以根据自身病状快速找到最合适的医生，并在微信上自发扩散优秀医师或团队的口碑。

同时，这款APP具有严格保障安全和隐私的即时通讯功能，患者与医生可以随时随地直接对话。就诊前，患者可向医生反馈病情、咨询建议，医患双方进行初步沟通与了解。就诊后，医生可在第一时间跟踪患者病情变化，并在APP上安排复查、预约加号、安排手术等，有效提升诊疗效率。

而通过APP上定制的患者数据分析后台与团队协作工具，不同专业领域的医生都可以为每个患者定制专属的健康档案，长期跟踪和研究患者健康数据，为病人持续提供院外指导。医生之间也可通过APP进行线上会诊，提升协作沟通效率。

丁珂认为，“互联网+医疗”的探索正稳步推进，从智能可穿戴设备做起，然后建立医生平台，未来甚至可在微信上开通挂号的服务。

线上医疗争接地气

2016年4月8日　来源：《人民日报》　记者：李红梅、顾春

线上医疗难解渴

● 线上问诊的确诊率较低，因为医生无法面对面观望、了解病人，而线下则可以解决这一问题

最近，春雨医生、丁香园、微医等纷纷建立线下诊所、手术中心等。线上医疗为何青睐线下诊所？

记者来到位于杭州的丁香诊所，这是丁香园第一家全资控股诊所，属于全科诊所。诊所布置素雅洁净，视觉上令人放松。诊室里没有写字台，每间诊室标准配备是一张诊床和两张沙发。沙发供病人和家属坐，医生手拿iPad，坐在沙发凳上跟病人交流。检查、取药都在房间完成，病人不必来回走动，一般医院排队、挂号、取药的拥挤和焦虑在这里不存在。最有特色的是儿科诊室，医生不穿白大褂，而是穿格子衬衫、休闲裤，诊室里装扮得童趣十足。

丁香园创始于2000年，是国内最早提供专业化医生群体交流服务的网上社区，目前注册用户约450万，其中有200多万医师用户。近几年推出丁香医生手机应用软件，包括常用药品查询、疾病查询、营养类知识等，手机应用软件加上微信订阅号，总用户已突破1000万。有了庞大用户量后，丁香园很自然地介入医疗服务领域。

选择开办线下诊所是出于什么考虑？

“在线问诊、云医院等模式，我们并不认可。”丁香园品牌总监赵杏说，“线上问诊的确诊率比较低，因为无法面对面观望、了解病人，而线下则可以解决这一问题。”

去年5月，春雨医生宣布在北京、上海、广州、杭州、武汉开设25家诊所，将邀请三甲医院的主任医师坐诊，提供基于线上线下结合的私人医生服务，形成“线上健康档案—线上咨询分诊—线下就医”的服务模式。不同于丁香园的是，春雨医生不是自办诊所，而是与现有实体诊所合作，通过挂牌的方式，实现线上和线下的结合。

春雨诊所在武汉、天津等地已开始实际运营。春雨医生执行总裁张锐说：“目前春雨医生每天有超过8万的问诊量，其中70%以上的问题已得到快速解决，但还有将近30%的问题需要线下进一步解决。开设线下诊所，将检查、开药、手术、住院等线下就医环节，完全纳入到春雨服务中来，能更好地满足用户需求。”

“产品的性质决定互联网医疗的重点在医疗。虽然服务者和被服务者在空间上分离，互联网技术也能提供一些与医疗有关的服务，但医疗本质上是服务，大部分服务者和被服务者无法做到空间分离。这就是互联网医疗都要走到线下的一个重要原因。”中国社科院人口与劳动经济研究所副研究员陈秋霖说。

“私人医生”进社区

● *在社区全科诊所，医生不需要做科研、搞教学、应对检查考评，唯一的工作就是看好病人*

大部分互联网医疗办线下实体，一般都选择做社区诊所，通常是全科诊所，开办在小区居民楼、商场附近，主要诊治常见病、多发病，如头疼、感冒，或者割破手指需要包扎等。他们认为，大医院一号难求，每天人满为患。事实上，大手术、放化疗等重病大病才是大医院该承担的事，三甲医院的医疗资源被占用看感冒，这是极大的浪费。生病先去社区医院，不行再去大医院找专家、专科医生，这也是医改的大方向。

痛风、高血压、糖尿病、甲亢……这些慢性病正成为互联网医院首选的科目。利用互联网技术，实现医生、患者互动，不仅可以开展对用户的健康管理，还可以与医疗硬件结合。比如丁香园、腾讯、众安保险合作推出了糖大夫血糖仪，用户不用像以前那样拿着纸笔记录血糖，血糖仪采集完数据就直接传到微信服务号，医生马上能看到数据，给出诊断意见。

诊所的医生从哪里来？

丁香园依托了线上社区优势——丁香人才网目前是医疗行业里最大的招聘平台，看到招聘信息，很多三甲医院的医生投了简历。诊所里的15位医生都有三甲公立医院5年以上执业经历。

据这些医生介绍，舍得抛弃“铁饭碗”，是因为丁香诊所给他们提供了一个专心当医生的平台，不需要做科研、搞教学、应对检查考评，唯一的工作就是看好病人。“在这里当全科医生，持续观察、跟进一个病人及其家庭，这种经验的积累，是繁忙的公立医院很难做到的。”另外，除了基础工资，诊所还提供绩效工资和期权，大大增强了丁香诊所的吸引力。

北京友谊医院急诊科医生王明轩是春雨的签约医生，已在线上服务3年，在春雨私人医生平台上管理的病人超过20个。“私人医生服务在中国是缺失的，春雨提供的服务能帮助更多人。”

今年1月开业后，丁香诊所平均每日有十几人来就诊，每位患者有三四十分钟的交流时间。诊金为成人180元、儿童300元，儿童复诊的费用是100元。这个费用包含了医生、护士和药师的费用。周边5个高档小区1万多户家庭，就是丁香诊所的目标服务群体。就医结束7天后，患者可以通过移动端的丁香诊所微信服务号和医生互动，比如孩子回家后又发烧，家长可以拍照片、视频上传，医生看了孩子排泄物和活动时的精神状态做出判断，不用再去就诊，大大减轻了家庭负担，受到附近居民的欢迎。

医疗安全谁监管

● 医生网上执业、电子处方的合法性、网上诊疗项目的合规性等问题，在法律法规上是空白

线上和线下的融合势不可挡，浙江成为一块互联网医疗的“热土”。除了丁香诊所、微医手术中心，还有乌镇互联网医院实体诊所和宁波云医院线下实体医院。

在宁波白鹤街道社区卫生服务中心，两位医生正通过墙上的大视频对求医的患者进行云诊治，看得清患者的脸色，症状描述也很详细，医生很

快做出了诊断。

作为全国第一家“云医院”，宁波云医院集聚全市各级医疗机构和医生，利用业余时间看病。背后支撑是市县两级区域卫生信息平台，有统一的数据和资源中心。未来还会逐渐增加上线医生的数量，甚至在全国招募医生。由于背靠整个区域的实体医院，不管是名气还是技术，宁波云医院似乎更硬气，更有实力。

“互联网是新技术，必然要渗透到医疗领域。医疗机构内部要用互联网技术提高效率、降低成本、提高服务的便利性。医院也要用互联网和患者建立关系、方便沟通，提供一些信息咨询类服务。互联网医疗做线下实体和实体医疗机构做互联网医疗，本质上没有区别，只是两个不同方向的融合。实体要借用互联网，互联网也脱离不了实体。”陈秋霖说，不管哪类医院，面对的难题都是一样的，其中最核心的是医疗安全监管。

宁波云医院成立之初就讨论过医生网上执业、电子处方的合法性、网上诊疗项目的合规性等问题，这些在政策法规上都是空白。而网上医疗收费、医保对接、医疗事故认定等问题，也亟须相关政策法规保驾护航。

乌镇互联网医院最近发布的“百万接诊点延伸计划”，拟以全国90万个基层医疗机构、46万家零售药店、10万个社区卫生服务中心为基础，在全国建立100万个乌镇互联网医院的接诊点。但是，如果全国推开，各省份之间医保不能互通，这个难题怎么解？从目前来看，互联网开展医疗基本靠用户自费，线下办实体诊所后，仍是靠自费病人付费维持运营吗？显然不可能，在全民医保的今天，人们都想用医保看病，而且已经成为习惯。

开办诊所是非常艰辛的。微博红人“协和急诊女超人”从协和辞职后，曾经想办一家诊所，但摸索了一年多后放弃了。资金、人才、法律法规、医保资格，都是办实体诊所的“拦路虎”。

线上和线下结合后，监管问题愈加复杂。陈秋霖说：“最大的问题是法律能否跟上。原有法律都是以实体医院为责任主体，互联网平台+医疗机构，责任主体是谁？面对新问题，监管部门需要新思路、新办法。”

第九节 互联网+养老

智慧养老向我们大步走来

2016年4月1日 来源：《经济日报》 记者：温济聪

随着养老理念的变化和科技的发展进步，智慧养老正走进人们的生活。智慧养老目前有哪些新探索和新发现？它带给老人们及其子女怎样的便利？智慧养老产业的发展仍存在哪些问题和发展瓶颈？

打开手机APP，工作中的子女就能第一时间了解到父母的身体状况有无异常；通过佩戴便携式定位设备，老人一旦摔倒，能立刻发起求助；当老人有任何日常生活服务需求时，不在身边的子女可通过云平台发布需求信息，由服务公司为老人提供上门服务。

线上线下联动服务

位于北京市西城区大栅栏地区的某居家养老爱心服务中心，记者见到了61岁的耿淑玉。她正在测量血压、血糖、血氧等指标。自从家门口开了这个智慧养老服务中心，她每周都要来两三趟。为了跟踪她的健康状况，服务中心特别赠送给耿大妈一块智能手表，可以全天监测她的血压、心率以及日常活动状况等相关数据，还具备一键呼叫子女或者服务中心的功能。

大栅栏地区有约15000多名老年人，已经占到该地区总人口的26%以上，智慧养老产业的发展为社区居民带来了便利。据居家养老服务中心主任任桂荣介绍，该中心于今年1月正式开业，通过专业化的智能穿戴设备和完善的大数据收集系统建立健康档案，实现线上、线下联动的一体化智慧养老服务新模式。

“以耿大妈佩戴的智能手表为例，老人佩戴这块手表，一旦迷路，手表提供的GPS导航服务可以让人们迅速找到老人。”康美药业证券事务代表温少生介绍说，老人有任何求救或即时性需求，可以通过按键发布请求；智能手表通过蓝牙感知传输外接医疗数据，帮助老人建立健康档案，实现远程用药等监控，实现居家老人照料和民政社区卫生服务一体化。

在北京市海淀区中关村街道智慧养老创新示范基地，每天一大早，老人们三三两两汇聚而来，智能药盒、智能体检机是老人们的最爱。“我每天要吃四五种药，各种药的服用时间不同，我和老伴儿记忆力都不太好，总耽误服药。这种智能药盒可以像闹钟一样提醒我们，有了它，真是方便多了。”70多岁的王大妈说。

智能养老概念的火爆也为不少企业带来了商机。中兴通讯集团旗下的中兴健康科技有限公司，正积极参与上海市浦东新区智慧养老平台的搭建工作。在中兴健康科技有限公司董事长何士友看来，科技助力养老产业，创造智慧产品固然重要，但更为重要的还是搭建智能平台。“这套智慧养老平台系统中包含多个传感器，将它们安装在老人的卧室、洗手间、电视或冰箱旁，老人路过时系统会自动记录，通过中兴健康云平台将采集到的老人行为数据传送到儿女的手机等终端。智慧平台将医院、社区、家庭连接起来，全方位为老人提供养老、康复、吃住等综合服务。”何士友说。

开启养老新模式

“病有所医、老有所养”是百姓最为关心的民生问题，也是2020年我国全面建成小康社会的重要标志之一。智慧养老正在探索开启这种新模式，发展智慧养老势在必行。

所谓智慧养老，又称智能化养老，是运用智能化控制技术提供养老服务的过程。它以互联网、物联网为依托，研发面向老人、社区的物联网系统和信息平台，为老年人提供更为实时、安全、便捷、高效、低成本的智能化、物联化、互联化养老服务，使社区养老、居家养老成为可能。

近年来，我国人口老龄化趋势加剧。根据国家统计局发布的统计数据，截至2015年末，60周岁及以上人口22200万人，占总人口的16.1%；65周岁及以上人口14386万人，占总人口的10.5%。

全国老龄办原副主任、华龄智能养老产业发展中心理事长朱勇表示，预计到2053年，60周岁以上老年人占总人口的比例将达到35%，这就意味着，我国每3个人中就有1个老年人，占全球老年人口的1/4。与此同时，我国还面临着家庭养老功能弱化、劳动力急剧减少的压力。预计到2030年，我国家庭平均人数将减少为2.6人，2050年大约为2.51人。到那时，全部家庭中的约37%将为独生子女家庭，“4-2-1家庭”模式成为主流。“老龄人口将是愈来愈庞大的群体，仅仅依靠此前的养老院寄养模式，早已无法满足大多数老年人的心理和生理需求。大力发展智慧养老产业成为未来的发展趋势，也是面对人口老龄化加剧的必然选择。”朱勇说。

此外，目前养老市场供需不对称也是亟需发展智慧养老产业的原因之一。“随着经济发展和人民生活水平的不断提高，不少老年人对于家政服务、医药护理、休闲养生等方面的需求日益增长。然而，目前我国养老产业的供给能力严重不足，社区养老、居家养老的人力资源短缺。而且，养老服务过于依赖人工方式进行服务和管理，存在质量提升速度慢、服务效率不高、人力成本上升等问题。”在民政部信息惠民工程首席专家、北京科技大学教授王志良看来，大力发展智慧养老可以有效解决上述诸多难题，不但可以节约人力资源，减少居家养老、社区养老的压力，也可以为老年人提供更为全面、多样化的服务，具有很大的现实作用和意义。

“智慧养老可以有效支撑居家养老服务，在提升产业效率、降低成本方面意义重大。不仅可以延长老人居家养老时间，也便于降低家庭养老支出和政府基础设施的巨大投入。”何士友向记者举例，2.2亿老人中有约90%需居家养老。在家中养老一年，给家庭节约支出至少1万多元，并减少政府养老床位的投入，有效缓解养老金巨大缺口，提升老人的生活品质。

刚刚起步尚待规范

目前来看，智慧养老有力助推了我国养老服务产业的快速发展和变革，不少新业态开始萌芽发展。但不可忽视的是，我国智慧养老产业仍处于发展的起步阶段，依旧存在一系列挑战和发展瓶颈。

首先，在顶层设计、制度政策支持层面有待提高。“目前我国智慧养老产业制度碎片化现象较严重，尚无统一衔接制度体系。不但缺乏顶层设计，且政出多门、标准不一，严重束缚了养老企业间的技术合作、行业市场的向外拓展。”朱勇以养老产业标准化这一项举例说，由于顶层设计、制度政策的缺失，一家企业虽然投入了近千万成本对在某医院使用的HIS系统（医疗信息系统）进行改造，不过待实际操作时却发现仍存在标准对接不协调等问题，以至于该系统无法在不同项目间有效应用。

其次，技术层面的不完善也在一定程度上制约智慧养老的发展。“我国智慧养老产品‘舶来品’较多，没有掌握核心技术；即便有些企业经过二次开发后将产品推送给市场，仍然也存在应用上‘水土不服’的问题。”王志良认为，此外，养老产品技术标准化的工作才刚刚开始，智慧养老在数据共享、信息互通方面的做法仍不到位；而不少企业虽然开发出了一些APP手机应用和管理服务类软件，但其内核的技术大体相同，模式同质、功能雷同，缺乏创新。

在市场层面，目前我国智慧养老产业市场供需矛盾较为突出。何士友认为，养老服务产业链发展还不完善，处于刚刚起步阶段，造成了智慧养老平台好建，服务落地却很难，而养老服务本来利润有限，所以服务运营举步维艰。

“一方面有效供给不足，有些企业提供的产品太‘高大上’，脱离了购买力实际，不符合老年人的现实需求；有些企业的产品没有进行市场细分，市场错位现象时有发生，对特定人群的针对性不强。”朱勇表示，另一方面，有效需求同样不足，目前老年人的实际支付能力与智能化产品的价位不符，退休人员每月基本养老金较为有限，严重影响了智慧养老产品的普及。

第十节　互联网+党务政务

山东胶州：O2O提速服务百姓

2016年8月25日 来源：《经济日报》 记者：刘成 通讯员：刘伟

“自己反映的问题受到重视，并且很快得到了解决，心里感觉像这水一样的甘甜。”山东省胶州市胶西镇尹家店二村村民张秀贞望着清澈的水流说：“现在村民们遇到问题，打开手机、动动手指，就可以享受到快捷便利的服务。”

原来，由于连续的干旱，前些天尹家店二村出现了吃水困难现象，部分村民在“微服万家”微信公众号上进行了留言，希望镇政府帮忙解决。

接到群众的诉求后，镇分管负责人王书满立即组织相关部门到村庄进行了实地调研，摸排出群众的实际需求和当地的水文地质情况。通过讨论研究，最终决定投资14万元，在村委会附近挖凿一个100米深的水井，并结合三级提水安装净化设备一套，免费向村民开放。

“以前，群众惯性的诉求表达方式渠道单一，往往局限于找村干部、镇干部，认准一个人、认定一件事，却时常‘找不到人’或‘找不对人’。”尹家店二村党支部书记王山家认为，“微服万家”解决了传统处理群众诉求“周期长、速度慢、效率低”的问题。

“微服万家”微信服务平台是胶西镇运用手机微信软件，创新打造的“线上服务键对键，线下服务面对面”O2O服务模式。平台一站式受理、办理群众诉求，实现了数据多流动、部门多跑步、群众少走路。记者登录平台看到，“微服万家”公众号由胶西发布、胶西党建和便民服务三大板块组成，群众可以随时随地了解相关政策、咨询相关事项、进行网上留言，有任何诉求都可以第一时间以文字、图片等形式通过公众号上传至服务后台。

对于群众的具体诉求，常规性问题立即填写纸质阅办单，交由责任部门予以办理；涉及情况复杂的综合性问题，则由镇党委书记亲自部署，部门联动解决。同时，微信公共服务平台限定48小时用户响应时效，办结的事项会及时反馈给问题提报人，并对办理结果进行实地督查考核和群众满意度回访，确保群众反映的事项事事有回音、件件有落实。

此外，胶西镇专门设置了“微服万家”接办员、专办员和督办员，全镇机关干部以“微服专员”身份对接联系全镇114个村庄和近400家企业，全镇663名组织网格员负责收集、解决、督办群众诉求，为民服务24小时不打烊。“村里都贴有‘微服万家’二维码，村民只要拿起手机扫一扫，就可以添加关注，及时了解政务动态、反映相关诉求。”张秀贞说。

“微服万家”的应用，将原先的线下办理转为线上办理，领导在线上直接批办，职能部门在线上直接领办，办理结果在线上直接反馈给群众，群众不仅仅能看到办理结果，还能看到事项的整个办理流程，真正实现了无纸化办公，大大提高了工作效率。

“为方便群众使用微信，减少流量成本，辖区内已实现无线WIFI全覆盖。”王书满介绍说，“微服万家”开通以来，已受理群众诉求556件，办结率99.3%，群众满意度99.7%，解决群众诉求的时效由原来的4个工作日变为4个小时，甚至是即知即办。

贵州依托大数据，探索新路径 精准扶贫走上“云端”

2016年8月18日　来源：人民网—《人民日报》　记者：郝迎灿

作为精准扶贫的基础性工作，扶贫信息的精准至关重要。贵州充分依托大数据、云计算创新扶贫开发手段，通过打造全省“扶贫云”平台，探索“互联网+”扶贫新模式。“扶贫云”针对不同原因、不同类型的贫困对象，对症下药、精准扶贫、精准脱贫，对区域性贫困人口，大力实施扶贫生态转移工程，从根本上帮扶解决生计问题，增强贫困地区、贫困群众发展内生动力。

扶贫信息透明化

在贵州省黔西县协和镇杨柳社区的花卉基地里，150多亩非洲菊开得灿烂，61岁的周学芬正弓着腰一支支地采摘，“10亩多地流转给基地有保底分红，每个月还有1200元的务工费，我和老伴两个人就有2400元，去年一年就存了2万多块钱。”

周学芬一家是2014年被认定的贫困户，老两口腿脚不灵，伺候不动这十来亩土地，加之老伴王开富此前患病，光看病就欠下1万多元的债务。去年省里建设扶贫云管理平台，系统显示，通过住房、劳动力等各项指标评估，他家的致贫原因为疾病和缺少发展资金。

2015年初，村里引进企业搞花卉种植，首先就把周学芬一家纳入了。有了产业覆盖，手头日渐宽裕，当年底周学芬家便摘掉了贫困户的帽子。不过，现在在贵州省扶贫办牵头开发的“扶贫云”系统上，仍然可以查询到周学芬一家的信息，系统显示，通过各项指标评估，他家的得分为69分，已达脱贫标准。

“一时的收入提高并不能代表贫困户就此和贫困彻底诀别，扶上马送一程，通过系统动态监控随时了解其产业、疾病、教育等情况，防止其因偶然因素返贫。”贵州省扶贫办总农艺师周兴说。

不止周学芬一户，贵州全省623万（统计数字截至2014年底，包括已脱贫的120余万人）贫困人口的信息在“扶贫云”系统上显示得清清楚楚。点开系统，大到全省的贫困现状，小到一个村的地形地貌、产业分布，乃至一户贫困户的住房、人口、收入等情况，图文并茂，一目了然。

依托大数据和云计算，2015年12月，“扶贫云”上线运行，实现大数据对贵州扶贫开发工作的精准管理、动态管理、科学管理，扶贫信息公开透明。

一块显示屏，一张贵州地图，跳动的数据将区域内外出务工、贫困现状、致贫原因等信息实时呈现出来……贵州将精准扶贫的切入点放在精准识别上，摸清贫困人口数量和情况，在“扶贫云”管理系统上建档立卡，实现贫困人口识别的量化、贫困程度深浅的可视化。

根据系统实时显示，截至6月17日，贵州还有贫困人口约493万人，贫困发生率为14.37%，贫困农民人均可支配收入为6681.68元，贫困县66个，贫困乡镇928个，贫困村9000个。

贫困评估具象化

“开展扶贫工作首先要识别贫困人员，而通过大数据甄别贫困人口是精准识别的第一步。”周兴说，“扶贫云”最大的特点，就是通过入户走访调查采集贫困户资料，以“四看法”为基础形成一套科学合理的贫困评估体系。

据介绍，这套四看法评估体系——一看房、二看粮、三看劳动力、四看读书郎，共80多项指标，以饼图的方式，展示省、市州、县、镇、村的情况。其中，房的饼图构成包括：人均住房30平方米以上、10—30平方米、10平方米以下；粮的饼图构成包括：耕地2亩以上、1—2亩、1亩以下、没有耕地；劳动力的饼图构成情况包括：劳动力占家庭人口数的50%以上、40%、20%以下、没有劳动力；读书郎的饼图构成包括：没有教育负债、

5000元以下、5000—10000元、10000元以上。通过四看法展示贫困人口（户）的贫困分值和分布，以及对贫困人口进一步定位采取什么样的帮扶措施。

周兴表示，“扶贫云”通过大数据将各项指标整合起来形成一个脱贫指数，60分以下的是真正的贫困户，60—80分是达到脱贫标准但极易返贫的贫困户，80分以上是稳定脱贫的贫困户，以此作为辅助认定贫困户的标准。“以往贫困户退出只是简单考察其收入、住房和有无辍学子女，以定性分析为主，现在则通过系统将各项指标具象化，更加科学合理。”

此外，通过“扶贫云”可以对责任链、任务链、项目资金链进行实时监督，抓好每一个环节的落实情况，实现精准扶贫。

贵州目前每年约有50亿元项目资金，到村项目在1万到1.5万个之间，如何确保这些项目落到实处是个难题。“扶贫云”技术开发方浪潮集团开发经理赵伟表示，“扶贫云”以GIS（地理信息系统）为基础，以移动终端为载体，建成以建档立卡贫困户和项目资金为重点的扶贫工作移动巡检系统，“扶贫云矢量模型的电子地图已经扩展到16层，达到1：5000比例尺，对贫困户、扶贫项目的定位已精准到村级，实现对扶贫项目随时抽查、随地核查。”

帮扶措施动态化

通过对数据的提取分析，“扶贫云”还能展示贫困人口的致贫原因，包括：因病、因残、因学、因灾、缺土地、缺水、缺技术、缺劳力、缺资金、交通条件落后、自身发展动力不足等，通过致贫原因分析，协助制定精准的扶贫措施。

系统数据显示，致贫原因前三位为缺资金、缺技术和因学致贫，分别占比为30.0%、17.2%和14.7%。

赵伟表示，“扶贫云”旨在通过大数据技术，扩大信息采集的渠道，提高数据加工能力和效率，深度挖掘数据的价值，为扶贫工作提供真实可靠、及时全面的决策数据，为最终实现精准扶贫和精准脱贫保驾护航。

精准识别的目的是为了精准帮扶脱贫。

“通过大数据技术，掌握贫困人口信息、致贫原因等后，我们将围绕帮扶结对情况、帮扶计划制定、帮扶计划落实情况、帮扶措施情况，针对省、市州、县、镇、村，分别监测结对、帮扶计划、帮扶项目落实情况，识别出已落实、未落实的贫困人口分布，关联显示帮扶的人或单位等相关信息。通过帮扶情况分析，清晰了解省、市州、县、镇、村贫困人口的实际帮扶情况，协助帮扶任务的落实。”周兴说。

贵州省副省长刘远坤表示，利用大数据来实施精准扶贫，专门建“扶贫云”，可以真正把对象搞精准、把原因搞清楚、把管理搞规范，做到因户施策、因人施策。系统显示，贵州目前已录入的1554196户贫困户、4888885贫困人口已被全部纳入帮扶计划，实现了对症下药、精准滴灌、靶向治疗。

“互联网+政务”：让服务变得更“聪明”

2016年8月23日　来源：《经济日报》　记者：祝惠春

“互联网+”正让政府服务变得更“聪明”。不少细心的公众发现，政府网站如今越来越好用了，“少跑腿、好办事、不添堵”的体验更赢得不少居民和企业给“互联网+政府服务”点赞。

在经济快速发展的港口城市浙江宁波北仑区，海外侨胞戴先生慕名而来，想投资经商：“‘北仑之窗’网站带给我意想不到的惊喜，通过这扇窗口我全面了解了北仑良好的环境，大大增强了投资信心。”

惊喜的还有家住京华茗苑小区的陈先生。他在“北仑之窗”的“区长信箱”反映集装箱卡车在城区道路乱停乱放的情况后，引起区领导高度重视，采取措施集中整治，让这一问题得以解决。

企业更加有体会。“北仑之窗”推出了浙江政务服务网北仑平台，将行政服务中心办事大厅“搬”到了网上，企业足不出户就能在网上完成申报。若在网络审核中发现错误，工作人员会第一时间打电话告知企业在线修改。不仅如此，一些原本只能在省里市里办理的业务，现在权力下放到区县，审批都可以在“浙江政务服务网”上直接办理。原本熙熙攘攘的行政服务中心办事大厅如今冷清了不少。

北仑区政府网站的成绩，是近年我国政府网站大力推行“互联网+政务服务”的缩影之一。

2015年，全国政府网站经历了第一次“大考”。第一次政府网站普查摸清了全国政府网站底数。此后，政府网站管理服务水平不断提高，社会公信力稳步提升，正在成为各级政府推进“互联网+政务服务”的重要平台。

自2016年起，国务院办公厅对全国政府网站进行常态化抽查通报，每3个月按照一定比例随机抽查1次，重点检查网站可用性、内容更新、互动回应和服务实用等情况。近日，国办公布二季度抽查结果，二季度政府网站内容保障水平显著提升，总体抽查合格率85%。抽查显示，国务院部门（含内设、垂直管理机构）网站抽查合格率为98.5%，省级政府门户网站合格率为100%，市、县两级政府网站合格率达90%，有效解决了群众反映强烈的“僵尸”“睡眠”等问题。

变化从机制开始

政府网站从“合格”向“优秀”进发的一个重要的机制保证是，政府网站形成了以办公厅为主体的监管体制。

过去基层政府网站的负责同志经常抱怨：“没头没尾”，上级政府、下级部门都不知道哪个机构管；“没规没矩”，政府网站怎样管理、如何规范，制度层面没有具体规定。如今，这些导致政府网站管理水平参差不齐的机制体制问题得到彻底解决。

简政放权、放管结合、优化服务是转变政府职能的“先手棋”。2015年以来，国家陆续出台多个文件，提出“简化办事环节和手续，优化公共服务流程，全面公开公共服务事项，实现办事全过程公开透明、可追溯、可核查”等要求。随着相关工作逐步落实，全面公开公共服务事项目录和办事指南，推行服务方式创新，构建实体政务大厅、网上办事大厅、移动客户端、自助终端等多种形式相结合、相统一的公共服务平台，业已成为政府网站发展的硬性目标要求。

同时，在国办督促下，政府网站建设不断完善常态化监管机制。当下，各级人民政府办公厅（室）是本级政府网站建设管理的第一责任主体。国务院办公厅负责对全国政府网站进行统一监管，各省（区、市）人民政府办公厅负责本地区政府网站的监管。国务院各部门办公厅（室）负责本部门政府网站的监管。

目前，政府网站建设已经表现出从信息公开向综合服务提升的可喜变化。下一步，打造重要的政务信息数据服务平台和便民服务平台，将是发展趋势。政府网站建设的目标将在合格的基础上，创新提升网站的实用性、集约化。比如包括信息公开、政务服务、网民互动、回应关切等。政府网站建设，也将向监测常态化、栏目标准化、管理规范化、建设集约化和服务智慧化的方向发展。

网站建设集约化是趋势

2016年二季度抽查与一季度相比，合格率提升了3.5个百分点，存在大量空白栏目的网站比例由8.9%降至4%，首页面长期未更新的比例由9%降至7.2%。抽查发现不合格网站112个，其中地方政府网站110个，部门垂直管理机构网站2个，77.7%的问题网站集中在县级以下。

对此，国办要求，政府网站必须要有专人负责信息内容建设和运维工作，对于没有人力、财力保障的基层网站，要坚决予以关停，迁移到上级政府网站技术平台统一管理。今年以来，共6718家政府网站关停上移。

清华大学公共管理学院副教授张楠接受《经济日报》记者采访表示，抽查暴露出来的问题更多集中在基层网站，主要是人力财力不足问题。比如有的基层网站，一年经费不足2万元，一些县级以下的网站没有专人运营，无力应对互联网时代对政府网站提出的要求。这也是基层网站发展无序的重要原因。

基层网站关停，但面向基层的政府服务需要网络入口，公众和政府的网络连接不能中断。因此政府网站发展还有一个关键词是“上移”。把这些基层网站的核心内容和服务上移到机制更完善的上级网站平台上统一管理、统一发展。集约化，不仅是单纯的硬件集约，还有系统的安全保障，信息传播的集约，这是未来政府网站发展的趋势之一。

在安徽，截至目前，已关闭各级各类政府网站1938家，其中大部分为基层政府部门网站。合肥市庐阳区政府办公室负责人说，关停迁移后，乡镇、街道原先网站管理的兼职人员，只需要负责信息内容的提供，至于编辑集成、技术安全、运维保障等，则交由县（区）政府网站负责人员管理。“除了管理规范外，好处还在于财政节支、监管便利。”黄山市信息资源管理中心负责人说，现在减少了各部门的人力、物力、技术成本等的重复投入，一个统一平台管理的财政支出仅仅是过去的十分之一。

加强协同联动

二季度政府网站抽查还对71个国务院部门网站、32个省级政府门户网站转载中国政府网发布的国务院重要信息情况开展了专项检查。90%以上的省部级政府门户网站在首页显著位置开设了国务院重要政策信息专栏，超过80%的网站能够在国务院重要信息发布后24小时内进行转载。

北京大学政府管理学院副教授黄璜表示，这是要求进一步加强政府网站之间的协同联动。互联网时代，政府打造政府信息传播阵地，要通过各级政府网站联动来实现。县级以上政府门户网站要及时转载中国政府网发布的对全局工作有指导意义、需要社会广泛知晓的政策信息。

除了政策信息的协同传播，更多内生性的协同要求也在凸显。

让数据多跑路，让群众少跑腿。“全省统建一张网，办全省全警的事”。2015年以来，安徽省公安厅打造省、市、县三级统一“集群化”的安徽公安网，省厅、16个市局和112个县（区）级网站统一架构、统一模式、统一后台、统一管理。治安部门实现4类13项户政业务在全省办理。出入境管理部门实现往来港澳旅游、商务、探亲等5类再次签注的网上申办。网上交通违法自助缴款、预选号牌、补换领牌证等便民服务事项已实现网上“一站式”办理。

据悉，安徽省直、市直部门，地市、县级政府网站将在2018年年底前纳入全省搭建的技术平台统一管理，但是现实操作难度不小，难点就在于一个平台要满足各政府部门的差异化需求。

统一平台的要求和不同部门的多样需求如何对接？有关专家表示，一方面需要尽快出台统一规范；另一方面是要推进政府信息公开、数据共享。政府网站实质上是网上政府，根本上是要建立起政务大数据，但实践中常常有一些部门不愿将一些信息公开，即使后台统一管理，也无法真正建立起政府数据的资源共享。这需要打破自身信息壁垒，更大力度地推进政府信息公开、数据资源共享。

可喜的是，不少地方正在这方面大胆创新和探索。比如，贵州“云上贵州”系统平台部署包括内外两个部分：一是面向社会公众，整合省网上办事大厅、省公共资源交易平台以及交通、旅游、商务等云数据、云资源，打造集信息公开、便民服务、互动交流、网上办事为一体的一网式公共服务平台，部署省级各云应用的总出口。二是面向全省政府系统公务人员，以全省电子政务外网为载体，实现跨地区、跨部门、跨层级信息共享和联动办公，为全省政府办文、办会、办事、督查、应急、辅助决策等政务工作提供支撑，是全省政府系统公务人员工作、学习、管理的总入口。

百舸争流，新经验层出。政府网站提高合格率，只是“底线要求”，政府网站发展的“高线”在“互联网+政务服务”。政府网站不仅仅是做网页，更反映政府在互联网时代的管理水平和为公众服务的努力程度。以“互联网+政务服务”为理念，政府网站正在成为各级政府提升治理能力、推进政务服务水平提升的重要平台，将在转变政府职能、实现治理体系和治理能力现代化的过程中发挥出更加积极作用。

上接“天线” 下接“地气”

2016年9月08日 来源：人民网—《人民日报》 记者：申孟哲

“全国有超过1000万个微信公众号。综合看来，时政类和政务类的微信号活跃度排名靠后。”2015年，国内一位专注新媒体监测和排行的公司负责人曾这样表示。

当然，即使在时政微信公众号这片看上去活跃度并不高的红海内，也存在别样的风景。人民日报海外版旗下的新媒体品牌“学习小组”，仅用两年时间，就积攒了110万“粉丝”，在互联网舆论场内形成了自己强大的影响力。一周前，“学习小组”一篇关于G20峰会的推文，短时间内就收获了百万以上的阅读量。

快速“读懂”总书记话语

“天下武功，唯快不破”。即使在信息爆炸的时代，真正有大事发生时，人们的“信息饥渴”依然不减。

2014年12月31日晚7点，习近平通过新闻联播向全国人民发表新年贺词。当时，“学习小组”的编辑正在苏州与家人度假。听了总书记新年贺词，这位编辑立刻匆匆赶回宾馆，用90分钟写下了对贺词的感受，并在深思熟虑后确定了题目。晚上10点，《习近平新年贺词释放5大信号》正式与“粉丝”见面了。

当时，“学习小组”只有不到10万的“粉丝”。而这篇文章的阅读量冲到“10万+”时，距离推送只过去了89分钟。

从创办开始，“学习小组”就把首要任务定位为传播、解读好习近平总书记的系列重要讲话精神。这不是个轻松的活计：首先，要把总书记的讲话吃透，把握精神；其次，解读要既“快”又“清晰”。习近平总书记与全国200多位县委书记研修班学员座谈。当天新闻联播结束后一个半小时，“学习小组”的解读稿就已出炉，内容准确到位。

能做到快速、准确、深入解读，离不开“学习小组”运营团队长期的积累。

“学习小组”的核心成员，均是人民日报海外版各部门的骨干力量。他们在重大选题的选取、把握、操作方面有非常丰富的经验。团队有一个数据库，每天对总书记的讲话、文章以及涉及总书记的海内外报道进行更新，总书记的所有著作，团队成员们都反复研读。

创新烹饪“融媒大餐”

运营新媒体，需要不断给用户带来新的体验。

“孤山寺北贾亭西，水面初平云脚低。几处早莺争暖树，谁家新燕啄春泥。”稚嫩的童声诵出这首关于杭州的名篇，随后，一幅关于古今杭州的画面缓缓展开。

这是9月1日“学习小组”推送的视频《杭州，千年等一回》的开篇。随后，画面中出现了杭州的志愿者团队、场馆建设以及城市风貌，小切口地展示出这座城市对即将召开的G20峰会的期待。不到48小时，视频阅读量突破600万。

有心的读者注意到，视频结尾，出现了“中国故事工作室”的字样。“学习小组”编辑陈振凯说，这是人民日报海外版今年成立的另一个融媒体品牌，旨在实现报纸与网络、文字与视频等多方面的融合；名字源于习近平总书记非常关注的“讲好中国故事、传播中国声音”。

“中国故事工作室已有3期作品。第一期，解析总书记重要讲话的精髓；第二期，被《学习活页文选》选用；第三期的G20视频，实现了海外版史上首次新闻报道视频化。”陈振凯说。

“一方面，它符合主流媒体的特征，经常发布权威信息；另一方面，它又采用了时尚的传播形式，以最快的速度推送信息，话语非常‘接地气’。”清华大学新闻传播学院教授王君超这样评价“学习小组”。

与“组员”一起进步

“一般的公号，都把订阅用户定义为‘粉丝’，在传播上是‘中心—组员’的架构。但我们更愿意把用户称为‘组员’，每个人都是小组的成员，我们希望他们更有参与性，与我们一起把这个品牌建设好。因为，每个人都对这个国家、对中国梦的实现负有重要责任，这就需要我们不仅能读懂总书记的治国理政思想，更要行动起来，做好自己的本职工作。”陈振凯说。

这样的工作已经在如火如荼地进行。2015年11月，习近平总书记在全国党校工作会议上提出了13个重大的、需要真正解决的理论问题，包括如何看待中国特色社会主义的科学性、如何看待西方所谓“普世价值”等。《求是》杂志刊发这一讲话的当天，“学习小组”就发出文章，号召组员贡献智慧，回答这些问题。短时间内，就收到了大量文字，其中不乏颇有建树的答案。

2015年，以人民日报海外版的“习得——习近平引用的古典名句”系列报道为蓝本，“学习小组”推出了第一部编纂著作《平天下：中国古典治理智慧》。今年，第二部著作也将推出。

陈振凯认为，坚持从用户角度出发，持续给他们新的体验、提供有价值的内容，主流媒体在新媒体舆论场中一定会有一席之地。“‘庙堂之高’与‘江湖之远’，其实距离并没有想象中那么大”。

“手机信访”中青年占主流信访，触“手”可及

2016年9月7日　来源：《人民日报》　记者：张璁

今年7月7日，山东省莱芜市钢城区的崔先生想反映村里无故取消其父亲低保问题，没过多久，信访人就在满意度评价栏目里留言说：“谢谢你们，问题已解决，很令人满意！这个平台很好，应该好好推广一下。”

崔先生想让更多人知道的这个平台是什么？原来，自2016年7月1日起，国家信访局就开通了手机信访平台。崔先生通过登录“手机信访”APP反映问题后，国家投诉受理办公室依照规定予以办理，转交后责任单位当日就出具了告知书，问题就地得到圆满解决。

国家信访局党组副书记、副局长张恩玺介绍，为了适应移动互联的发展形势，进一步拓宽信访渠道，方便信访群众，国家信访局在现有网上信访基础上，研发了“手机信访”平台。该平台包括手机网站和手机客户端，主要具备三项功能：一是可以用手机进行投诉和提出建议；二是可以用手机查询信访事项办理情况并进行满意度评价；三是如果网上投诉注册用户密码丢失，可以用手机找回。

但同时，国家信访局工作人员也提醒信访人，在网上信访中需要注意几点：为了方便投诉受理，信访人通过手机信访客户端注册账户需要填写真实的个人信息；提出的信访事项应当客观真实，并对所提供材料内容的真实性负责；不得捏造、歪曲事项，不得诬告、陷害他人。

通过手机信访还是个新事物，但对于熟悉移动互联生活方式的中青年群体来说却不陌生。据国家信访局统计，在开通手机信访平台的当月，在该平台反映诉求人员的平均年龄为39.4岁，低于通过其他方式网上信访人员。其中，20岁至49岁之间的中青年占80.1%。

“让数据多跑路，群众少跑腿”，把信访工作嵌入互联网，带来的不仅是快捷便利，更是全程的阳光透明。2013年7月1日，国家信访局全面放开网上投诉受理内容，3个月内群众通过国家信访局门户网站提交的网上信访事项就达10万余件次，同比增加了280%。而到了2015年1月1日，国家信访信息系统正式上线运行，依托互联网搭建起集投诉、办理、查询、跟踪、监督、评价等于一体的全国网上信访平台，信访事项的群众满意度评价工作也同步全面展开。

国家信访相关负责人告诉记者，网上信访打破了时间和空间的限制，群众足不出户即可随时随地提交诉求，有关部门及时接收，加快信访事项流转速度，有的当天即可转送或交办有关责任单位，办理答复周期比信访条例规定的时间大幅缩短。2016年上半年，全国网上信访事项及时受理率、按期办结率均在83%以上。

此外，国家信访局微信公众号也已于9月1日开通运行。记者体验发现，国家信访局微信公众号设置有“信访资讯”“信访指南”“网上信访”三项功能。公众通过国家信访局门户网站扫描二维码，或在微信中查找“国家信访局”，关注该微信号，即可在“网上信访”通道提交投诉请求或提出建议，也可查询信访事项办理情况并进行满意度评价。

人在做　云在算

2016年9月23日　来源：《人民日报》 记者：谷业凯

第一书记杨亚群拿出手机，熟练地打开了一个APP，地图上的小蓝点清楚地标注着村里所有贫困户的位置，经过点击和确认，“家里几口人”“人均几亩地”“地里几头牛”一连串数字清晰呈现，结合房屋照片和三维图景，一本有图有真相的扶贫账册便跃然眼前。对杨亚群这样过去“两眼一抹黑”的驻村干部来说，这个“上知天文，下知地理，中知人事”的系统可是帮了大忙，短短几天就能摸清贫困户的基本情况，扶贫工作也一下子有了“抓手”。

杨亚群使用的APP全称是“精准扶贫到户”工作平台，是贵州省国土资源云精准扶贫挂图作战系统的组成部分。提起这个“高大上”的系统，竖大拇指的不止有干部，还有脱贫之路越走越宽的困难群众。家住安顺市西秀区旧州镇文星村的杨仕贤过去靠种油菜和玉米为生，全家一年只有几千元的收入，住的是破旧的危房。贵州省第三测绘院经过实地勘察，将老杨一家纳入了土地整治就地扶贫作战图，通过土地确权和流转，搞集约化经营，让土地实现了规模效益。现在老杨一家可以从土地取得稳定的收入，解放出来的劳动力在镇上找到了新工作，家庭年收入达到了6万多元。西秀区区委副书记任小生介绍说，土地整治让劳动力有了多样化的就业选择，过去很多外出打工的青壮年也回到村里，空巢老人和留守儿童等社会问题得到了一定程度的解决。

贵州省素有“八山一水一分田”之称，山地多，坡度大，地质灾害频发。针对有些地区“一方水土养不起一方人”的实际情况，测绘地理信息部门“不打无准备之仗”，利用增减挂钩易地扶贫作战图，辅助搬迁安置决策。

大数据有大智慧。贵州的“精准扶贫作战图”系统包括八张子图，分别是：贫困县分布图、贫困人口分布图、贫困户脱贫动态图、增减挂钩易地扶贫搬迁作战图、土地整治就地脱贫作战图、地质灾害治理扶贫作战图、扶贫成效考核图和脱贫目标任务图。这些子系统分则自成一体，专精一隅，合则层层叠加，系统制胜。省内的三大测绘院分片包干，按照统一底图、统一平台、统一图例、统一技术规范、统一质量标准的要求，根据各“战区”的实际情况进行有针对性的设计。在具体使用方面，系统既可以对贫困点聚类展示，又能做点距动态统计；既可模拟异地搬迁的路线，又能根据多维数据做分析，最大限度地挖掘测绘地理信息的价值。

贵州省国土资源厅总规划师董晓峰说：“我们在2015年做完了贵州省的地理国情普查，思考怎样更好地运用这些成果，让测绘地理信息服务经济社会发展。”此外，利用测绘地理信息大数据，省第一测绘院在贵安新区打造了基于“1+N+8”模式的互联网云平台——利用1个测绘地理空间大数据平台，建成包括教育、医疗等在内的N个专题分析模块，来实现精准识别、精准帮扶、精准管理等8个精准。这些努力让过去躺在服务器里“睡大觉”的数据焕发了生命力，实现“人在做，天在看，云在算”的愿望指日可待。国家测绘地理信息局副局长闵宜仁表示：“测绘地理信息部门应当发挥自身优势，牢固树立新发展理念，以精准扶贫应用作为切入点和突破口，推动地理信息面向政府管理决策的深层次应用。”

结束了长滩村的采访，记者跟随杨亚群走到村口，打开的APP上清晰地记录着刚才走访贫困户的时间和行进路线。完成了信息的采集和上传之后，她对记者说："有了这个系统，一些干部想在扶贫工作上'懒政'也不容易了。"

激发"互联网+党建"的新活力

2016年4月5日　来源：《人民日报》　记者：李拯

江苏南京，"红旗飘飘"APP让党建工作实现线下线上高度融合；河南南阳，"智慧党建"群众开辟指尖上的互动平台；福建福州，"党员e家"让党心民意在网络平台同频共眼下，越来越多的地方探索"互联网+党建"新模式，在传统党建的基础上培育新的动能，为党建工作创造出新的可能性。

"互联网+党建"，将互联网无远弗届的影响力与及时有效的互动性有机地融入党建工作的节，从而释放出新优势、新红利。APP就像一个个指尖上的"智慧党建阵地"，能够党员宣传政策、推送信息；微信群如同一个个线上"流动的家园"，能够将天涯之员囊括于咫尺之近；网站恰似一个个虚拟世界"交流的场所"，能够让党组织的关每个党员……事实上，"互联网+党建"是推动党建工作信息化的新路径，也是值得索的全新课题。

"互联网+党建"也有着强烈的现实针对性。"四大风险""四大考验"的抽象概括，在现中有着具体呈现。市场经济解放了利益，也松动了欲望；多元社会激发了思想，也"泥沙"。面对利益多样、价值多元，如何加强基层党组织的凝聚力、向心力？流创造了活力，也造成了城乡不均衡，更带来了人口的大范围流动，如何创新党组织方式，从而为流动党员提供有效的服务？问题是时代的声音。这些现实问题的存在明党建工作也应该矢志创新、与时俱进，跟上时代的步伐。

这曾是一个沉重的数据，中央纪委监察部网站推出的一项调查显示，74.1%的网友认为身员干部组织涣散、纪律松弛。数据统计或许存在口径不一的争论，但是基层党组织到的困难，却是一个普遍的问题。正所谓“基础不牢，地动山摇”，“互联网+党建式在各地应运而生，正是对基层党组织建设这个时代课题的回应，它以互联网的无性，为加固党的基层战斗堡垒提供了新的路径选择。

在一些人看来，业务工作是务实，党建工作是务虚。其实不然，“互联网+党建”的新模式建工作与服务党员、服务群众紧紧地结合起来，或是在党建平台开通服务功能，关民营企业；或是在APP上开通留言回复功能，为在外务工的党员排忧解难；或是在网通在线学习功能，为青年党员创造学习机会……通过“互联网+党建”的正向溢出效实实在在的民生红利，为党建工作不断筑牢坚实的基础。

上世纪30年代，电影刚刚传入中国之时，就有人提出，为什么不能把党的主张以声光化电传播出去？走过95年风云激荡的岁月，注重以最新载体宣传政策、加强党建、凝心一直是我们党的一个优良传统。显然，“互联网+党建”正是对这一传统的继承和发必将为党建工作注入新的动力。

互联网助力公共服务创新

2016年2月14日　来源：《经济日报》　记者：陈静

“互联网+”不仅在实现无灯工厂、提供O2O创新、推进精准农业，也在改变公众与政府机构之间的关系和相处模式。

在《积极推进“互联网＋”行动的指导意见》中，益民服务被当做“互联网+”的重要组成部分提出。加快互联网与政府公共服务体系的深度融合，推动公共数据资源开放，促进公共服务创新供给和服务资源整合；加强政府与公众的沟通交流，提高政府公共管理、公共服务和公共政策制定的响应速度；提升政府科学决策能力和社会治理水平，促进政府职能转变和简政放权……这些都被当做创新政府网络化管理和服务的目标。

我国已具备“互联网+政务”的基础。从用户端看，截至2015年12月，中国网民规模达6.88亿，半数中国人已接入互联网，手机网民超九成。在政府机构方面，按照规划，中央部委和省级政务部门主要业务信息化覆盖率超过85%，地市级和县区级政务部门分别平均达到70%和50%以上。

中央网信办信息化发展局局长徐愈将互联网公共服务形容为“信息跑腿”，“作为智慧城市的有益探索和尝试，大大节省时间和人力成本，提升了整个城市运转效率，也提高了政府服务水平与市民的满意度”。但有能力毕竟只是第一步，更重要的是如何能把好事办好。

信息传播的“协同”

2015年12月发布的《关于第一次全国政府网站普查情况的通报》显示，截至2015年11月，各地区、各部门共开设政府网站84094个。其中，普查发现存在严重问题并关停上移的16049个，正在整改的1592个，问题则主要包括信息更新不及时、内容发布不准确、咨询信件长期不回复、服务不实用。

政府网站的不活跃，既来自于技术“短腿”和惰怠心理，也来自网民获得信息方式的变化，他们正在习惯于通过社交网络获得信息。和单纯运营网站相比，公共信息提供者们在微博和微信上则活跃得多。

数据显示，截至2015年9月30日，经过微博平台认证的政务微博达到150131个，其中政务机构微博112602个，公务人员微博37529个。在微信方面，截至2015年8月底，政务民生微信公众号同比新增4.3万个，达到83641个，31个省级行政区和334个地级行政区均开通了数量不等的微信公号，县乡级公号开通比例也达到了50%以上。

这些账号及时发布信息，也和网民进行着积极互动。市场研究机构清博大数据CEO郎清平告诉记者，拿微信公众号来说，2015年政务公众号的阅读数突破“10万+”成为常态。“排名第一的‘共产党员’公号发布2144篇文章，获得了13.7亿次阅读和177万个赞。”政务微信继续展现支撑移动电子政务发展的强大动能，促进了转变政府职能、民生长尾需求集中释放。

清华大学新闻与传播学院教授沈阳认为，2015年政务信息传播上最显著的特点是“轻悦化”，从选题开始就非常重视传播效果，比如会对政策进行大量的解读，“包括很多数据新闻、‘一图看懂’，深入浅出，非常生动，并且能激发网友的自传播”。

不过，郎清平也认为，随着信息传播的多点开花，创新发布形式，促进跨平台联动，加强协同是未来政务信息传播的发展方向。“我们也尝试为政府机构解决信源录入、分发、扩散等全流程的服务。”腾讯政务产品总监赵亚楠透露，腾讯正在尝试一个新的平台，帮助公众账号可以一键建站、生产内容并且将这些内容分享到微信、移动新闻客户端和网站，同时监控内容传播的效果。

而在沈阳看来，协同还不仅仅局限于单一部门的各个传播渠道。“比如可以通过社群或者联盟的方式，实现某系统的协同，甚至是横向协同，在信息传播上协同作战、联合发声。”

服务民生的“触角”

信息传播只是政府公共服务的一部分内容。公安部交通安全研究中心宣教室主任刘艳坦言：“拿交管部门来说，在春运期间，你通过微博微信和客户端发布交通流预判，这是你的信息服务；但你还要通过互联网和新媒体来开展便民服务，比如违法处理、快处快赔，这些会让公众特别感受到公共服务的‘智慧’和‘温度’。”

在微博端，2015年“@交通北京”成为首个上线微博和支付宝双平台服务的委办局。在它的微博平台上，可以实现包括小客车指标、出租车辆、备案停车场等5类查询功能和实时路况、公交地铁换乘、公共自行车等5类交通出行指南。随后上海、广州、深圳、杭州、武汉等地的多个政务微博，也开始添加包括查询、缴费等多项公共服务。

在微信端，微信城市服务自2014年12月在广州率先上线以来，已上线了14个省72个城市，拥有超过3000项服务。拿四川公安微信公众平台来说，微信预约立案、微信约见法官、远程送达、视频接访、庭审网络直播、支付宝支付诉讼费……“指尖诉讼”大大降低了公众的办事成本。

技术创新甚至也在直接提升政务处理的效率。广东省人大信息中心主任黄铁兵表示，在刚刚结束的广东省两会上，一款叫做“蓝信”的手机APP

为代表委员们提供着大数据服务，“比如输入‘农村生活垃圾处理’，就可以查询到之前各次会议上，其他代表委员提交的与此有关的建议，以及包括《广东省城乡生活垃圾管理条例》在内的各种相关文件，帮助代表委员们的每个建议都能‘有的放矢’”。

基于移动互联网的电子政务被称为城市运行管理最前端的“触角”，专家们表示，通过服务创新，它拓宽了已有服务的触达渠道，创新了诸多紧贴民生需求的便民服务，实现了与用户的快速连接，也通过位置服务、移动支付、大数据等手段帮助政府更加便捷地触达公众、采集数据和提供服务。

网上审批激发经济活力

2016年2月14日　来源：中国经济网　记者：刘成

目前，山东省青岛市正在全面推行“互联网+行政审批”服务方式，构建标准明晰、流程规范、服务高效、全程监督的网上审批体系，形成“实体大厅+网上大厅”双重集中统一的行政审批模式，激发了经济活力。

青岛首先确定了网络化服务程度4个标准评级，在此基础上，着力打破数据壁垒，依托电子政务信息资源平台，实现了工商、公安、人社、规划等10多个部门业务系统的数据共享和互联互通，包括法人、企业基础信息资源，以及批文、证照信息等。同时完善了网上身份认证机制，建立了全市统一的网上政务服务用户身份认证中心。

青岛还着力优化审批流程。在内部建立了流程标准化制度，形成预审、受理、审查、办结、查询5个环节。在外部精简流程环节，将申请人的办事流程简化为注册和申请2个环节。通过开通证照快递服务功能，全面实现行政审批和政务服务事项“一条龙”服务。

互联网+行政审批的实施，首先使审批效率大幅提升。网上审批系统运行后，行政审批事项办结时限比法定时限提速50%以上。其中，依托网上审批平台开发建成的企业注册联合办理系统，提高了企业注册效率，平均办理时间由大厅启用时对外承诺的18个工作日缩短至实际仅需1.39个工作日，居全国领先水平。

项目审批速度也大大提高。依托网上审批平台的建设项目网上联合办理业务实施以来，政府投资房屋建筑工程项目审批时限压缩为92个工作日，社会投资房屋建筑工程项目审批时限压缩为69个工作日，工业、服务业项目审批时限压缩为8个工作日，大幅度提升了审批效率。

审批过程更加透明。“互联网+行政审批”将审批事项内容（涉密内容除外）全部公开，企业和群众可随时查阅。审批人员通过网上审批系统对申请事项公开、透明办理，审批过程中申请人可实时了解审批进度，真正做到了“阳光政务”。

群众办事更加方便。网上验证、预约、申请等，保证了提交信息的真实性，让“随时随地”“实体大厅变虚拟空间”成为现实。申请人可不受地域限制，用手机提交申请、了解事项办理信息，审批人员也可异地查阅申请人申报事项、知悉办理需求、及时办理。

银川：奏响智慧政务协奏曲

2016年2月26日　来源：《经济日报》 记者：崔国强

银川推进智慧政务建设后，行政效率大幅提高，目前150多项事项的办理时限由法定的4080个工作日减少到880个工作日，减幅达79%，审批效率提高75%——

简政放权是我国行政体制改革的大势所趋，更是民心所向。

设想一下：企业注册由5天取得“四证一章”压缩为1天，项目投资审批由原来的185个工作日缩减为30个工作日；足不出户，通过APP“刷脸”

就能认证自己的信息，在网上申请会计从业资格证等证书，快递到家……这样高效的办事效率正是宁夏回族自治区银川市智慧政务系统的真实写照。

基于中兴通讯支持的大数据云平台的智慧政务系统和中兴云服务，银川有力推进了跨部门、跨地区的信息交换共享及业务协同，精简审批事项，实行一站式办理，一口受理，集中缴费，为国内智慧政务建设树立了新的标杆。

办事效率大幅提高

在银川市行政审批管理局的企业注册窗口，刚刚拿到营业执照的杨登明兴奋地说："以前申请营业执照时间特别长，得7天左右，还得跑好几次，没想到现在我抽个号就能办，核准名称、提交设立企业资料只用了一天。"杨登明是做饮料生意的个体户，现在申请到银川光合农业科技有限公司的营业执照，用他的话说就是"猴年开门红，真是有盼头"。

据银川市编办副主任周文革介绍，通过中兴智慧城市研究院开发并上线运行的行政审批服务系统，实行车间流水线式审批、并联审批，实现了简单事项"立等即办"，联办事项"并行办理"，关联事项"一章多效"，踏勘验收"联合勘验"。目前，150多项事项的办理时限由法定的4080个工作日减少到880个工作日，减幅达79%，审批效率提高75%。

"除将行政审批事项全部纳入银川市市民大厅办理外，还将社保、医保、住房公积金等300多项公共服务事项纳入大厅办理，实行'一条龙服务'，把市民大厅变成'政务超市'，这样就大大促进了'大众创业，万众创新'。2015年企业注册达到了11831家，同比增长46%；目前，银川市市民大厅共受理办件261万件，办结257万件。"周文革说。

记者在审批管理局的各个窗口看到，通过电子视频监控系统对窗口工作人员的工作行为、服务态度现场实时监控，审批局可以及时发现和纠正行政审批中存在的问题；办事群众可以通过电子评价器现场评价工作人员的服务质量，实现了明明白白办事。

行政审批服务系统还保证了数据的安全存储。在审批管理局的取证窗口，今年23岁的张晓明告诉记者，通过"财政会计考试系统"看到了自己的会计从业资格证，而且网上显示已经存储在数据库里，终身有效。“同学说以前需要带着成绩单、身份证、通知书来领取，一旦弄丢个证件就特别麻烦。现在存在教育数据库里，再也不怕弄丢啦！”

目前，银川已成为中兴通讯智慧城市2.0的重要样板。“之前智慧城市1.0往往是单模块建设，信息孤岛问题普遍存在，比如交通、教育、政务等不同模块的信息资源无法共通共享，而智慧城市2.0是多个模块建设，通过大数据平台实现了所有信息资源的集中与共享。”中兴通讯副总裁鲍钟峻说。

目前，由中兴通讯承建的银川大数据中心一期已经开始投入使用，占地50亩，计划建成1000个机柜，可承载2万组服务器。工作人员说，即将启动的二期工程占地将达130亩，规划机柜为4000个，建成后不仅能满足银川等我国西部地区的需求，服务范围还将覆盖中东、阿拉伯等其他国家和地区。

精准监管执法情况

1月27日，银川市政府将日常经营、职业资质等78个审批项启动审批改备案改革，揭开了以行政体制改革促经济转型的新篇章。

这项备案制的改革离不开大数据的支撑。中兴通讯副总裁尚军告诉记者，“通过全市各部门数据共享的审管互动平台，以信用档案为基础，以大数据为技术手段，实行惩戒与激励并举、行政审批和行政监管协调推进，加强跨部门联运响应，可以随机确定被检查对象、随机确定检查执法人员的‘双随机’抽查，实现了精准监管”。

据尚军介绍，通过大数据平台不仅可以整合和匹配社会服务资源与企业服务需求，为企业提供包括法律、人力、融资贷款、办公应用、产品孵化等打包服务，还能真正整合并深度挖掘政府各局办、银行征信、企业业务及个人社交等各种数据，促进衍生产业的创新，实现城市产业整体转型与升级。

除了大数据开发与应用，“中兴云”目前已经部署完毕所有软硬件，并有500多家企业入驻平台使用。未来还将发展更多的企业用户进驻“中兴云”，2016年将在银川完成1000家企业与3万用户的覆盖，力争在2018年底完成全国1万家企业与20万用户的覆盖。

以“平台整合、数据共享”的智慧城市2.0版本是中兴通讯在银川实践的成熟方案。中兴通讯在银川探索出了“一云一网一图”模式，主要包含大数据中心云平台、智慧网络、城市三维实景空间地理信息系统等。

“一云”就是将城市中可利用的数据资源统一集中到云端，实现城市基础数据融合、多业务海量数据汇聚互通，解决城市各部门数据孤岛问题，构筑城市运营中心，提升城市智能管理水平；“一网”就是建设一张多部门共享的传输和传感网络，通过高速宽带网络实现“地面”和“云端”的直接对话；“一图”则通过建设地上、地面和地下全景真三维实景地图，多种行业应用基于一张图直观呈现并支撑仿真决策，解决复杂大型城市的可视化、动态化管理问题。

技术创新不断推出

凭借持续创新的劲头，中兴通讯智慧城市项目已经遍布全球40个国家，主导参与了140多个城市的智慧城市建设，不仅参与国内智慧城市标准制定，更是全球智慧城市建设的重要参与者与推动者，并多次获得国际权威机构的认可。

银川的智慧政务建设虽然成绩斐然，但在银川市副市长郭柏春看来，还有不少需要进一步完善的地方。“比如大多数部门仍然使用国家部委或区级行业主管部门统一建设的审批专网，多套审批系统并行，加大了信息共享、一站式审批的难度，影响了网上审批的上线率；还有一些审批事项只下放了初审权或部分环节，最终审批核准和发证环节仍然在上级主管部门，企业和群众办事还是要来回跑，影响了审批效率和服务质量。”郭柏春说。

对此，鲍钟峻认为，由各级各类政府部门及公共机构掌握的政务数据，是现阶段我国数量最庞大、价值密度最高的“金矿”数据资源，若能被挖掘利用，将有效提高我国社会信息化水平和全社会发展质量。“未来，中兴通讯将进一步创新大数据和云计算技术，通过合理有序开放政务数据资源及政府购买服务、协议约定、依法提供等方式，依靠公众智慧，推动政务大数据的发展与应用。此外还将以世界电子竞技大赛为牵引，推动大数据与互联网、物联网、云计算深度融合，以数据流引领技术流、物质流、资金流、人才流，力争到2020年大数据及其衍生行业产值达200亿元。”鲍钟峻说。

大别山山区：依托电商平台　带动村镇旅游经济

2016年6月14日　来源：人民网-《人民日报》　记者：郭雪吟

走进罗田县九资河镇圣人堂村，目光自然被道路两旁一栋栋别致的徽式风格“农家乐”小楼吸引，太阳刚落山，许多游客围坐在楼下院子的圆桌前喝着啤酒，桌上的土家吊锅阵阵飘香。

圣人堂村位于大别山主峰天堂寨脚下，风景优美，夏季有惊险刺激的峡谷漂流，秋季有漫山遍野的乌桕红叶，每年都会吸引不少旅客前来游玩。

2002年开始，已有部分有生意头脑的村民瞄准商机，在家里办起了农家乐，为游客提供饮食和住宿服务。

但是，由于圣人堂村地处山区，信息相对闭塞，旅游资源想飞出大山、走向全国并非轻而易举，如何进一步扩大市场，更好地利用自然资源脱贫致富成为村里面对的重要问题。

2015年4月，罗田县获得了湖北“宽带乡村”试点，九资河镇也对境内宽带网络进行了整合改造，4G网络在镇区渐渐普及。当地政府和中国电信罗田分公司合作，于15年年底上线了“互联网+精准扶贫”信息平台——“九资游·党群通”，帮助农村开发资源、对接城市需求、服务农民群众。

该平台推出后，圣人堂村瞄准机遇，鼓励外出打工的村民将自家闲置房屋装修整改成农家乐，上线到“九资游·党群通”平台，并承诺与平台签订合同的贫困农户可获得3年内3万元贴息贷款和2万元现金奖励。

据圣人堂村村支部书记肖春花介绍，如今该村175户村民，120户都办起了农家乐，其中46家经过审核后，已在“九资游”平台正式上线。其中部分农户已通过该平台成功吸引游客入住，完成交易。

胡泊是村里一家农家乐老板，大学毕业后一直在广东打工，看到家乡旅游业逐渐兴旺，14年回乡创业，通过贷款、借钱和政府投资做了一栋26间房，能住50人左右的农家乐，并于15年年底上线九资游平台。从16年1月至今，平台订单已达238单，带来收入2万多元。

46岁的村民陈卫星是村中的贫困户，他原本是一名油漆工，12年出了车祸后落下残疾并失去劳动能力，几年下来因治病欠债十几万。如今，陈卫星通过自筹和贷款，在政府帮扶下将自家的七间房改造成农家乐，上线九资游平台。五一期间，农家乐试营业并迎来第一批客人，短短三天就为陈卫星带来3000多元收入。今年，他在上海打工的女儿也辞职返乡，帮助父亲管理生意。

肖春花说，随着电商平台的搭建，越来越多的村民尝到了回乡创业的甜头。目前该村规模大的农家乐年纯收入可达数十万元，规模较小的一年也能有大几万至十万元的纯收入。去年，该村年人均收入达到9500元，在九资河镇34个行政村中名列前三，成为脱贫致富的典范。

大别山得天独厚的自然资源不仅给罗田县带来了旅游业的兴旺，也带来了丰厚的农特产品资源，如板栗、甜柿等。农业是当地农民的主要经济来源。

然而，由于农民缺乏系统的农业技术指导，农产品产量相对不高；加之山区偏远，信息对接不畅，农产品的销售渠道狭窄，农民收入仍然很低，扶贫攻坚任务艰巨。

白庙河乡跨马墩村村民肖亚林是一名栗农，自家种植近100棵栗树，因为缺乏专业技术指导，如何增产、提高收入一直困扰着他。

去年宽带入户村里，肖亚林也用上了智能手机，并在村委会推荐下开始使用中国电信罗田分公司专为本地栗农打造的手机APP“栗信通”，学习栽培、施肥和去虫害等相关知识，并在线上对板栗专家提问。在科学的指导下，他家板栗年产量由400斤提高到800多斤，收入也由2000元提高到5000元。

今年年初，肖亚林还和负责九资游平台运作的湖北省翼达信息科技有限公司签订了农副产品采购合同。今年板栗丰收时，该公司将统一收购他的板栗，并上线到电商平台售卖。板栗每斤的收购价比他原来自行销售的价格多出近3元。

提到这些变化，肖亚林笑的合不拢嘴。和栗农们一样，越来越多的农户都加入了九资游平台，根据自身情况，将自家农特产品给其统一收购，并上线到电商平台，销往全国各地。目前，已有200多家农户和九资游平台签订了农特产采购协议，出售板栗、甜柿、茯苓、菊花、金银花等多种农特产品，销售额超过40万，切实促进了农户增产增收。

王家铺村是罗田县九资河镇有名的贫困村，交通闭塞，通信条件极差，村民生活非常不便。

山路崎岖，很多地方连摩托车都无法正常行驶，只能依靠步行。从最偏远的农户家到村委会来办事，需要走1个多小时。

宽带工程启动以来，王家铺村245户村民中93户安装了光纤宽带，网速从原来的4M提高到100M。同时，当地政府还免费出资为农户安装了“党群通”高清电视。

据九资河镇镇党委书记彭胜华介绍，“党群通”电视是以高清电视为载体，党务、政务、村务、服务、商务五务合一的全网络党群综合应用平台，拥有阳光政务、精准扶贫、办事在村和视频通话等多项功能。

目前，村民不仅已经可以通过这部网络高清电视了解当地政策、查看扶贫信息、学习农业技术，也能通过它联系村委会，足不出户办理一些日常琐事，生活获得了极大便利。

该村村民王家祥说，自从安装了“党群通”电视，很多事情都不用亲自跑去村委会了。儿子和儿媳妇在深圳打工，常年见不上，通过电视也能经常和他们视频，比以往方便了很多。

和王家铺村相似，谢家小湾村位于黄冈市黄州区路口镇，全村共有200多户居民。2013年，谢家小湾率先在全市开展幸福新农村试点建设，实现了全部光纤到户。目前，全村有120户使用上了“幸福新农村”电视，还安装了视频联户联防系统。

村支部书记谢平安表示，通过该电视，村民不仅可以了解村里大情小事、了解国家政策、学习农技知识、发布农产品供求信息，还能办理社保医保、缴纳水电费、医院挂号等，充分便捷了村民的生活，也帮助了村经济、社会和文化的发展。

大数据，倒逼政务公开升级

2015年11月18日　来源：《人民日报》　记者：张璁

党的十八届四中全会提出了“全面推进政务公开，坚持以公开为常态、不公开为例外原则”。

作为实现国家治理体系和治理能力现代化的重要内容，自2007年颁布了《中华人民共和国政府信息公开条例》以来，我国在政务公开的规范化和法治化上取得了长足的进步，也面临着许多现实的困难与问题。

当前，我国已进入信息化时代，技术的突飞猛进对政务公开提出了更高的要求，也提供了更多的便利。机遇还是挑战，这当然取决于政府部门的把握和应对。

有成绩，也有问题

今年，国务院办公厅政府信息和政务公开办公室牵头开展首次全国政府网站的普查。“2014年底之前，80%以上的网站都存在有办事栏目空白，或者办事栏目内容更新不及时的问题。”作为此次普查工作技术支持单位之一的中国软件评测中心副主任张少彤说。

据张少彤介绍，一些政府网站定位的资源通常为动态信息、领导和机构介绍、政策文件等内容，而公共关注度较高的服务指南、办事系统、热点专题、咨询答复等资源则很难通过搜索引擎准确获得。

当前，我国政府信息公开领域还存在着两个“不对称”，一是公众对于信息公开的需求和政府公开信息的供给存在明显的不对称，二是政府要求百姓提供的信息和政府自身能向百姓公开的信息不对称。

中国政法大学发布的《中国法治政府评估报告（2013）》指出，近年来公众对强化行政权力运行透明度的诉求日益高涨，但在主观方面很多政府官员对政府信息公开重要性认识不足，情绪上有所抵触，将政府信息公开看作是额外增加给政府的负担。

“20多年来，政府信息公开总体上有所进步，主动公开的广度和深度不断增加，依申请公开逐渐规范。”主持该项目的中国政法大学教授王敬波说，“一方面目前政府信息公开条例还只是行政法规，效力层级低，还起不到统领作用；另一方面，现实信息公开中已经出现了一些异化现象，很多地区已经演变成了一种‘信访’。”

政务公开的不完善，容易导致国家出台的一些方针政策、重大措施不能为广大干部群众全面准确地理解和把握，甚至造成一些群众与政府之间出现对抗。提高政府行为的透明度，可以有效提高政府的公信力，促进公众广泛参与的政策形成机制，提高政府施政的民意基础，并进一步消除产生腐败的暗箱环境，推进廉洁政府建设。

数据开放是趋势

安徽省芜湖市曾经每年准备大量资金，对进口国外大宗设备的企业给予政府补贴。可是实际上该地7家进口了此类设备的企业中，只有3家企业了解该政策，其中两家企业成功拿到了补贴，而另一家企业尽管知道政策，但却不知道找谁要，结果导致政府惠民政策的部分资金只能眼睁睁地趴在账上睡大觉，以此鼓励企业进口大宗设备促进生产力提升的效果也打了折扣。“目前政务公开普遍存在发布政策信息时仅仅在各自政府网站上进行简单罗列的现象，而实际的服务对象真正要找政策的时候，却不知道去哪里找、怎么找。”芜湖市政府信息化办公室党组书记承孝敏坦承。

从2007年开始，芜湖市以政务大数据的开放、共享为基础，对政务公开做了顶层设计和规划，将所有公共服务的事项延伸到一个个具体的主体，以实现对每一个居民、企业、社会组织的精准化服务。

在如今的大数据时代，数据开放是在传统信息公开的基础上向前迈进的一大步。传统的信息公开是逐个申请，老百姓申请公开什么，政府给什么，没有申请，政府就难以主动供给。而数据开放则是主动将数据推送，公众需要的信息已经包含在公开共享的数据集里，供公众按需自取。

“联合国将政务公开的发展分为4个阶段：第一个阶段是分散型的信息提供，第二个阶段是政府信息的集中发布，第三个阶段是政府与公众有来有往的电子政务，最终达到的第四个阶段叫联通的政务服务，即打造一个以公众需求为中心，政府围绕这个需求提供政务公开服务。”中国社科院教授周汉华表示，全世界的政务公开呈现出一个非常明显的阶梯式发展规律，但目前发展中国家普遍在后两个应用阶段的政务公开上存在困难，“尽管我们公布了很多信息，但不契合老百姓的使用需求，那么再多的公开民众也感受不深。”

周汉华认为，对发展中国家来说，发展政务公开存在捷径：通过优先发展高阶段的目标，以民众的需求为中心实现数据开放，则能够反过来倒逼和拉动政府的信息公开，“老百姓要用就会自己来查，一查就能带动信息公开。后发国家可以利用数据开放，两步并作一步，实现弯道超车。”

今年8月，国务院发布了《促进大数据发展行动纲要》，其中提出推进公共机构数据资源统一汇聚和集中向社会开放，提升政府数据开放共享标准化程度，优先推动信用、交通、医疗、卫生等20余个民生保障服务相关领域的政府数据集向社会开放。

打破“信息孤岛”

利用数据开放来打造政务公开的“升级版”，实际上存在着两个不同方面的问题：除了推动公共数据资源向公众开放之外，另一个亟待破解的难题是各个部门之间由于条块分割造成的“信息孤岛”效应。

有学者形象地把这种政府内部各部门信息之间壁垒森严的现象称之为“数据烟囱”，意为一个部门一个“烟囱”，“烟囱”与“烟囱”之间互不连通，而且在缺乏顶层设计和统一规划的情况下，信息化越发展就越容易固化这种部门分割的“纵墙横路”。如今许多普通民众在不同部门之间来回开证明的遭遇，以至于“我妈是我妈”式的奇葩证明，很大程度上都是由部门数据割裂造成。

在广东佛山市南海区，全国首个区一级数据统筹机构——南海区数据统筹局已经挂牌成立一年多，那里已经在试水打破林立的“数据烟囱”。目前，南海区建成的数据资源目录平台和数据资源服务平台已经实现工商、质监、劳动、人社等65个单位的数据注册、查询、共享和交换。打通各部门的数据系统之后，大数据应用能够揭示传统技术方式难以展现的关联关系，为有效处理复杂社会问题提供新的手段。“用数据说话、用数据管理、用数据创新。”南海区数据统筹局副局长林莉说，从经验决策为主向科学决策转变，将推动政府管理理念和社会治理模式进步。

《促进大数据发展行动纲要》也要求，加强顶层设计和统筹规划，明确各部门数据共享的范围边界和使用方式，厘清各部门数据管理及共享的义务和权利，依托政府数据统一共享交换平台，大力推进国家基础数据资源和各部门信息系统跨部门、跨区域共享。

在今年5月于国家行政学院召开的“政务公开信息化研讨会”上，多数专家认为以数据开放带动政务公开，进而以应用倒逼政府职能的转型、实现行政流程的再造，这是一条可行的道路。“信息化时代与大数据时代的到来，为信息公开提供了新的发展契机。政府应转变传统观念，顺应时代潮流，着力打造‘互联网+’信息公开平台。”王敬波说。

第十一节　互联网+智能制造

“阿尔法围棋”走向何方

2016年7月8日　来源：《光明日报》　记者：王飞跃

【科技随笔】

尽管对“阿尔法围棋”（AlphaGo）能否代表智能计算发展方向还有争议，但比较一致的观点是，它象征着计算机技术已进入人工智能的新信息技术时代（新IT时代），其特征就是大数据、大计算、大决策，三位一体。

生命是智能之源，著名人类学家和哲学家德日进曾说：“生命就是复杂化的物质。”实际上，就技术而言，智能的实质就是有效地简化复杂性，将其约简到人类可以理解、操作和应用的水平。因此，智能化与复杂性本质相同，“所谓复杂，就是对立统一”。如何从技术上化对立为统一，正是人工智能研究的核心问题。

其实，作为典型的集成智能技术，阿尔法围棋本身在智能理论与方法上没有创新，但在应用和实践上的确是一次巨大的飞跃。其战果主要表明，通过特征提取并形成新的状态和决策空间，即所谓的“价值网络”和“策略网络”，深度神经元网络技术能够合适地简化围棋态势，评估和决策问题的复杂性，进而加强有效学习和深度搜索，最终让阿尔法围棋的深度学习方法取得成功。

七十多年前，关于可计算性的“邱奇–图灵命题”激发了冯·诺依曼的灵感，著名的诺依曼结构应运而生，催生了第一台现代意义下的计算机和后来蓬勃发展的信息产业。今天，阿尔法围棋的成功，也让我们思考：任何机器可求解的复杂性问题和机器可实现的智能化问题，都可通过类似于阿尔法围棋的方法和技术来解决？

毫无疑问，阿尔法围棋不是解决智能问题的唯一途径——按照德日进的观点，充分的可调参数、可变结构和可用资源，一定可以产生智能。因此，上述命题可进一步推广为关于特定问题的通用智能命题：任何有限资源条件下机器可处理的智能决策问题，其算法程序都可以通过具有充分可调参数和可变结构的网络方式实现。

提出智能命题的动机在于强化新IT的时代意识，激发想象，推动整体社会在智能技术的研发和应用上进行多样、深入、全方位的创新与实践。

首先是数据驱动的深度学习的多样化与广泛普及。阿尔法围棋的实践表明，真正的大数据产生于深度分析和深度评估，而非其他过程，而如何将这些数据约减之后付诸解析和行动，是智能技术成败的关键。

为此，我们需要软件定义的虚拟组织，如软件定义的车间、企业等，在此基础上形成“生产”“管理”，以“自我进行”的方式，产生大数据。从这些大数据中提取出特征与规则，然后进行深度学习、规划、决策等等。最后，利用开源、实时的社会媒体与社会网络信息，及时有针对性地搜索针对性的相关情报，通过物理形态组织与软件形态组织的平行互动，形式反馈式的平行智能，实现各类组织的可编程智能化运营与管理。

从技术角度上看，深度学习与决策的普及必然导致平行智能，其核心就是软件定义一切。工业社会是工作自动化的社会，知识社会也必然实现知识自动化。平行智能的深化，必将导致可编程的智慧经济与社会成为现实，使各类组织在面对不定、多样、复杂的问题与任务时，具有灵捷神速、聚焦准确、收敛到位的能力，从而变自然调控的“无形之手”，为智能管控的“智慧之手”。

著名的科学哲学家波普尔认为，世界是由三部分组成，即第一物理世界、第二心理世界、第三人工世界。回顾人类社会的发展，农业社会和工业社会开发了第一和第二世界，而新IT时代，就是智慧社会的开始，其原料和驱动力就是大数据，而核心任务就是构建各种各样软件定义的系统

（SDX），开发人工世界。

在未来的智能世界里，SDX就是一个社会的基础智能设施，如同当代的高速公路、机场、车站、码头、电网、互联网。没有这些设施，一个社会就无法被称为现代化社会。其实，人工智能意味着人工SDX有多广，实际智能才能多深。

计算机围棋程序的开发者之一，著名物理学家格林教授曾认为：对于复杂决策，人很难做到公平优化，最好让人工智能去做。阿尔法围棋的成功，不仅使格林的希望向现实更进一步，也让我们更有信心从智能技术走向智慧社会。

无人驾驶汽车，行稳方能致远

2016年7月15日　来源：《人民日报》　记者：廖政军

核心阅读

最近，美国发生两起自动驾驶汽车交通事故，其中一起导致驾驶员死亡。自动驾驶或无人驾驶汽车的安全问题首次被推向舆论的风口浪尖。据多家行业分析机构预测，无人驾驶汽车作为继手机之后下一个移动互联的主要终端，将是汽车产业未来发展的一个重要趋势。不少专家认为，无人驾驶技术不会因为交通事故而停止不前，技术的进步必然促成相关规则与法律的完善。

首例自动驾驶死亡事故敲响安全警钟

不久前，美国特斯拉汽车公司证实，一辆该公司生产的S型电动轿车在自动驾驶模式下发生撞车事故，导致司机身亡。美国负责监管公路交通安全的机构正在对事故车辆的自动驾驶系统展开调查。这是美国首例涉及汽车自动驾驶功能的交通死亡事故。

事故于5月7日发生在美国佛罗里达州，涉事电动轿车车主、一名40岁美国男子身亡。7月1日，在美国宾夕法尼亚州又发生了一起可能涉及特斯拉自动驾驶系统的交通事故，所幸事故未造成人员死亡。特斯拉方面表示，他们收到了显示安全气囊已经启动的自动报警，但并没有收到显示汽车控制状态的行车记录，而这样的记录能说明自动驾驶系统是否处于开启状态。

美国国家高速公路交通安全管理局发言人托马斯在回复本报记者的邮件中说，该机构将负责“对事故发生时启用的（自动）辅助驾驶功能的设计和性能进行检查”。托马斯同时强调，“展开初步评估调查不应被解读为当局已经确定事故发生车辆存在某种缺陷。”但他也表示，如发现涉事车辆存在安全隐患将下令召回。

7月10日，美国国家运输安全委员会也宣布对该国首例涉及自动驾驶汽车的交通死亡事故进行调查。《纽约时报》评论称，美国政府两个机构职能虽有所重合，但后者更关注于事故原因及潜在危机，其介入更说明当局对事故中涉及的特斯拉自动驾驶技术安全隐患的重视。

无人驾驶正从辅助向部分自动化过渡

事实上，自动驾驶汽车并不完全等同于无人驾驶汽车。一般而言，无人驾驶汽车是一种依靠车内以计算机系统为主的智能驾驶仪来行驶的智能汽车，从根本上改变了传统的“人—车—路”闭环控制方式，越过不可控的驾驶员因素，大大提高交通系统的效率和安全性。自动驾驶则是更多地为汽车加入各种智能辅助系统，让汽车能完成某些特定的“自动驾驶”动作，比如变道、超车等，变得更加的智能化。

特斯拉方面解释说，该公司自动驾驶系统还处在公共测试阶段。特斯拉中国传播总监陶融对本报记者说，自动驾驶是辅助功能，需要驾车人始终把双手放在方向盘上。驾车人在使用自动驾驶功能时，需要保持对车辆的控制。

美国加州大学伯克利分校智能交通系统研究开发项目负责人施多弗指出，自动驾驶其实是一个渐进的过程。实现完全无人驾驶需要经历无自动化、驾驶辅助、部分自动化、有条件自动化和完全自动化5个阶段。尽管自上世纪70年代美国、英国、德国等发达国家开始研究无人驾驶汽车以来，在可行性和实用化方面都取得了突破进展，但当前包括美国、德国、日本的主流车企，以及特斯拉、谷歌、苹果等科技型企业都仍处于从驾驶辅助向部分自动化过渡的阶段。

据美国兰德公司一份最新研究报告显示，自动驾驶汽车测试的总里程还很少，缺乏足够数据来对比这类汽车与传统汽车的安全性和可靠性。

消费者对无人驾驶技术的看法不一。日前本报记者走访了位于洛杉矶市一家特斯拉汽车专卖店，看到仍有不少人前来询价。该店销售员凯丝勒告诉记者，近期销售情况受负面消息的影响不大，有很多人正是冲着自动驾驶功能而来。她说，“我们有义务郑重提醒驾驶员，尽可能在自动驾驶过程中不要手离方向盘。”家住附近的小企业主布朗则告诉记者，他看中特斯拉主要是因为其时尚设计和环保因素，而对自动驾驶功能毫无兴趣。

技术进步必将促使规则与法律的完善

毫无疑问，无人驾驶已成为汽车行业一大热点。在美国，谷歌无人驾驶汽车已获得加州、内华达州等州法律允许可以上路行驶，并已于去年开始路测。最近，德国宝马与英特尔和以色列高级驾驶辅助系统开发商Mobileye也宣布未来将联合开发无人驾驶汽车，将于2021年实现无人驾驶汽车的量产。此前，通用、丰田等传统车企都已表达加快进军无人驾驶汽车领域的雄心。

美国国家运输安全委员会主席哈特表示，自动驾驶技术有很大潜力减少高速公路交通事故的发生，同时也提高了在遇到危险情况时汽车自身能否做出安全判断的系数。

乐视超级汽车（中国）智能驾驶副总裁倪凯对本报记者说，受特斯拉事故影响，美国政府有可能会加大一定的监管力度，但不可能让无人驾驶技术的研发与应用完全停滞，尤其是无人驾驶技术的社会和经济效益都是不容置疑的。美国法维翰市场调研公司的一份报告显示，目前全球无人驾驶汽车市场规模已达50亿美元，到了2035年将达到65亿美元，年均增长率高达56%。届时，新车中的75%将搭载完全自动化的无人驾驶模块。美国IHS

汽车信息咨询公司也认为，未来20年内全球无人驾驶汽车销量将达2100万辆，中国可能会成为其最大的市场。

目前，有关无人驾驶汽车的相关法律法规尚属空白。一旦发生事故或引起纠纷，乘客、生产者该负什么责任尚待明确。不过，技术的进步总能促使各项规则与法律的完善。倪凯说，“眼下无人驾驶技术尚未进入大规模商用，各国政府应该委托产业联盟或由相关产业联盟联合相关企业，进行深度调研，起草相应法律规范，这才是新技术能够长久发展的必要条件。”专家还指出，影响无人驾驶汽车成功与否的条件有很多，但归根结底，安全性最为关键。

物联网：未来家电都懂你的心

2016年7月15日　来源：《新华每日电讯》　记者：苏万明

“主人，您爱吃的芹菜没有了，需不需要下单订购？”青岛海尔智能家电科技有限公司企划部长郭义合的手机发来语音提示。原来，他家的“馨厨”冰箱通过图片识别技术，发现芹菜没有了，便通过海尔优家APP给他发来提示。郭义合回答“是的”，“馨厨”冰箱于是发出订单——冰箱已与苏宁易购、本来生活、蜻蜓FM等联网，芹菜将通过快递直接送到郭义合家里。

这是智能家居生活的一个典型场景。通过近年来的努力，物联网技术日益嵌入人类生活，从智慧家居生活领域逐渐扩展至行业应用、城市管理，与人们生活、社会运行深度融合。其日益进化的“类人”功能，不断改变着人们的生活。

无处不在的家庭应用

不用空调遥控器，只需说声“我热了”

“物联网有三大关键主体——传感器、数据传输通道、数据处理设备。通过三者有机结合，不断创新解决方案，能为人们生活提供越来越多的服务应用。”电气和电子工程师协会（IEEE）院士李世鹏介绍说。

应用需求是物联网技术发展的强大动力。近年来，家居服务是物联网发展最快的应用领域之一。《中国智能家居市场专题研究报告2015》称，2016年中国智能家居市场规模将会出现明显增长，2018年市场规模将达到1800亿元。

海尔集团的U+智慧生活平台是业内物联网生活应用的典型案例。记者了解到，海尔U+智慧生活平台构建起了一个庞大的智能家居生态圈，涵盖美食、安全、娱乐、健康等生活领域，就像给用户打造了一位“管家”：“馨厨”冰箱，通过图片识别、语音识别、电子商务等技术融合，提供自动采购服务；智能防盗、防火和防水，通过手机APP实时告知“主人”家居安全信息；用户在客厅里说一句“我热了”，空调会听到并分析用户以往的温度习惯，自动打开、调整到适宜温度……

目前，国内外众多家电企业和IT巨头均在瞄准智能家居市场：联想创投5亿美元二期基金今年5月初启动，聚焦四方面技术创新投资，首当其冲即是开发智能家居等下一代智能设备；小米公司也推出“米家”品牌——“小米智能家庭”；苹果、谷歌等均大力涉足智能家居市场。

“类人”功能不断进化

让家电能听、能看、会说、能思考、有情感、会执行

近年来，物联网正在不断“进化”，具备的“类人”功能日益丰富，呈现出日益智能化的特点，进一步提升着人们的生活体验。

专家介绍，每个物联网应用方案，主要由三部分功能实现：一是全面感知，即具备各种前端传感器，广泛收集数据。二是可靠传输，即通过卫星、蓝牙、WiFi等实现数据传输和交换。三是数据处理，具备数据分析、决策、执行、互动等功能。

海尔家电产业集团副总裁赵峰说，总体上看，我国物联网生活应用经历了三个阶段，一个比一个先进：

控制阶段，即把手机变成“遥控器”，通过发送短信等方式远程控制家用电器，十多年前便已基本实现；感知阶段，家用电器增加了数据计算功能，如空调实现自动开关；思考阶段，电器实际上成为一个“能听、能看、会说、能思考、有情感、会执行”的“人”。

“它采用了语音识别、图像识别等自然交互技术，以及云计算、大数据等数据处理技术，并融合电子商务等多种‘互联网+’服务解决方案，可以像人一样分析、决策、执行。目前，此类产品多数已开始在企业的实验室里完善。”赵峰说。

如今，不同品牌、不同行业之间的机器正加速兼容、互联互通。

华为荣耀公司总裁赵明表示，华为去年底启动了“华为HiLink计划”智能家居战略，将与越来越多的厂商合作，化解各品牌智能家居APP和产品之间各自为阵、产品互不兼容，用户家电不能很好互相连接、体验大打折扣的问题。

联想集团也表示，将在智能家居领域打造更加智能的连接，让用户能够方便地在多种设备之间迁移和切换。

《中国移动互联网发展报告（2016）》预测，随着语言、手势甚至眼神和意念等交互方式和虚拟现实、深度学习等技术创新推动，硬件之间、网络之间的交互将会变得更为智能。

万物互联前景可期

随着5G、大数据等技术的发展，电器和人将无缝融合

除了智慧家居服务，物联网技术正在不断扩大应用领域，向物联网农业（衣食）、智能交通（行）、医疗保健、政务商务、环境保护、治安及边防管控等领域深度延展。而且，随着5G、大数据等技术的发展，万物互联、万物感知前景可期，电器和人的融合将会更加全面、无缝。

在近期举行的“2016中国国际消费电子博览会”上，记者了解到，一种农业物联网应用，可根据大棚内的温度和湿度，自动卷帘、打开风扇或喷水；一种智能交通解决方案，可实时监测并播报各个路段的交通状况，引导人们选择交通畅通的道路通行；一种智能环保设备，可通过自动采集、分析排污口的水质指标，提示环保部门排污情况；一种智慧医疗保健产品，通过穿戴设备分析用户的运动习惯、血压等规律，并和权威的健康医疗服务信息平台联合，能为用户提供运动方式、饮食习惯的健康指导……

专家指出，物联网要实现万物互联，涉及跨品牌、跨平台、跨设备间的无线通讯，尚需进一步解决关键核心技术研发、提高创新设计能力、强化知识产权应用等问题。

工信部部长苗圩日前表示，2020年我国将实现5G商用。人们相信，速度更快、体验更多元的5G网络，将引领人类进入万物互联时代。

“随着各电子元器件相互兼容和与人交互程度的提升，必将不断拓展赋予平台更强大的功能。其应用平台也将从智慧家居到智慧行业、从智慧城市到智慧国家，越来越广阔和开放，直至成为有机关联社会运行各领域、各个体的互联互通‘全平台’，电器和人、虚拟和现实深度融合，界限进一步模糊。”郭义

现场“定制”圆珠笔，体验啥叫工业4.0

2016年7月01日　来源：《新华每日电讯》　记者：严锋

“智能工厂”被称为德国“工业4.0”实现智能制造的关键。在不久前的汉诺威工业博览会上，汉诺威大学研发人员别出心裁，推出一条智能化的圆珠笔生产线，不少参观者在亲身体验“个性化定制”生产后大呼过瘾。

个性定制共分6步

这条生产线安装在一个100多平方米的展厅里，分六个环节，汉诺威大学研发人员在现场讲解，并引导和辅助参观者完成“智能生产”。

第一个环节是个性化定制。在电脑上填写姓名和电子邮箱即可开始个人定制，共有五个变量或选项：笔头、笔身、笔帽、笔芯和签名。笔头有凸凹平三种选项；笔身则是在一个指定范围的连续变量，靠屏幕上的一个虚拟滑轮左右滑动来控制具体参数；笔帽和笔芯各有红、蓝、黑三种颜色

可选；签名可长达20个左右字符，内容自定。定制结束后电脑会打印一个二维码，其中包含所有定制信息，后续环节均专设二维码读取器。

第二个环节是生成订单。这一环节比较简单，由二维码读取器扫描二维码，定制信息即输入整个生产线。将二维码贴到一个托盘的标定位置，托盘中有一块专门设计的海绵垫，可摆放笔头、笔身、笔芯和笔帽。

第三个环节是生产笔身。扫描二维码后，一台精密车床即根据定制信息对一个不锈钢笔身毛坯进行加工：先将毛坯整体切削至定制粗细，再根据定制在笔身握笔处刨出弧线，然后打孔、扩孔、攻丝，车床舱内几个切割头和钻头来回自动切换，看得人眼花缭乱。最后一道工序是切割，一个明亮精致的不锈钢定制笔身搞定！

第四个环节是组装。组装台上方有数排方格，依次摆放着各种笔头、笔帽和笔芯零配件。扫取二维码后，对应定制零配件的方格即被不同颜色的射灯照亮。体验者取出定制配件摆放到托盘海绵垫上，然后按显示屏提示顺次组装成一支完整的圆珠笔。

第五个环节是激光刻字。扫取二维码，将圆珠笔放入激光雕刻机内。不到一分钟，自选的文字甚至图案即被镌刻在不锈钢笔身上。

第六个环节是检测验收。先把托盘放在标定位置并读取二维码，一只灵巧的机械手伸过来自动抓取圆珠笔，随后将其放入另一侧的质量检测仪中，确认产品质量合格且符合定制信息后，检测仪屏幕上即显示“祝贺”字样，一支如假包换的个性化定制圆珠笔出厂交货了！

符合你审美的产品

研发人员介绍说，这其实是一条科普性演示生产线，为便于参观者体验，特意分成相对独立的六个环节，而且有的工位需要人工辅助操作。

虽然生产线很简单，但体现了工业4.0的一些重要理念：个性化定制和智能生产。换句话说，尽管参观者的定制各不相同，全部可在一条生产线上完成，不需额外增加生产线或设备。这种生产过程中的高度灵活性和机动性，就是“智能”的体现。

特别值得一提的是，笔身握笔处的造型由一个指定范围的连续变量控制，该处笔身的粗细和弧线完全由参观者根据个人审美和握笔习惯来自我设计。由于虚拟滑轮的位置是随机的，从理论上说，这意味着生产出来的每支笔都可能不同，加上激光雕刻环节，可以说每支笔都是独一无二的。如此定制的圆珠笔，既可个人收藏，也可作为小礼品或生日礼物送人，都具有特别意义。记者亲见一个德国男孩很想多做几支，因为人多，被在场的研发人员婉言劝止了。

个性化的需求与成本

博览会还展出了一条定制轨道式接线端子的智能生产线，核心设备是一个八臂机器人。接到订单后，机器人首先确定它能否组装定制的产品。如果能，机器人瞬间就能按定制要求组装出一个轨道接线端子，然后成型、验收。但凡轨道长度、模块数量或模块之间的间隙与定制不符，就不能通过最后一道工序的检测。

有人担心，高度个性化定制可能导致产品售后服务太复杂或成本太高，但从上述两条智能生产线的实际运作看，由于产品有可能出问题的部分均高度模块化，替换更新其实非常便捷。

至于个性化定制需求究竟有多大，业内的普遍看法是，个性化需求固然强求不得，但随着技术进步和消费者要求或品位的不断提高，一个大规模个性化定制需求的时代应该不会遥远。从供给侧角度说，最重要的是，当这个时代真的到来时，生产商是否为此做好了准备。

会说能听的机器，将颠覆现有工业版图

智能制造打造世界经济新未来，人类生活将发生翻天覆地的变化

2016年1月22日　来源：《新华每日电讯》　记者：饶博、沈忠浩

一家工厂里的一个机械手臂突然学会了“说话”。它知道该在什么时候告诉管理人员，“我已经工作太长时间，现在有点累了，干活有点力不

从心”。

管理人员了解情况之后，及时对机械手臂进行检修和维护，既可以防止机械手臂突然坏掉而耽误生产，也保证了机械手臂的工作效果，确保产品质量。

这听起来好像是天方夜谭。然而在德国，人们把信息通信技术与传统制造技术结合起来，通过在机器中安装传感器和无线通信芯片，让机器学会了“说话”——机器所做的每一个动作都会被记录下来，在出现异常的时候能自动报警，使人们能实时监控机器的工作状态，确保机器持续、良好地运转。这就是时下热议的“工业4.0”技术，也是所谓第四次工业革命的重要特征。

正在瑞士达沃斯举行的世界经济论坛年会将主题确立为“掌控第四次工业革命”。其大背景是，全球经济在大宗商品价格下跌、金融市场动荡的背景下依然缺乏强劲复苏动力。与此同时，包括传感器、机器人、3D打印和物联网等在内的新技术层出不穷、日新月异，推动智能制造和工业创新不断向前，给世界经济带来新的希望。

机器“活”了

装上传感器和通信功能组件的机器有了“大脑”“嘴巴”和“耳朵”，变成了能“说”、能“听”、能交流的智能机器。除了能以自己的方式向使用者传递信息外，机器与机器之间也有了相互交流的能力。

在德国传动与控制设备生产商博世力士乐公司的工厂里，人们就可以找到这样“活”的机器。

在一条长达数米的U形生产线上，装有芯片的半成品被放置在上面，生产线上的机器读取芯片数据之后就知道这个半成品需要进行什么样的处理，究竟该在哪个地方装个螺丝，哪个地方装个弹簧等。工位上装有显示器，工人按照显示器提示，为半成品装配好各种零件，经过几道程序的处理，成品就下线了。

工作人员介绍说，单生产线上的零配件就达到2000种。一条小小的生产线，按照需求不同能够生产6个产品族的近200种不同种类的产品。

就博世力士乐而言，“工业4.0”技术带来的好处显而易见。工厂既能削减成本，又能提高生产率，还能完全颠覆传统的生产管理流程，加快产品的研发和更新换代。

革命来了

“活”了起来的机器使得人们长久以来的一个愿望变成现实：低成本的个性化生产。如果说这是智能制造在工业领域取得的令人欣喜的一项成果，以信息通信技术与传统制造技术相结合为特征的智能化浪潮，则将给我们的生活带来一场全面的革命。

世界经济论坛在近期一份研究报告中说，在无处不在的移动网络、更小更强大的传感器以及人工智能和机器学习的推动下，全球已迎来新工业革命引发的经济与社会重大转型期。

早在2011年，德国人工智能研究中心负责人沃尔夫冈·瓦尔斯特尔就在汉诺威工博会上提出第四次工业革命的概念。他那时就发出号召，德国企业必须准备迎接互联网技术发展带来的第四次工业革命。

世界经济论坛创始人兼执行主席克劳斯·施瓦布在其新作《第四次工业革命》中指出，第四次工业革命以新技术的涌现为特点，将不断打破物理、数字与生物等的界限，对世界上所有学科、经济体与行业产生重大影响，甚至撼动人类对自我的认知。

希望近了

一场智能制造革命早已悄然兴起。智能制造不仅能极大降低多样化生产成本，提高劳动生产率和生产质量，同时还能孕育出新的商业模式，颠覆现有的工业版图。

德国SAP公司负责产品和创新的董事会成员贝恩德·罗伊科特告诉新华社记者，第四次工业革命将改变企业与客户互动的方式以及企业的生产方式，还将为企业开发新商业模式带来巨大机遇。这场革命可能完全颠覆传统价值链的某些环节，还将打破工业界限，促使工业融合发展，并带来工业企业良性竞争的环境。

在全球咨询公司IHS首席经济学家纳里曼·贝拉韦什看来，劳动生产率的提高，意味着全球经济将迎来长期增长的良机。他说，近年来新技术出现爆发式增长，随着人们对各类新技术的持续投入，劳动生产率将得到显著提高。这意味着世界经济从长期看将重拾动力。

可以预见，第四次工业革命完成后，人们的生活将发生翻天覆地的变化。那也许是另一种在今天看仍是有些“天方夜谭”的生活：智能冰箱中的鸡蛋和牛奶没有了，智能系统会自动下单买好鸡蛋牛奶并送到家里；坐到汽车里，只需对智能化无人驾驶系统说声去哪，就尽可闭上眼睛休息，让汽车带着你一路到达目的地；在网上看中喜欢的衣服裤子后，按照你的身材比例量身定做的成品，就会在工厂里制作出来……

第十二节　互联网+三农

用移动互联网改变乡村的人

2016年07月15日　来源：《新华每日电讯》　记者：王京雪、李坤晟

下班后，米丹回到宿舍，边写微信公众号的推文，边哭得稀里哗啦。

这个1991年出生，几周前刚从大学毕业、在深圳找到第一份工作的湖南女孩，是家乡湘西龙山县里耶镇比耳村的微信公号管理者。

和她一起经营这个村级公众号的还有另外6个比耳村的年轻人。他们大多已离开村庄，通过微信公号和微信群，参与家乡发生的一切。

6月20日，里耶古镇西水河决堤。米丹时刻关注着微信群里的信息，“在湘西为村群，大家倡议一个村给里耶镇免费供灾民晚餐的饭店配送一天食材，报名的村子很快就排满了一周，群里24小时都有新消息，平时跟你聊天开玩笑的人不断晒各种募集物资的照片、捐款的照片……你看到这些就觉得好感人、好温暖。”她把让自己落泪的种种写入微信公号文章，推送给比耳村的村民。

创建比耳村为村群的，是湖南湘西州扶贫办调研科科长唐其昭。在他的倡导下，湘西州十多个村子参加了腾讯基金会的“为村”项目，有了自己微信群和公众号。这个从事农村扶贫工作多年、去年以前从没用过支付宝、也不了解微信群的地方扶贫干部，现在是整个湘西州互联网扶贫最积极的推行者与实践者。

“我知道互联网可以扶贫，但不知道怎么下手。”曾有做电商的人跟他说，让老百姓按标准生产农产品就行，别的什么都不要管。“过去是实

体商赚农民差价，现在不过是换成电商赚这笔钱，老百姓还是处于赚不到钱的位置，还是远离市场处于盲目生产的状态。我想找的是村民自己广泛参与的平台。”

帮唐其昭找到平台的，是在腾讯基金会做了8年互联网公益工作的陈圆圆。为探索互联网公司如何以企业核心能力助推乡村发展，几年前，她放弃了腾讯企业社会责任总监的职位，跑到贵州山村挂职，“为村”模式就是在一连几年的下乡生活中一点点摸索成型的。

企业职员、扶贫干部、普通村民……移动互联时代，不同身份的人们正围绕乡村搭建一种新关系，他们为同一使命各自努力也寻求配合，偶有争执又互相推动——用移动互联网改变村庄。

一场试验：

互联网企业的乡村公益探索

2008年，腾讯员工陈圆圆以志愿者的身份参与公司公益项目，试图为家乡贫困地区的一所农村小学拉笔钱，建座教学楼。项目执行中，当地政府提出想把建楼钱挪给其他学校用，协商未果，项目失败。

第一次操作公益项目，陈圆圆领悟了一个道理：“做好事，不是你想做就能做成”。企业公益行为涉及很多环节，受制于各种不可控因素，想做好绝不简单。这次不成功的经历，也让她深度参与项目，进而由业务部门调入腾讯基金会，成为一名公益项目的职业经理人，从此研究起如何用互联网助推乡村发展。

“早几年我们没有用上互联网企业的核心能力”，这是之后几年，她在总结所做公益项目时常发出的感叹。腾讯早期在农村做公益的方式大都是捐助学校，能体现出这是一个互联网公司的，大概只有捐建宿舍、教学楼之外，他们还捐电脑和多媒体教室。

一个互联网巨头，只能用这种方式做公益吗？为寻找“互联网+农村”的新公益模式，2009年，腾讯基金会发起筑梦新乡村项目，计划在5年内投入5000万公益资金，定点云贵两县一州进行探索。这次，除了捐钱，他们还把优秀员工派去贫困乡村挂职，提供扶贫智力支持，又跟地方政府合作办各种活动，网上海选艺术节节目、网上票选荣誉村民……

“活动都很成功，也算用上了互联网，但结束就结束了，没法持续发展。”陈圆圆说。“2011年我们整个新乡村项目都陷入瓶颈，挂职干部们带回来的项目虽好，但也还是传统捐赠型的公益项目，几年下来，几千万捐出去，我们始终没用上自己的核心能力去帮助农村发展。”

在基金会考虑是否还需要继续这一项目时，2011年7月，陈圆圆辞去企业社会责任总监的职务，申请去贵州省黎平县挂职。三年后，一场前所未有的试验在国家级贫困村黎平县铜关村展开。

2014年11月，腾讯基金会联合黔东南移动、中兴通讯，一起启动了这场试验：移动公司投入100多万元在铜关村建起一座4G基站；中兴通讯为铜关村捐赠了209台智能手机；腾讯基金会给报名申请智能手机的村民进行移动互联网的使用培训。黔东南移动还向培训合格的村民每月赠送1G网络流量，连续20个月，鼓励他们学会用手机上网。

这个少有人知的贫瘠山村以光速投身移动互联网时代。全国第一个村级微信公众号在这里诞生，村会计在公众号中公开账目，村民在下面点“好评”“中评”“差评”；村支书在公号里写支书日记，村民在后面点赞留言或评论。低保评定结果在公号里公示后，有意见的村民在微信群激烈讨论，村干部在群里回答疑问，解释政策解释到凌晨四点。年轻媳妇们尝试了网购，60多岁的老妈妈学会跟远在东莞的儿子视频聊天，有村民开始用微信卖自家的土特产和手工布艺产品……

“我们证明了可以用互联网为乡村连接情感、信息甚至财富。移动互联网的介入可以在很短时间内改变一个非常偏远的乡村。”主导这场试验的陈圆圆说。他们终于找到发挥腾讯核心能力的“互联网+农村”模式：建设基层乡村的移动互联网能力，通过微信公众号和微信群搭建属于乡村自己的移动互联网平台，为乡村发展连接各种资源，让村民自己创造各种可能。

2015年8月，以铜关模式为基础，腾讯基金会向全国推出“为村开放平台”。

回想当年穿着解放鞋在村里跑家串户的日子和项目差点失败时的无奈与不甘，陈圆圆在微信朋友圈里写道："今天我们真的看到了曙光和希望，让我相信我们所做的一切是选择了正确的方向。变革正在发生，而最让人激动的是，我们正身处变革之中，这是怎样一种难得的机遇和幸运，不能辜负这份时代赋予的责任。"

一堂扶贫课：

地方扶贫官员的思考

2015年秋，陈圆圆应邀到国务院扶贫办深圳培训基地给全国各地的扶贫干部、乡镇长党委书记讲课，湖南湘西州扶贫办干部唐其昭坐在下面听，这次培训原本没有他的事，但听说要讲互联网扶贫，他向领导和组织方争取多要来一个听课名额。

陈圆圆讲了一个铜关村的故事：有人耕牛被盗，失主在微信群里发出追偷牛贼的信息，村民们在群里提供线索，半小时后，30多个民兵在山坡上截住了被盗的牛。这让唐其昭大受触动，他想起湘西农村曾发生过人死7天没人知道的事：祖孙俩相依为命，奶奶去世后，幼小的孙子趴在奶奶身上7天才被发现，"而人家牛被偷了居然还能靠微信群找回来，这么好的东西，我们为什么不推广？"

培训结束几周后，陈圆圆收到唐其昭发来的一个2000多字的文档，讲了他对铜关村互联网扶贫模式的理解，和在湘西推广这种模式的方案。

长年在地方挂职的陈圆圆，对地方基层工作人员形成了并不积极的刻板印象。在讲课的时候，她对自己的演讲到底能多大程度触动学员并没有抱太多信心。

"我很吃惊。他（唐其昭）完全消化了我们这套东西，并且添加了政府方的思考，听我课的人很多，但从没有一个政府官员能想得这样透彻。"

但陈圆圆当时对唐其昭仍然有所保留。贵州的项目看似硕果累累，但她知道，铜关村是腾讯基金会为村项目组倾力推动的结果。当地主动脱贫意愿、利用互联网脱贫的能力尚有不足。

也就是说，如果没有腾讯的支持，铜关村项目很可能难以为继。但全国千千万万个村落，腾讯不可能用同样的力度去支持。“我再也不可能花几年去挂职驻点了。”陈圆圆说。

于是，她用很公关的口吻告诉唐其昭——方案不错。你们先推推看。加油!

陈圆圆没想到，这位个子小小、年逾五十的基层干部，最终能给她惊喜。

唐其昭坚定地认为农村扶贫必须发展互联网。“扶贫搞产业，发展产业的人哪去了？都去打工了，首先你要找到这些劳动力，这需要互联网；卖产品不能用物质短缺时代那套思维搞，要知道别人需要什么，这些信息要靠互联网；知道市场要什么，老百姓生产得了吗？你可以搜互联网看视频学技术，不用像过去那样费时花钱跑去外地。”

他说起城市与农村居民的差距，指出互联网扶贫的重要并不局限于卖农产品赚钱，“网上订票对你们是家常便饭，我们乡下人很多搞不好啊，因为村里没有互联网。农村人需不需要建互联网？这要看他需不需要进城，他的产品要进城，他的孩子要进城，他生了大病要进城，他就需要互联网。”

几经努力，唐其昭的报告受到州领导重视。2015年9月，湖南湘西州在7县1市试点“互联网+贫困村”扶贫开发新模式：“湘西为村”。他们在试点村实现光纤入户和全村WIFI覆盖，选取各村有能力的村民当“带头人”，建立村级微信群和公众号，进行村务公开、打造乡村品牌、销售农副产品……

一支村级互联网团队：

回报故乡的年轻人

在推广“为村”时，很多基层工作人员都有这种想法：腾讯这么大的公司到我们这里来做项目，给些投资和资金支持不是理所应当？

但有了铜关村的经验，陈圆圆认为，长久之计是尽量靠村民自己的努力。

唐其昭常在各村微信群里潜水，观察谁发言有水平，对家乡有情怀，然后就想办法劝说对方加入“为村”团队。

“我总结了一点，在农村建互联网，必须跟村干部是两套人马，村干部村务太忙，一套人马搞不好，“为村”团队必须是一群年轻、有文化、有激情，懂得回报村庄的人。”

湘西州第一个得到“为村认证”的村庄比耳村，就有这样一群年轻人。这支组建于去年年末的7人小队，包括一个70后，两个80后，四个90后，其中两人在镇上工作，另外五人都在外地。

带头人龚辉是团队中最年长的70后，个子不高，干练敦实。他在里耶镇上开着一家酒店，有一定经济实力。

唐其昭在当地搞了一次“为村”培训，地址恰好选在龚辉的酒店，两人偶然相识。在交谈中，唐其昭觉得龚辉是可以信任的人。

现在比耳村公众号的每篇文章，都出自7人之手。最近一次推送的里耶救灾文章，由在北京做旅游规划工作的邹志富、刘洳含策划，编辑是在郴州做文员的米微、在深圳机场工作的米丹和在长沙做广告设计的石亚明，“二当家”龚富财提供现场照片。而龚辉负责全面协调指挥，包括直接与唐其昭联系。

“每篇推文，我们都一起讨论修改，最多一次，一篇文章我们修改了16次。因为大家工作都很忙，经常搞到夜里很晚。”米丹说。

比耳村“为村”团队的7个人，过去并不都认识。“我知道有这么几个大学生出去了。但之前没有见过。”带头大哥龚辉说。

加入团队时，米丹还在读大学。但是唐其昭认为，建设“为村”的最佳人选——在校大学生心无旁骛，又有家乡情结。

因为米丹在比耳村“为村”新建立起的微信群里问了几个相关问题，被龚辉留意到。于是，对方问她愿不愿意一起为家乡做点事情。

现在，7人团队是最亲密的战友。2016年春节，在网上并肩作战两三个月后，他们第一次聚在一起，说起每个人对家乡的情感与愿望。

米丹说她已经记不清当时大家都说了什么，好像就是开着玩笑畅想，谁要为村子做旅游规划，谁负责拉客户，谁找市场，谁找人脉……最让她感动的是老大龚辉的一句话，“他说当你获得的东西到一定程度，你一定要去回报。这是一个轮回。你的家乡、你的父老乡亲就是回报的首要对象。”

“我们在外面，说起要为家乡做贡献，一些人会觉得你在装，其实很多年轻人挺愿意为家乡做点事的。”米丹说，“过去村里的大学生出来后没有机会或平台，生活和家乡变成了两条线，但现在，哪怕我转发一下自己村子的推文、分享村里的微店，就可能有人买点东西，我们村的村民就能受益。”

做公众号、策划活动，找运营商做光纤入户，教村民用微信……没有任何报酬，他们慷慨地支配着自己的业余时间。

几个月前，村里拉光纤网时出了故障，龚辉和龚富财一家一家上门解释、维修。“我们在外面，他们总报喜不报忧。当时我正好回家休假，跟着他们从早上9点走到晚上10点多。他们在村里算成功人士了，平时很受尊重，那天，看他们像小学生一样，背着全是工具的双肩包，被有的村民说一些难听的话……我走在他们后面特别想哭。”米丹的声音发颤，“我后来才知道，他们已经背坏了好几个双肩包。真的，如果不是想要为家乡做点事，我不知道他们怎么撑下来的。”

这是陈圆圆在铜关村试验后，一直寻找的状态。虽然她不知道这是不是最终答案，但比耳村的成绩还是给了她信心。与之相比，铜关村最大的遗憾就是缺少了一批能熟练利用移动互联网的年轻人。

唐其昭也说，现在有外地的扶贫办工作人员向他讨经验。但他一听那种自上而下的旧模式，就连忙摆手说，你们那样不行。

现在，在比耳村，村支书说开会的次数少了，过去需要开会通知的事情，现在可以用微信群，第一时间让村民们知道。村主任石宗兵是最爱用微信群的人之一，作为县科技局技术特派员，他经常用微信群发布病虫害消息，回答村民的问题。吃完饭打牌的人少了，看电视剧的人多了，过去电视台一天只播一两集的剧，互联网电视可以想看几集看几集。有人通过微信公号知道比耳村出产脐橙找上门来，有村民以高于合作社收购价3倍的价格在网上卖掉了2万多斤橙子……

唐其昭最得意的是，现在与比耳村一河之隔的比耳镇还向比耳村讨发展经验。“过去我们穷，一天三餐都是红薯。当年对岸取笑说，不用带手表。傍晚，我们洗红薯的木桶哐当哐当响，他们就知道该放工了。”70后的龚辉回忆说。

今年6月20日，里耶镇遭遇特大洪水。龚辉马上在微信群里通知，他的酒店为受灾的父老乡亲提供免费晚餐，还成立了湘西“为村”救助站。

微信群里全是大家相互打气鼓劲的话语。记者在比耳村公众号里读到的信息是：救灾期间，龚辉的酒店协助政府对镇区受灾群众进行救助，在一周内，同时为其他11个救助点配送食材，还把受捐物资派送到里耶政府廉政食堂继续支持救援工作。

“我们都觉得‘为村’这条路很长，不可能一年就走到多高的高度，我们还有很多东西要去摸索，但我们团队都不急，等时间来证明吧。”米丹爽朗地笑起来，“我们七个人说好了，未来要建一栋房子，一起养老。”

“互联网+” 给农业注入新活力

2016年3月11日　来源：《人民日报》　记者：冯华

“十三五”规划纲要草案中，明确提出要拓展网络经济空间，实施网络强国战略。“互联网+”与农业相结合，将碰撞出什么样的火花？信息化会给现代农业建设、农业供给侧结构性改革带来什么变化？

借助电商平台，城乡之间融合发展

主持人：近年来随着农业电子商务的发展，很多藏在大山深处的农产品飞出了大山，卖出了以往想象不到的价格。怎样看待这一现象？

屈冬玉：农业电子商务发展方兴未艾，既可以帮助农产品开辟新的市场，又可以倒逼农业的标准化、规模化、产业化和品牌化，促进农村的一、二、三产业融合发展。

对农业电子商务的发展形势，我有四个基本判断。一是以农产品为主的农业电子商务现在还是一个起步阶段，2015年，农产品网络交易额占农产品销售额的比例不足5%，与社会消费品网络交易额占零售总额的12.9%相比，份额还很低，发展潜力巨大。二是在“十三五”期间，农业电子商务将继续保持高速发展的态势。三是农业电子商务是“互联网+”现代农业可以率先取得突破的领域，也必将成为农产品、农业生产资料流通的新业态。四是农业电子商务不仅促进销售，更重要的是有利于推进农业市场化，推动农业由“以产定销”转变为“以销定产”，对农业供给侧结构性改革具有重要意义。

“互联网+”现代农业，提供弯道超车新机遇

主持人：“互联网+”现代农业是当前的一个热点话题，“互联网+”现代农业，最应当“加”什么、怎么“加”？

屈冬玉：农业电子商务是“互联网+”现代农业的一部分，但推进“互联网+”行动计划，只做单一的电子商务或者单一的公共服务是不够的，互联网要融入农业、农村、农民的生产、生活、生态、生命，要为“四生”服务，这才是真正的互联网时代的生活。当前，互联网恰恰给我们提供了一个实现弯道超车的历史性机遇。

刘强：我理解的“互联网+”现代农业应该是从几个层面去“加”。一是生产层面，运用互联网和物联网相通，加强对养殖业、种植业生产情况的了解，还有远程监控和指挥，解决生产什么、怎么生产的问题；二是物流层面，农产品出来之后需要物流，智慧物流、网上信息发布等都十分重要；三是营销层面，要促进电子商务的蓬勃发展。

赵春江：我认为“互联网+”现代农业有这样三个特征。一是信息作为一个要素，参与到生产生活各个方面；二是信息和生产、经营等一系列的活动深度融合；三是通过这种融合，形成一种新的发展模式，甚至一些新的业态。

电商、物联网、大数据、信息服务齐发力，推动现代农业发展

主持人：推进“互联网+”现代农业，当前迫切需要解决哪些问题？

屈冬玉：首先是解决基础设施的问题，其次是解决农民现代信息技术应用和培训的问题。城乡数字鸿沟最大的差距表现在基础设施方面，工业化、信息化、城镇化和农业现代化要“四化”同步。

目前农村仍有约3.8万个行政村没有通宽带，还有约70%的农民没有使用互联网。网络信息体系不连通，孤岛现象较为普遍。农业物联网设备没有实现量产，成本偏高，农民用不起、用不上。农村公共信息村级服务站建设和设施设备配置滞后。

主持人：农业部今后如何推动落实“互联网+”与农业相结合计划?

屈冬玉：农业部今年要深入推进“互联网+”，即将出台“互联网+”现代农业的三年行动实施方案。从现阶段看，首先要加快发展农业电子商务；其次是深入推进农业物联网示范应用；第三要抓紧实施农业大数据工程；第四要大力提升农业信息服务。

乡村+创客如何更美好

2016年1月18日　来源：《光明日报》　记者：龙军、禹爱华

不久前，以“创客，让乡村更美好”为主题的世界创客大会·开慧论坛，在湖南省长沙县开慧镇举行。这是全国首个以乡村为主题的创客大会，举办了创客论坛、交流舞会、创客集市及创新圆桌会等系列活动，并颁发了国内首个乡村创客奖。

世界创客大会为何要选择乡村为主题？乡村创客有哪些创业瓶颈？“互联网+”如何为乡村注入发展新动能？记者采访了相关人员。

创客最大的空间在乡村

“在创新驱动农业现代化的背景下，古老而孱弱的农业，蕴藏着巨大的创新与发展空间，甚至可以说，农村就是最大的创客空间。”世界创客大会的发起人之一刘玄奇表示，无论是资本下乡、农村电商，还是大学生

返乡创业，都需要各个领域的创客，将符合农村实际和市场需求的新技术、新思维链接到农村，农村需要“创客”们来引领发展潮流。

事实上，乡村创客们早已行动起来。去年秋末冬初，湖南省通道县的特色水果“黑老虎”就要成熟上市了，黑老虎专业合作社社长杨昌宏悠然自得，4万斤的出产量很早就被客户预订一空。尽管售价达到40元/斤，依然供不应求。从事了11年网络运营的杨昌宏，也将互联网思维用到了项目中，“采用的就是小米模式，从建立生产基地到产品研发再到建立物流平台，最后直接到达客户。”杨昌宏十分喜欢“乡村创客”这一称呼。他说，不仅仅是推销家乡的特产，而且更重要的是通过技术创新，不断优化改良培育品种，让“黑老虎”不再稀缺。

多位投资界人士接受记者采访时提出，目前越来越多的人群和机构，开始关注农村市场。返乡创业青年已成为当今农村发展中最有生机、最重要的一股力量，因为他们具有新的理念、新的知识，甚至有一方面的技术才能。他们随时掌握信息，让农村发展和城市发展相适应。

湖南省内某零售企业高管邹艾华辞职后，开始专职通过网络卖山货野味，并创建“山哥来了”品牌，“饱腹之外，能解乡愁”，邹艾华希望通过寻找大山深处的野生食材，唤起人们儿时的记忆。

天使投资人、今朝会创业服务公司董事长曾勇，面谈过的创业项目千余个，对湖南的创客生态颇有了解。他表示，目前乡村创客项目的具体方向和商业价值主要在农村电商、生态旅游、生态农业、手工艺和土特产等几方面。在他看来，乡村创客更多的社会价值是如何让乡村更美好。

刘玄奇认为，说是乡村创客，并不代表就是纯粹的农业项目，至少不能完全局限于农村，而只是从农村出发，连接到城市各个领域，从而实现城乡一体，“乡村创客项目，如果做不到城乡共生体，它肯定没有未来。”

创业最大的困难是资金

互联网思维、新技术、新理念等是农业“创客”们立足武林的刀剑，而资金是他们创业路上最大的“拦路虎”。

湖南省新晃县侗藏红米传承人姚茂洪，就因为资金短缺走到了山穷水尽的地步。曾是公务员的他，“务农”后成立了专业合作社，带着乡亲们奔走在致富大道上，红米亩产收入从1000元提高到2000元。天有不测风云，2014年12月，项目投资资金链断裂，“由于合作社规模有限，加之宣传推广跟不上，经营状况不良，银行根本不贷款，民间借贷又承受不起，合作社运营就此停滞。”

在这方面，杨昌宏也有亲身体会。2015年10月12日，想到银行贷款30万元的他吃了闭门羹，“做农业很难贷到款，因为贷款一般有抵押和公务员担保两方面的要求，但‘创客’创业所用土地，往往是租来的，不能用作抵押。”一面是产品供不应求，另一面却是没钱扩大种植面积，杨昌宏一筹莫展，“贷不到钱，就只能出让部分公司股权了。”

厦门大学民间工艺和现代设计研究生毕业的粟立敏，今年30岁了，接触手工艺制作有11年了，她在家乡湖南省怀化市开了一家实体店，起了一个相当文艺的名字，叫“故乡盒子”，“不仅要将故乡的民间工艺装到盒子里，还要将故乡的精神文化装进来。”大小不一的盒子里，除了可装进具有当地文化特色的工艺品，还装了纯手绘的旅游攻略、具有民族元素的衣服、小饰品等文化创意产品。“现在很多民间工艺濒临失传，年轻人已很少有人愿意来做了，但我爱这一行。”粟立敏表示，11年来，她一直在坚持着做这件事，花费了很多时间和精力，这次来参加创客大会，就是希望找到愿意投资的企业或机构。

给乡村创客添把柴

教育程度高、学习能力强、乡土情结浓、熟悉机械化和规模化经营、精通并善于利用互联网思维，是这一批乡村“创客”的共同点。

然而，他们做的事风险也很大，怎样才能让创客在农业创业中成功，成为推进农村经济发展的新力量？受访人士各有心得，湖南大学科技园君定众创空间创始人萧帆认为：“创业个体的心态十分关键，不要幻想着一夜暴富，如果看好了农业发展的前景并投身农业，就一定要耐着性子坚持下去，必须务实肯干。同时，政府部门也要加强政策扶持，解决小微企业尤其是农业创新企业融资难、融资贵的问题。”

2014年年末，国家出台《关于引导农村土地经营权有序流转 发展农业适度规模经营的意见》，明确土地流转和适度规模经营是发展现代农业的必由之路，提出鼓励创新农业经营体制机制，并拨付资金及补贴。湖南省也出台了系列倾斜政策惠及农村。日前发布的《湖南省实施“互联网+”三年行动计划》中，明确提出，将大力促进互联网与农业融合发展，探索智能农业发展新模式。

此外，最近3年，湖南省还将培育新型职业农民10万人。农机购置补贴、贴息创业贷款及农业保险等相关支持政策，也将向农村倾斜。

“政府还需提高‘返乡创客’创业扶持政策的针对性。”有专家直言不讳，“现在相关政策制度还不够完善，应该进一步细化相关政策，针对‘乡村创客’们的要求完善金融支持、创业服务，营造一个宽松、优越的土壤，真正把他们培养成推动新型农业发展和新型农村建设的重要力量。”

第十三节　互联网+安全观

只有确保安全，才能推动更多企业采用云服务。

云安全正在成为下一代网络安全防护重点——

云安全：融合面对未来

2016年8月9日　来源：《经济日报》　记者：陈静

云服务越来越成为水、电、气一样的计算基础资源。

来自市场研究机构Gartner的数据显示，全球公共云服务市场规模今年有望达到2040亿美元，较去年增长16.5%。而来自亚马逊的最新财报更显示，亚马逊今年第二季度云业务营收达到28.9亿美元，同比高速增长58%。

从10年前谷歌正式提出“云计算”的概念开始，云服务正在不断改变企业的运营模式。可扩展性、弹性和成本降低都是云服务的优势所在，但企业对采用云服务仍有担忧，其忧虑的根本来源就是“云”上的安全问题。作为信息安全领域重要行业会议的C3安全峰会上周举行，与会厂商和专家表示，随着产业互联网和物联网的不断拓展，云安全正在成为下一代网络安全防护的重点。

企业上“云”，对网络安全提出了怎样的新要求？又给整个信息安全产业带来了怎样的变化？

从“家庭防盗”到“银行防护”

“作为自主研发的安全虚拟化桌面系统，我们新发布的麒麟安全云桌面不仅解决了国产CPU、国产整机、国产操作系统和应用软件的适配兼容性和自动升级问题，更重要的是也提升了云服务的安全等级。”湖南麒麟副总裁任启这样告诉记者，安全云桌面正是国产厂商为解决信息系统安全保密要求的创新实践。

为什么会有这样的实践？亚信集团董事长田溯宁有个形象的比喻："传统的IT架构，像是你把钱塞在枕头底下，而云服务相当于你把钱存在银行里。"然而，和普通家庭的防盗相比，银行的安全防护显然更加困难。

这种困难一方面体现在安全边界变得模糊。腾讯网络安全玄武实验室掌门人于旸表示："虚拟化网络中，网络通信不再通过交换机和网线，直接在内存中发生，云使得网络不再有清晰的边界。"在另一方面，云服务的低廉成本和对数据汇聚的巨大优势，也使许多过去缺少网络安全经验的小微企业和政府部门汇聚到云上。田溯宁也坦言："很多政府部门连邮件系统都建设不好，现在所有业务要数据化云化，只能依靠厂商提供整个安全防护体系的解决方案。"

从云计算现阶段的实践来看，不少企业还选择了"公有云+私有云"的混合云服务，这让情况变得更加复杂。亚信安全云与虚拟化安全专家罗海龙告诉记者："这相当于打通了企业的私有数据和互联网的绝对通道，甚至有可能要在私有云里面和公有云进行通讯，对安全也是巨大的考验。"

新的挑战让安全厂商做出了新的应对。从技术上来看，云安全厂商魔力象限亚太区系统工程部副总裁约瑟夫·格林认为，需要建立高度自动化的云安全预防措施。"因为攻击者针对云的工具是高度自动化的，甚至只需要花费几十块钱然后轻轻一点，几秒钟内便可激活成百上千次代理程序的运行，而很多企业却只能手动应对。"而从运营模式来看，目前云安全市场同样百花齐放，在安全云桌面外，还包括利用云安全技术强化威胁应对能力，独立向用户提供安全服务的运营模式，也包括搭建云安全开放平台，向用户提供"即需即用"云安全服务模式。"企业必须学会在云上设防，创造安全的云端基础环境。"腾讯董事会主席马化腾如是说。

"多管齐下"的整合前行

"随着金融创新不断发展，原有的边界正在被打破，随着云对数据的打通，信息安全问题不仅出现在保险公司端，也出现在保险公司的协作端，这就意味着要从制度和技术体系下，实现联防和协防来提高保护。”中国保监会吴晓君表示。

吴晓君的话正说明了云安全的一大趋势：生态圈的整体融合。专家们表示，云安全生态圈的融合不仅仅是网络安全厂商优化资源、提升竞争力的举措，同样也是防御网络攻击的必然需求。

在资本层面，融合让云安全领域的收购与结盟变得愈加频繁。在国际市场，微软分别收购云安全厂商Aorato和Adallom，思科宣布将斥资2.93亿美元收购云数据安全初创公司CloudLock。在国内市场，去年9月亚信科技与趋势科技联合发布公告，亚信科技收购趋势科技在中国的全部业务，包括核心技术及知识产权100多项，同时建立独立安全技术公司亚信安全。海通证券在其研报中表示，“云安全、移动和物联网安全、工控安全等，为安全厂商外延布局提供了机会，大型安全厂商平台化发展将被收购企业以模块化的形式嵌入自己的平台，这是大势所趋，行业将迎来新一轮并购浪潮。”

在资本之外，技术上的共享合作与产品上的开放兼容同样重要，比如态势感知与威胁情报的共享机制，以及云数据中心基础设施中实现威胁防御的智能联动。腾讯云鼎实验室负责人董志强表示，下一步的重点工作，就是联合各大厂商建立威胁情报驱动的协同防御体系，分享情报数据，同时携手构建攻防一体的安全生态。

而在政府管理部门层面，同样力图构建信息安全的生态体系。“未来要继续从政策、资金和产业推进等方面，大力加强力度，加快推进面向云计算、大数据、移动互联网等新型安全技术的研发和产业化。同时建立标准体系，壮大公共安全产业和服务体系，充分发挥网络安全产业联盟、骨干企业和用户单位的作用，促进产业链协同攻关。”工业和信息化部信息化和软件服务业司巡视员李颖表示。

网络支付实名制，推进难点在哪里

2016年6月30日　来源：《新华每日电讯》　记者：吴雨

当前，微信红包、扫码支付、手机转账等网络支付已成为百姓日常消费必不可少的一部分。中国人民银行去年12月28日发布的《非银行支付机构网络支付业务管理办法》将于7月1日起正式实施。按照新规则要求，实名制能否顺利落地成为公众及业内普遍关心的问题。

机构推进实名制各施其招，消费者为何犹疑不前?

最近几个月，北京市民王先生和他周围的朋友陆续收到支付宝发来的实名信息补录的消息通知。自3月21日开始，支付宝已陆续向客户发出公告和短信，邀请客户补全身份信息。与此同时，QQ钱包为完成实名信息补录工作，甚至发出实名奖励红包，利用“红包”这一社交工具，引导用户补录。

“我知道实名制有好处，但现在信息泄露问题也很严重，补录个人信息让我不太放心。”王先生对实名制表示了担忧。

像王先生这样担忧的不在少数。有专家认为，现有的网络支付环境的确存在较大风险，易滋生欺诈、洗钱、盗刷等风险。为尽量避免风险，网络支付实名制就显得尤为重要。中国支付清算协会秘书长蔡洪波强调，坚守支付账户实名制，与买车要上车牌、住酒店要出示身份证是一个道理，可实现信息可追溯、责任可追查，这是社会安全管理的基本要求。

正基于此，管理办法加强了实名制要求，并对个人账户实行分类管理，验证渠道不足5个的账户不能投资理财、交易额度只有10万元。之后，不少支付机构积极对接公安、教育、财税、银行、铁路等掌握大量用户信息的部门，极力推进实名制工作。

实名制落实形势严峻，推进难点在哪里？

中国支付清算协会发布的数据显示，截至2015年底，我国实名认证支付账户为13.46亿，同比上升8个百分点，刚过支付账户总量的一半，实名制落实形势严峻。

据介绍，目前市场上拥有网络支付牌照的支付机构有117家，像支付宝、财付通等机构实名制推进速度较快，甚至有的机构实名制已达到95%，而更多规模较小支付机构的推进情况却不乐观。

网络支付实名制是一个有利市场健康发展、有利百姓消费和支付安全的好事，为什么推进慢，难点在哪里？

难点一：网络支付账户实名制验证牵涉机构较多，机构之间的沟通也差强人意。“外部验证的渠道比较丰富，主要难在支付机构后台交叉验证的支持上。”蔡洪波说。

难点二：移动支付发展迅猛，电信运营商对手机号码、SIM卡发放尚未完全实现严格的实名审核。中国支付清算协会副秘书长王素珍表示，这也为实名制推进、交易风险识别留下隐患。

难点三：有央行人士告诉记者，一些规模较小的网络支付机构在技术风控领域的投入严重不足，系统存在漏洞，可能会给实名制后的消费者资产带来安全隐患。相关统计数据显示，2015年有近200家网上商城或支付平台被暴存在安全漏洞，导致数据库信息被窃取。其中，多家网站泄露的用户信息达到数百万条，最多的甚至达到上千万条。

难点四：许多消费者对实名制的重要意义认知不足。

欠账太多难一蹴而就，实名制尚需多方努力

由于之前网络支付实名制欠账太多，落实起来很难一蹴而就，因此，还需多方努力方可让新规“圆满”。

目前，市场上有牌照的117家支付机构中，规模列前十的占据了市场份额的80%以上。由于支付机构实力相差悬殊，专家认为监管不能“一刀切”。

蔡洪波表示，在严守风险底线的前提下，应充分发挥账户分类管理的作用，引导机构根据自身能力开展业务。给予支付机构中的“好孩子”更充分的信任，对实力不足的机构限制其业务种类和额度，让“好孩子”不吃亏。

实名制的落实是长期工作，需要相关部门相互配合。中央财经大学中国银行业研究中心主任郭田勇表示，实名制等支付新规的落地，需要公安、司法、工商等相关部门加大合作，将手中的权威信息转化为大数据。

第三章

Chapter 3

N+ 双创

第一节　精彩点评

创新，点燃中国经济新引擎

2016年3月6日　来源：《人民日报》　记者：刘志强、姚雪青

“创新是引领发展的第一动力”，去年两会期间，习近平总书记在参加上海代表团审议时提出了这一重大论断。

“必须把创新摆在国家发展全局的核心位置。”党的十八届五中全会上，以习近平同志为总书记的党中央对创新的地位和作用进一步“定调”，创新发展被列为新发展理念之首。

党的十八大以来，创新驱动发展战略在神州大地落地生根，引领中国经济不断向前。如何点燃创新这一发展新引擎，成为代表委员们热议的话题。

创新，应对经济新常态

不少代表委员认为，创新发展已成为决定我国发展前途命运的关键、增强我国经济实力和综合国力的关键、提高我国国际竞争力和国际地位的关键。

放眼世界，创新尤为紧迫。“美国实施再工业化战略、德国提出工业4.0战略，世界范围的新一轮科技革命和产业变革正蓄势待发。”江苏徐州市委书记张国华代表认为，要紧扣时代脉搏，实现“从后发到先发、从跟跑到领跑”，就必须赋予创新更重要的战略地位。

立足国内，创新是必由之路。中国企业家调查系统秘书长李兰委员表示，目前，我国经济发展步入新常态，要从根本上解决我国发展方式粗放、产业层次偏低、资源环境约束趋紧等问题，兼顾发展速度与质量、统

筹发展规模与结构，关键是要依靠创新转换发展动力。

“有专家指出，一国经济发展有生产要素导向、投资导向、创新导向、富裕导向这四个阶段。”海尔集团轮值总裁周云杰代表认为，改革开放以来，我国先后经历了前两个阶段，“现在，依靠低成本要素和投资拉动已经难以为继，应当尽快转为创新驱动。”

创新，助力调结构促转型

代表委员们认为，创新发展有利于支撑中国经济有效应对下行压力、保持“中高速”；有利于助力中国经济调结构促转型、迈向“中高端”。

春江水暖鸭先知。作为创新主体，在市场中拼杀的企业对创新的体会最直接也最为真切。

“互联网+汽车”“互联网+装备制造”……抓住新一轮产业革命机遇，“互联网+”让传统制造业向着价值链高端努力攀登。“我们通过打造互联网工厂，让用户参与到设计、生产的全流程中，变大规模制造为大规模定制。”周云杰表示，制造模式的变革能大幅提高效率、降低成本，目前海尔的产品开发周期缩短20%以上，交货周期缩短50%以上，全流程运营成本下降20%。

对一座城市而言，创新也是开启产业转型升级美好未来的一把钥匙。张国华表示，徐州市的传统产业结构以重化工业为主，比重较大且面临着产能过剩的挑战，“要振兴像徐州这样的老工业基地，关键在于找到产业升级的有效方法，那就是充分激发创新驱动这一原动力、实现发展动能的转换。”经过不懈努力，目前徐州市的高新技术产业产值占规模以上工业比重已达36.2%，较2010年提高15.4个百分点。

一个个市场细胞的创新热情，合奏出产业提档升级的强音。近年来，企业的投入强度快速增长，开展研发活动的企业比5年前增长一倍以上，专利量质齐升；科技进步对经济发展的贡献率已由5年前的50.9%增加到55.1%；去年我国高技术产业增加值增长11%，超过规模以上工业增速4个百分点。

创新，呼唤改革再发力

创新是发展的新引擎，改革则是发动引擎的点火系；创新要更给力，改革需再发力。采访中，代表委员们为打通创新堵点、激发创新活力出谋划策。

创新归根到底是人才创新，创新驱动归根到底是人才驱动。“创新人才不足，是制约新兴产业发展一大瓶颈。”张国华认为，解决这一问题，关键在于赋予创新领军人才更大的人财物支配权、技术路线决策权，让他们充分释放才能和潜能。

“在企业内部，传统严格的科层制下，员工自由度较小，缺乏自主性和创造力。”在周云杰看来，这就需要企业对管理模式进行变革，变封闭的科层制为“共创共赢的生态圈”。目前，海尔正从产品制造企业向孵化创客的平台转化，让每个员工由雇佣者、执行者变为创业者、动态合伙人，每个小微创业团队自挣自花，还积极引入外部风投，创新活力被充分激发出来。

“市场配置资源的作用发挥得怎样、简政放权能否深入持久等，直接决定了创新的活跃度。”张国华表示，今后改革应聚焦于营造创新创业的良好生态上，一方面，应深化科技创新体制机制改革，健全科技公共服务、科技金融服务、知识产权服务“三大平台”，打通科技和产业、人才、金融之间的“通道”，另一方面，应继续深入推进简政放权，进一步为创新创业主体提供零障碍、全过程、专业化、低成本、高效率的优质服务。

经过走访企业，李兰发现，当前我国企业在创新上还面临着比如资金来源相对单一、创新风险与收益不对称等一些亟待解决的问题。为此，李兰建议，未来应采取发展以股权众筹为主的互联网金融、发挥天使投资创业初期的关键作用、发挥“新三板”作为中小微企业重要融资平台的作用等措施以完善企业融资渠道。

商事制度改革激发创业“引力波”

2016年2月23日　来源：《经济日报》　记者：佘颖

商事制度改革实施两年多来，我国新登记企业数量屡创新高。改革降低了创业的制度成本，改善了我国的营商环境。原本在国家工商总局办理的企业注册和变更，90%以上都已下放到企业所在地。改革还降低了企业进入市场的门槛，激发了市场主体的活力—

在2月22日举行的国新办新闻发布会上，国家工商总局局长张茅表示，我国实施商事制度改革两年多来，新登记企业数量屡创新高，2015年平均每天新登记企业1.2万户，比2014年提升20%，远高于改革之前的6900家，特别是通过一址多照、一照多址、商务秘书公司、电商集群注册等改革举措，促进了众创空间、创客工场等新产业、新业态、新模式的发展，推动我国进入创业创新的繁荣阶段。

降低创业制度成本

过去，设立一家企业需要先办理各种许可证，再申请营业执照，程序十分复杂，有的企业三五个月也办不下来。据张茅介绍，作为商事制度改革的重要部分，“先照后证”改革将152项工商登记前置审批事项调整或明确为后置审批事项，取消了40项，只保留34项，大部分的行政审批从事前改到事后。

2015年，国务院又决定在上海自贸区试点“证照分离”，进一步深化“先照后证”改革。证照分离就是把企业主体资格和经营资格相互分离，进一步简化事前审批和事后审批，有些改为备案制，有些改为承诺制。

与此同时，国家工商总局也主动下放权力。过去在工商总局注册的企业将近2000家，尤其是央企，都必须在总局注册。商事制度改革以后，原本在总局办理的注册和变更，90%以上都已下放到企业所在地。“下放工作还要继续进行，在工商总局注册的企业基本上都要下放到地方。”张茅说。

“三证合一、一照一码”改革则着眼于工商注册便利化，把过去的营业执照、税务登记证和组织机构代码证合成一个营业执照，使用一个统一的社会信用代码。过去企业要跑3个部门，现在只要跑工商部门登记就可以了，极大地节省了企业的注册成本。截至2015年12月底，全国累计核发“三证合一、一照一码”新营业执照350.9万张。

改革降低了创业的制度成本，改善了我国的营商环境。根据世界银行营商环境报告显示，商事制度改革这两年，中国营商环境排名每年提升6位，目前在189个经济体中排名第84位。去年上半年中国科协组织了第三方评估，显示2015年商事制度改革推动GDP增长0.4%。

新兴业态增速迅猛

商事制度改革降低了企业进入市场的门槛，激发了市场主体的活力。2015年，微观市场主体特别是新设企业较快增长，成为我国经济发展中的一大亮点。来自国家工商总局的统计显示，2015年全国新登记企业443.9万户，比2014年增长21.6%，注册资本（金）29万亿元，增长52.2%，均创历年新登记数量和注册资本（金）总额新高。

张茅认为，改革更为重要的作用是促进全社会创业就业观念的改变，大众创业、万众创新的氛围逐渐养成。例如，过去创造就业更多的是依靠国有企业，现在创造就业岗位的新企业90%以上都是个体私营企业。

这一波创业潮体现出鲜明的创新性，大多集中在信息技术和文化金融等新兴产业。据张茅介绍，2015年，我国新登记信息传输、软件和信息技术服务业企业24万户，比2014年增长63.9%，文化、体育和娱乐业企业10.4万户，增长58.5%。

结构调整是我国经济发展面临的突出问题，新企业、新产业、新经济的大量涌现，成为我国经济转型升级的重要推动力。据统计，商事制度改革的这两年当中，新增企业中服务业企业占了80%左右。“截至2015年底，第三产业实有企业1635.7万户，占企业总数74.8%，所占比重比2014年提高了1.5个百分点。”张茅说，“如果照这个趋势发展，第三产业的企业量将来会超过80%甚至更多，将成为带动我们国家经济总量以及服务业发展的重要力量”。

精准服务小微企业

商事制度改革的成就不仅仅是微观上企业注册的便利化，还体现在推动加强事中事后监管、优化服务，特别是对小微企业的服务上。

小微企业是宏观经济发展量大面广的基础。2015年，我国新登记的企业中，96%属于小微企业。李克强总理曾多次强调，不仅要让小微企业“生出来”，还要让他们“活下去”“活得好”。

为了解小微企业的生存状况，国家工商总局联合统计局等部门，对北京、上海、广东、成都、山东等7个省市的小微企业进行了跟踪调查。2015年第四季度的统计显示，去年新设小微企业周年开业率达到70.1%，也就是说，2014年第四季度新设立的小微企业一年后有七成开始营业。同时，这些已开展经营的企业中78.7%均有收入，所占比重比第二季度和第三季度分别高0.5个和4.1个百分点。

张茅也分析了近三成企业只领证未开业的原因：第一，企业拿到了营业执照，但是还有一些需要行政审批的项目，可能企业达不到相关要求，或者行政审批的手续比较慢，导致无法开业。第二，经济形势复杂多变，有些企业经营出现了一些新的困难，比如招工、融资遇到问题，所以没有开业。第三，确实也存在着一些盲目注册的情况。“所以我们要继续做好对于中小企业，特别是小微企业的服务工作，帮助他们解决成立企业以后经营的困难。”张茅说。

据了解，国家工商总局正在建立小微企业名录库，梳理小微企业生存发展面临的问题，以便制定更精准的帮扶政策；同时，针对“三证合一”后个体工商户无法办理组织机构代码证的问题，工商部门正在与税务部门衔接，争取年内联合实现个体工商户的“两证合一”，减少个体工商户登记的时间，降低企业注册成本。

创新创业引向创收创富　增加荷包增强国力

2016年2月29日　来源：《经济日报》　记者：王轶辰

政策鼓励人们创新创业的主要目的就是要解决就业问题，更是为了提高经济的发展，让越来越多的人成为有钱人，让中国越来越富强。因此，国家发展改革就业与收入分配司司长蒲宇飞强调要把创新创业引向创收创富政策鼓励人们创新创业的主要目的就是要解决就业问题，更是为了提高经济的发展，让越来越多的人成为有钱人，让中国越来越富强。因此，国家发展改革就业与收入分配司司长蒲宇飞强调要把创新创业引向创收创富。

创新创业热潮的背后是创业者的乘势而起和政府的谋势而动，因此今天的“双创”是一种顺应历史、顺应时代的大潮流。未来，“双创”有大众化和创收创富两个重要的方向，要找到有效的渠道，把虚拟的财富变成现实的财富，把创新创业引向创收创富。

在近日由中国政府网、中国新闻社与国家发改委国际合作中心联合主办的第19次文津圆桌论坛上，国家发展改革委就业与收入分配司司长蒲宇飞表示，“双创”下一步的重点就是要找到有效的渠道，把虚拟的财富变成现实的财富，把创新创业引向创收创富。

2015年政府工作报告把大众创业、万众创新提升到国家经济发展新引擎的战略高度。一系列关于支持“双创”的政策陆续出台，大大激发了民间的创新创业热潮。对于下一步“双创”往哪儿走，蒲宇飞认为，未来“双创”有大众化和创收创富两个重要的方向。

第一是要进一步走向大众化，走向大众化包括供给端，也包括需求端。蒲宇飞说，供给端大众化的关键，是怎么通过众筹、众包，使我们的供给由原来的小团队、精英变成一个大众的供给。需求端的大众化，核心就是瞄准不断升级的大众化需求，按照需求导向来开发市场。

第二是要进一步走向创收创富。“双创”大潮总要有一个方向和落脚点，就是创收创富。蒲宇飞指出，瞄准创收创富现在有两个很重要的点：第一是把点子变成方案，第二是把大数据从虚拟财富变成现实财富，否则会出现创业疲劳。

当前，不少创业者都热衷于讲大数据的故事，强调公司掌握了几百万人、几千万人的数据信息，未来可创造巨大的价值。但是如何把这种虚拟的数字开发成真正的、可实现的财富，目前尚未找到可行的路径。“一些地方反映创业投资出现热情降低的情况，与此有很大关系。”蒲宇飞说。

关于“双创”，既有怎么看的问题，也有怎么办的问题。围绕两个方向，还需要明确今后工作的着力点。

针对近日有媒体炒作创业成本高可能致家庭甚至是中产家庭破产的报道，蒲宇飞指出，现在创业很多是借助互联网创业，互联网创业是“轻资产”创业，所以创业的成本没有那么高，导致中产家庭破产是小概率事件。下一步的政策导向要努力降低创业者的真正成本，比如税费和物流成本、人工成本。

对于如今各地大量涌现的创业服务平台，蒲宇飞认为，平台建设确实对创业非常重要。数据显示，没有专业机构辅导的创业，成功率大概是6%；创业辅导之后，创业者成功率大概能达到30%，搭建好的创业平台既重要也必要。

不过，蒲宇飞也强调，平台建设要避免两个问题：一是创业平台不能打乱仗，不能七八个部门，一个部门搞一个平台，互相抢资源，还是要整合相应的平台资源。二是要避免平台建设同质化。创业企业有胎儿期的，有幼儿期的，有少年期的，不同时期的企业对政府服务的需求不一样，只有提供差别化、有针对性的服务才有意义。

第二节 典型案例

中国国家创新指数升至第18位——

我国创新能力远超同等发展水平国家

2016年6月30日 来源：《经济日报》 记者：董碧娟

全国科技创新大会吹响了建设科技强国的时代号角。《国家创新指数报告2015》显示：我国国家创新指数排名提升至第18位，处于第二集团领先位置。但也要看到，我国创新环境与质量仍有待进一步提高，仍需持续增加研发经费投入，更加注重创新成果的扩散和应用，以推动创新型国家建设—

6月29日，中国科学技术发展战略研究院发布《国家创新指数报告2015》。在研发经费投入总和占全球总量97%以上的40个国家中，中国创新指数排名第18位，比上年提升1位，与创新型国家的差距进一步缩小。

专家表示，我国创新能力发展水平大幅超越其经济发展阶段，领先于世界其他发展中国家。但同时，相比美日韩，我国创新指数得分还相对较低，创新发展仍然面临挑战。

位于“第二集团”前列

中国科学技术发展战略研究院副院长武夷山告诉《经济日报》记者，报告选用了40个科技创新活动活跃的国家作为研究对象，继续采用国际上通用的标杆分析法测算国家创新指数，所用数据均来自各国政府或国际组织的数据库和出版物，具有国际可比性和权威性。《国家创新指数报告》自2011年以来已经发布了5期，包括创新资源、知识创造、企业创新、创新绩效和创新环境5大方面指标。

“根据国家创新指数历年结果分析，参评的40个国家可划分为三个集团。我国当前已处于第二集团的领先位置。”武夷山说。据介绍，综合指数排名前15位的国家为第一集团，均为公认的创新型国家，其中美洲1席，亚洲4席，欧洲占据10席；第16位至第30位为第二集团，主要是其他发达国家和少数新兴经济体；第30位以后为第三集团，多为发展中国家。

武夷山说，我国国家创新指数排名超越澳大利亚，居世界第18位，如期实现国家“十二五”科技规划提出的发展目标。我国国家创新指数得分达到68.6分，比上年提高了0.2分，超过澳大利亚0.7分，继续拉大与后面的加拿大、新西兰、卢森堡等国家之间的领先优势。与排名第17位的爱尔兰相比，我国仅存在0.01分的微弱差距；与第一集团国家相比，我国与排名第15位国家的差距在进一步缩小，从上年的2.4分缩小到0.8分。

“我国创新能力遥遥领先于同一经济发展水平的国家。”武夷山说，2014年中国人均GDP为7590美元，在40个参评国家中仅高于印度和南非，但国家创新指数得分远高于印度和南非，接近奥地利、比利时等人均GDP在5万美元左右的欧洲国家。

创新质量持续提升

中国科学技术发展战略研究院科技统计与分析研究所副所长玄兆辉说，我国企业创新排名第12位，比上年提升1个位次。2014年，我国万名企业研究人员PCT申请量由上年的233件提高到270件，排名提升1个位次至第27位；三方专利数量占世界比重和企业研发经费与增加值之比排名与上年相同，分列第6位和第15位；综合技术自主率排名提升4个位次至第9位。“这表明我国企业创新的规模和质量正在稳步提升。”玄兆辉说。

玄兆辉认为，提升PCT国际申请水平应成为今后增强企业创新能力的着力点。我国企业创新指数自2010年进入第一集团后排名稳步上升。该指数的5个二级指标中，除万名企业研究人员拥有PCT申请数的排名在第二集团，另四项指标均处于第一集团。在PCT国际申请方面，我国的PCT申请总量已经连续两年居世界第三位。而从企业研发人员投入产出的角度看，

PCT申请水平还落后于多数发达国家。

据介绍，企业创新指数排名前15位的国家分别是日本、美国、韩国、以色列、德国、法国、瑞典、芬兰、瑞士、奥地利、丹麦、中国、斯洛文尼亚、卢森堡和荷兰。“其中，德国、法国和中国的排名较上年均提升1位，瑞典的排名下降了2个位次，斯洛文尼亚下降了1个位次。”玄兆辉说。

“企业创新的规模和质量，在很大程度上代表着一个国家的创新能力与水平。”专家表示，企业创新能力与国家整体创新能力存在高度关联性，2014年，企业创新指数排名前15位的国家中，有12个国家进入了国家创新指数前15名。

创新环境亟待改善

“在此次排名中，我国创新环境排名第19位，较上年下降6位。”武夷山说。其中，企业创新项目获得风险资本支持的难易程度下降幅度较大，从第5位下滑至第11位，这表明随着我国创新创业的兴起，企业对风险资本的需求日益迫切，资本市场供给能力有待提高。此外，知识产权保护力度也有一定程度的下滑，从25位下降至32位，这表明随着专利产出的快速增长，社会对知识产权保护的需求越来越强，政府保护知识产权的力度还有待进一步提升。

玄兆辉说，尽管我国的创新绩效排名即将跨入前10强行列，但结构性缺陷长期以来没有根本性的改观。2000年以来，我国劳动生产率和单位能源消耗的经济产出这两项指标的数值虽然逐年在提高，但提升幅度不明显，国际排名一直在后5名徘徊。中国的创新绩效依然主要依靠高技术产业产出规模和技术产出总量的拉动，我国在转变经济发展方式和实现产业升级方面仍将面临非常大的压力。

“高技术产业出口也包括来料加工的出口，因此不能单凭这一数据就说我国高技术产业特别强。”武夷山直言。他说，我国创新能力的提升空间来源于创新效率的提升，目前我国创新的优势在于创新规模巨大，未来发展的潜力主要在创新效率和质量的提升。

专家认为，我国创新活动仍然处于较快发展阶段，仍需保持研发经费投入持续增长，更加注重创新成果的扩散和应用，不断提升全社会创新绩效和生产效率，系统推进科技创新体制机制改革，发挥国内市场的优势和潜力，以推动创新型国家建设。

加快形成面向未来的发展模式
——出席B20峰会嘉宾解读
《2016年B20政策建议报告》

2016年9月4日　来源：《经济日报》　记者：禹洋

“中小企业在全球经济及各国经济中扮演着关键性角色，不少国家的中小企业对本国GDP贡献率超50%，提供了过半数的就业岗位。如果各国政府能给予中小企业更多支持，对经济发展意义重大。”B20中小企业发展工作组联席主席、埃森哲全球成长型市场总裁孔嘉辅在接受《经济日报》记者专访时说，B20中小企业发展议题组将推动G20成员为中小企业发展提供更好的环境，助力中小企业深度参与全球价值链。

当前，国际贸易增速放缓给全球经济增长前景蒙上了阴霾。今年的B20政策建议特别提出，要出台更多支持中小企业发展措施。“作为企业代表，我非常高兴看到G20领导人更多地关注中小企业的发展潜力。”孔嘉辅认为，在全球贸易中，中小企业应当是提供货物及服务出口的主力军。但是，传统跨境贸易固有的缺陷，阻碍了中小企业进入海外市场。

孔嘉辅认为，数字经济的兴起和快速发展，为中小企业深度参与全球价值链提供了良好契机。“数字经济正在改变整个商业环境，通过数字化发展，中小企业能够更加便利地获得资本、劳动力、技术和市场，显著降低贸易成本。通过电子商务模式，企业能够在网上申请相关国际资质认证，更便利地接近目标客户，还可以通过互联网融资。”

孔嘉辅建议，首先，应加强与金融机构的合作，建立非银行金融框架，促进中小企业股权与债权融资，并为众筹等方式制定行业规范。其次，简化政府项目招标程序、提高透明度，让中小企业获得公平参与政府主导项目的机会。最后，鼓励电子商务发展，为中小企业通过数字化渠道参与国际贸易、融入全球价值链提供支持。

浪潮集团董事长孙丕恕：大数据将成经济发展强力引擎

本报记者 廉 丹

《2016年B20政策建议报告》中提出了四大方向的建议，第一个方向为"创新全球经济增长方式"，其中第一条建议为"实施智慧（SMART）创新倡议等项目，鼓励创业和创新"。

浪潮集团董事长孙丕恕认为，第四次工业革命将成为全球经济创新发展的主要动力，因此，这次革命的核心——数据，将融合一系列创新技术，开拓出经济增长的新渠道。当今社会，任何智慧创新都离不开数据的支撑。全球每天都在产生庞大数据，无论是政府开放数据，还是互联网数据，其中都蕴藏着无限价值，成为继土地、能源之后最重要的新一代生产资源，并能在互联网平台上自由交易、交换和流通。而互联网本身就是一个打破创新壁垒、降低创新创业成本的平台。大数据与互联网的结合，将为创业和创新搭建一个前所未有的大平台，推动大数据产业成为新经济的强力引擎。

"无论从事哪行哪业，都需要对数据资源进行收集、整理、挖掘。围绕大数据采集、创新应用等产业环节，可以创造大量机遇，为'大众创业、万众创新'搭建起大平台，催生新型产业生态和发展模式，实现经济可持续发展。"孙丕恕说。

大数据应用将推动跨产业融合创新。新一代信息技术改变了既有的社会组织模式、商业运营模式和产业界限，行业不能再单打独斗，必须要融合式创新，才能在横向渗透中产生全新模式。利用大数据、云计算、移动互联网等技术，使产业链上的各类要素以数据的形式实现了有机融合，进而催生了跨界的融合业态。

大数据的应用是传统产业创新升级的关键，其中最为显著的就是工业

4.0。智能制造是以数据为核心，利用信息技术挖掘并发挥出数据的价值，将数据作用在制造流程的每一个环节，推动实现供给侧和需求侧的有效对接。“智能制造，‘智’从何来？‘智’从数据中来。未来，将会出现更多传统产业的升级业态。”孙丕恕说。

德国B20协调人米尔德纳：全球增长模式亟需更多创新

本报记者　禹　洋

“今年B20向G20峰会提交的20项政策建议，对全球经济发展的主要问题开出了新药方。针对创新基础设施融资方式、为中小企业发展提供适宜环境、发展数字经济、推动绿色投融资市场发展等内容提出的政策建议，内容具体，操作性强。”德国B20协调人米尔德纳在接受《经济日报》记者关于《2016年B20政策建议报告》的采访时，一字一句都透露出对于政策建议的信心。

米尔德纳认为，今年B20提出创新全球经济增长方式，是对G20峰会的一大贡献。在全球经济增长近乎原地踏步的情况下，通过创新经济增长模式，鼓励创新型产业和投融资模式发展，对推动全球经济实现可持续发展很有必要。

“作为今年G20轮值主席国，中国将包容和联动纳入峰会主题。B20政策建议从具体方面支持实现包容、联动的增长。”米尔德纳说，在基础设施领域，各国都有不少“欠账”，完善基础设施建设不仅是新兴经济体和发展中经济体实现经济增长的保障，也是推动发达国家走出低速增长泥潭的有效方式。

米尔德纳认为，基础设施建设目前存在的最大问题是资金不足。《2016年B20政策建议报告》提出增加高质量、可融资性强的项目储备，推动金融工具创新，并呼吁多边银行和国际机构紧密合作、相互补位，推出协调、联动的政策，拓宽基础设施融资途径。“如果这些建议得到采纳，将有效弥补全球基础设施建设资金缺口。”

中小企业是拉动经济增长的中坚力量，但在各国基础设施建设项目，尤其是政府牵头的大型基建项目中，很少看到中小企业身影。“今年的政策建议特别提到，要通过出台稳定、可靠的长期机制，为中小企业发展创造适宜环境，鼓励中小企业参与到基础设施建设项目中。”

当前，数字化正在改变经济发展、全球贸易和民众生产生活方式。米尔德纳表示，数字经济是创新增长方式的典型。今年的B20将互联网经济、互联网金融和电子商务等数字化发展模式作为新议题来探讨，并提出了支持世界电子贸易平台（eWTP）的倡议。米尔德纳认为，中国首次在B20政策建议中提出推动数字经济发展，并提出了eWTP等具体的执行方式，为创新全球经济增长方式开了个好头。

米尔德纳透露，明年德国B20将继续聚焦数字化经济、绿色投融资等有利于全球经济可持续发展的议题。“德国作为明年G20峰会的轮值主席国，将延续中国在创新增长模式和实现绿色、可持续发展方面的努力，倡导形成面向未来的发展模式。”

华为：新思路打造新型智慧城市

2016年7月20日　来源：人民网—《人民日报》　记者：于洋

未来的城市什么样？有的人希望可以足不出户，一切都坐在家里完成；有的人则希望动动手机，衣食住行都能搞定；还有人则希望一切的资源都能循环再利用，过上更加绿色环保的生活。

智慧城市的建设，正在让这些构想从想象变成现实。从“数字城市”“无线城市”到“智慧城市”，技术进步推动着我国城市现代化和信息化不断向更高层次发展。2015年，“发展智慧城市”首次被写入了《政府工作报告》，去年4月，住建部公布了第三批国家智慧城市名单，我国智慧城市试点增加至290个，中国特色的城市现代化之路日渐清晰。

建设智慧城市，并非一日之功。缺乏统一平台、信息资源分散、管理系统封闭等问题，也困扰着正在探索智慧城市建设的各地政府、运营商和开发商。日前，在江苏苏州举行的“新ICT，让城市更智慧——华为智慧城市生态圈行动计划发布会”上，作为我国高科技企业龙头之一的华为提出了建设新型智慧城市的全新思路。

“让数据多跑路群众少跑腿”

在北京丰台区六里桥西南角，有一栋“人”字形的建筑，它不仅是六里桥的地标性建筑，更是中国智慧城市的新地标之一——北京市政务服务中心。

该中心建筑面积为20.8万平方米，承担着全市44个委办局、16个区县的740余项审批服务，但偌大的办事大厅中，只有“一个”服务窗口。不对，其实北京政务服务中心现已开通248个窗口，但每个窗口均已实现“一口入、一口出”，也就是说，作为一位市民，所有审批服务均已实现“一站式”办理。

与很多仅实现物理集中审批、后台却各自为营的“伪一站式”服务不同，北京政务服务中心真正实现了“一窗式”受理、“一站式”服务、“一条龙”审批、“一门式”收费和“一表式”呈现。市民和企业只需做两件事：递交资料，当下或若干天后在同一窗口领证，740种审批事项皆是如此。

在这种“让数据多跑路，群众少跑腿”的服务背后，是真正实现了突破“部门墙”的技术支撑和服务。北京市政务服务中心其实是建设在一朵公有云之上，即北京政务云平台。该云平台采用PPP模式建设，由太极云、金山云共同组成。政府各委办局可自由选择购买服务，同时技术上两朵云互为备份，增强了系统稳定性。

北京政务云平台底层采用华为分布式云数据中心解决方案，上层构建了北京市跨部门数据共享与业务协同平台、数据共享与业务交换平台、政务协同办公平台，承载着北京市行政审批、政务协同等7类政务服务业务，全面提升了北京市政务服务能力。

北京政务服务中心只是华为同合作伙伴建设智慧城市的一个范例。近年来，华为的智慧城市解决方案已经广泛应用于全球40多个国家、100多个城市。在国内，无论是东海之滨的宁波，还是华北平原的衡水，无论是长江之滨的南京，还是大河之畔的西安，都有华为提供的智慧城市方案落地，涉及政务、交通、旅游、医疗、教育等多个细分行业。

“智慧城市通过信息通信技术能够更好地建设和管理城市，增强政府治理能力、促进产业转型并提升市民幸福感，”华为企业BG中国区总裁蔡英华说：“同时，智慧城市建设需要多方合力，有效聚合产业链，更好地发挥智慧城市各方建设主体在资本、技术和人才方面的优势，推进智慧城市建设的良性发展。”

搭建“生态圈”共建“巨系统”

随着近年来城镇化的深入推进和信息化的蓬勃发展，智慧城市理念被广泛接受并走向落地，智慧城市的内涵亦不断丰富。但智慧城市不仅仅是信息技术在城市管理、服务等方面的简单应用，而是一个涉及多方主体、涵盖多个环节、建设周期长、工程量巨大的系统工程。

从建设主体来说，智慧城市建设涉及顶层设计者、方案设计提供商、基础设施提供商、集成商、应用提供商、数据提供商等多方主体。从建设环节来说，涵盖顶层设计、基础设施、投融资、项目运营、上层应用等多个环节。而从行业角度看，智慧城市建设涉及政务、城管、交通、医疗、旅游、教育、社区、安全、生活等城市的方方面面。智慧城市可谓一个复杂的“巨系统”。

智慧城市的复杂性和系统性决定了“单枪匹马”的建设模式在智慧城市领域行不通，只有各个环节的企业在发挥自身优势的基础上，共同合作、通力配合，才能真正将智慧城市建设落地。

7月15日，在“新ICT，让城市更智慧——华为智慧城市生态圈行动计划发布会”上，华为针对智慧城市这个“巨系统”的搭建再一次强调了自己的战略定位：华为致力于成为新型智慧城市解决方案首选合作伙伴，聚焦于ICT（信息与通信技术）基础设施，通过开放能力聚合合作伙伴，推动智慧城市生态圈的良性发展，共同为客户提供新型智慧城市整体解决方案。

以深圳的“智慧龙岗”为例，华为一方面采用自身ICT解决方案为龙岗区打造全球领先、开放融合的基础支撑平台，并提供坚实的信息安全基础，另一方面聚合业界领先合作伙伴，为龙岗区提供丰富的智慧应用，共同打造智慧龙岗生态圈。

“在今年3月举办的2016华为中国合作伙伴大会上，华为正式提出建设智慧城市生态圈，是华为投入大量资源建设的四个生态圈之一。”蔡英华表示，“为了支持华为智慧城市生态圈的发展，华为发布了智慧城市生态圈行动计划，将投入亿元基金和专项激励打造该生态圈。亿元基金将为生态圈伙伴在营销推广、品牌活动、技术支持、人才培养等诸多方面提供支持；专项激励将用于联合解决方案开发落地和智慧城市项目拓展等方面。”

例如，华为与航天智慧进行战略合作，进行解决方案的联合开发、项目的联合拓展；与方正信产在以智慧城市为中心的金融、交通、教育、政务、城市管理、医疗、大数据、云计算等广大领域展开全方位的合作。据了解，华为企业业务在中国市场的合作伙伴已达5200家，首批加入华为智慧城市生态圈的合作伙伴已达到20多个。

依靠“硬实力”真正“惠民生”

当前，智慧城市已经成为席卷全世界的热潮。无论在美国、欧洲还是在韩国、新加坡，都出台了各具特色的智慧城市建设规划。无论哪个国家，建设智慧城市都是通过信息技术来更好地建设和管理城市，目的是推进政府治理现代化强政、提升居民幸福感惠民、促进产业升级转型兴业等，但不同的国家在智慧城市的建设上各有侧重。

与国外相比，国内城市大部分规模大、部门之间阻力大，大数据应用尚处在初级阶段，物联网的应用经验仍然非常匮乏，目前国内的智慧城市建设应该从大处规划、小处入手，既要根据城市基础与特点做出长期规划，也要根据轻重缓急，建设好智慧应用子系统。同时合理应用云计算、大数据新技术，在实现数据整合、汇聚与共享的基础上，实现数据增值，为城市的智慧应用带来“质变”。城市要“智慧”，离不开大数据、云计算、物联网等各类ICT技术的广泛应用。华为作为我国最具创新精神和创新活力的高科技企业之一，在智慧城市的技术支撑上有着天然的优势，具备傲人的“硬实力”。

华为提出了智慧城市解决方案整体架构“一云二网三平台”：“一云”即云数据中心，为城市建设融合、开放、安全的云数据中心。“二网”即城市通信网和城市物联网，华为为智慧城市建设提供有线和无线宽带网络，以及物联网平台及数据服务。“三平台”包括ICT能力开放平台、大数据服务支撑平台、业务应用使能平台，通过ICT能力开放平台，与应用开发者共同为客户提供智慧城市整体解决方案，并与合作伙伴联合提供大数据服务支撑平台、业务应用使能平台。

“华为理解的智慧城市，首先要以人为本，要为城市的市民、企业以及政府，解决在城市生活工作当中所遇到的各种问题；第二，要以业务、问题为导向，以信息技术手段解决城市发展过程中遇到的各种问题；第三，生态，我们希望与专注在各个领域、全国领先的合作伙伴强强联合，共同提升智慧城市生态圈的能力。华为不单纯追求扩大自身在智慧城市领域的业务规模，更看重整个智慧城市生态圈能力发展和良性成长。”华为企业BG中国区副总裁杨萍说。

以依托华为ICT基础设施开展智慧城市建设的江西鹰潭为例，当不少大城市居民还在感叹“看病就医难”时，鹰潭市已经为市民建立了区域卫生信息系统，全市包括42个乡村医院在内的每一家医院，都可以查询到病人的实时健康档案和就诊记录。一年来，全市卫生医疗机构药占比从52.7%下降到47.3%，抗生素使用率从30.1%下降到20%以下，基本药物使用率从13.4%上升到28.3%，每年为患者节省的诊疗药费超过500万元。

当然，如果你问鹰潭老百姓，智慧城市是什么，他们可能还说不清楚。但如果让他们形容一下现在的生活，他们一定会骄傲地说：“满意！越来越满意了！”

成功率低，短板无数，风光与风险并存博弈，

他们怎样闯关夺隘撑起一片天，请看——

大学生创客的晋阶之路

2016年8月2日　来源：人民网—《人民日报》

记者：郭明珠、马文静、刘维涛

当创新创业成为社会风潮，一向得风气之先的大学生，自然一马当先。凭着深厚的专业素养和敏锐的市场嗅觉，很多“天之骄子”，开始“试水”市场，创业圈迎来了令人惊讶与惊喜不断的90后。

他们是弄潮儿，又是“颠覆者”，涤荡着陈旧陋习与条条框框。抛弃传统的职业规划，做天马行空的创客一族，需要怎样的勇气与决绝？在“日出的绚烂”背后，又有多少“日落的沉潜”？下面3位90后的创业故事跌宕起伏，剧情不输那首“信乐团”演唱的《海阔天空》。

有梦想，更要有理性

“我不希望因为教育缺失，让孩子们失去人生的更多可能。”眼前的乔良，脸上早已褪去大学生的稚气，语气也显得沉稳有力。

毕业于北京大学光华管理学院的乔良自称是“风险爱好者”，“有一颗渴望自由、喜欢挑战的心”。大三时他就成立了自己的教育咨询公司，确定这个创业方向，乔良找了很久，最终的决定是情怀与现实的平衡：“一方面是自己一直有促进教育发展的情怀，另一方面是考虑到当时的资源和积累。”乔良坦言。

乔良大学期间曾担任过某著名教辅机构的校园大使，还是一家公益理事会的理事长，这些经历让他对教育行业的状况有了充分的了解，也积累了不少行业内的人脉资源。“将高校内的优质学生资源与前沿的商业资源对接，这是我独有的竞争力，而针对企业的教育咨询，就是我找到发挥这一优势的商业模式。”乔良对创业路径有着清晰的认知。

创业是一场追梦的远行，初心则来自一粒梦想的种子。但重要的选择从来不会是心血来潮，这背后是对自己的认识，对行业的了解和对经济社会大势的洞悉。

“向太阳要电，让阳光随时可穿戴。”刘一锋说起他的创业愿景，总是热情洋溢。刘一锋如今是清华大学热能系大三学生，他的创业路看起来顺理成章：高中时就在实验室探究太阳能，大学又选择了热爱的专业，得以继续自己的研究，至今已将8项专利收入囊中。伴随着科研成果逐渐成熟，刘一锋看到了产业化的可能性，创业之路随之开启。

大二那年，刘一锋选择了休学一年创业：“市场很残酷，资金、技术和团队不等人，学业却是可以等的。”那一年，他全身心投入到柔性太阳能产品的研发推广中，如今他带领团队研发的柔性晶硅太阳能材料正逐渐产业化。

钟艳华的创业梦想很大，她要创建一家真正意义上的社会企业。毕业于济南大学社会工作系的她，对当前一些社会问题有着专业化的视角。她认为，保有公益的初心，用市场的方法整合资源，是解决问题的正确路径。

2016年3月，钟艳华创立了重庆市秀山土家族苗族自治县第一家社工机构，开始尝试社会企业的公益之路。她首先聚焦的群体是农村留守儿童。社会企业是一种新理念，公益创业在社会组织并不发达的中国，意味着困难重重。尽管提前有很多考量，但面对社会的质疑，钟艳华一开始还是感到了无力与无奈：“哪里有这么多留守的孩子？为什么要生这么多孩子？那是政府的事儿，社工能帮到什么？”

实干是回应质疑的好办法，她和团队在社区建立了“七彩课堂“，为留守儿童开展课外课业辅导、兴趣培养、生命教育等主题活动，日复一日的坚守，正渐渐赢得各方的认可。

因情怀而热血，因清醒而理性。全国项目管理标准化技术委员会主任许成绩说：“现代社会的职业选择日益多元化，创业不是一条易走的道路，从职业规划到创业项目的选择都需要精准的自我定位，理性而不盲从，‘认识你自己’才能更好地开辟出新天地。”

没有沉潜，就没有爆发

没有人能随随便便成功，对创业者来说更是如此。

所有的创业都是创新，作为一名创客，时刻保持对新事物的好奇与研究是必备的素质。乔良对此感触很深：“经济学和管理学的理论模型总是控制了很多变量，事实上，决策时更需要考虑变量，北大教会我不要迷信知识，创业更是如此。”

乔良有丰富的行业经验。他曾经到过全国近30个省份的百余所学校，为高中生举办300多场公益讲座，还与当地学生、老师、政府官员进行了深入交流。这些沉甸甸的一手资料，都成为他教育创业的积累。

创业之路布满了失败与阻碍，坚守成为创客最关键的品格。乔良曾经历过一次大的失败。2015年，他作为某在线教育App的主要合伙人，在获得了数百万的天使轮投资后遇到了瓶颈，面对创投圈的资本寒冬及众多在线教育的失败案例，投资者更加谨慎，很快，上市、团队期权、投资人收益，一切都成空。

“那是一段难得的平静，没有了创业初期的浮躁。” 乔良不断追问自己，然后回到初心：“推动教育公平，促进教育资源合理配置，这才是我的目标。”

如今，乔良回到家乡宁夏中卫市，承担起资源整合者和战略布局者的角色，眼下正在操作的项目，是创建一个从幼儿园到高中的国际教育产业园，将更多优质教育资源引入欠发达的家乡。

“欲速则不达，这是我爸刻在我签字笔上的话，我记在心里。”经历过失败的乔良，更添了几分定力。

浮躁是创业的敌人，沉潜是对抗浮躁的好办法，对刘一锋来说，就是用工匠精神不断打磨自己的产品：“我们的柔性晶硅太阳能材料非凡之处在于它造价低，只有市场价格的50%；而光电转换率却是大多数普通光电板的3至4倍，更重要的是，轻薄便携。”刘一锋说。

工科出身的刘一锋对产品有着完美主义般的苛求。新技术从0到1的垂直距离总是一段艰难的跋涉，而对质量的追求，从创业的最初阶段就成为基因。刘一锋和他的团队在不同的工厂用各种设备模拟实验室环境，请教很多行业前辈。一次次调试，一次次推倒重来，历时一年之久，才生产出他想要的东西。

公益项目要获得更广泛的影响力，关键是要有高质量。钟艳华深谙这一点，她要求团队，每一步都急躁不得，每一个环节都容不得半点马虎，以耐心和毅力一点点突破。他们选择秀山县全县最穷的云隘村为突破点，设立服务点。挨家挨户对11个村民小组进行家庭走访，详细记录每户留守儿童的情况。

“我会一直走下去，以更科学更合理的方法做公益。”钟艳华莞尔一笑。

风光在险峰，风险亦然

很多人并不赞成大学生创业，主要原因是成功率极低。

在中国人民大学商学院副教授邓子梁看来，创业不是一场说走就可以走的旅行，而是一个庞大的工程，涉及融资、营销、项目、选址等诸多方面，“风光与风险并存博弈，如何规避创业初期所面临的资金与行业经验不足的风险，是大学生创业成功与否的重要因素。”

刘一锋也认为，经验不足和兼职创业而非全身心投入是大学生创业的致命弱点。他的应对之策，一是休学创业，全身心投入；二是开门招聘，引进有行业经验的人才；同时与同行合作，补足短板。“做我们最擅长的事情，把不擅长的交给其他厂家来做。”

乔良解决经验不足的办法，是引进合伙人，他联合了两位教育行业的资深人士一同推进创业项目。“我在股权、财务、商业谈判等方面遇到问题时，都会向他们请教。”经历了数次商业谈判后，乔良感慨：“创业初期的公司如果能够得到业界大佬的背书，将极大地提高信任度，促进合作的开展。”

来自外界的助推和帮扶，也起到了关键作用。刘一锋毫不讳言地说：

“是清华大学的X—Lab平台孵化出了我们。”这是一个大学创建的创新创业创意孵化平台，专门为大学生创业者提供场地、工商注册、法律咨询服务和资金支持，以及和大企业合作机会的对接。

好的创业服务，会成为大学生创业初期的“灯塔”与“避风港”。

钟艳华创业初期，曾一度找不到合适的办公地点，由于公益创业契合秀山县群团改革，当地民政局决定让她入驻群团活动中心，解决了这一难题。

目前，钟艳华已向县总工会申请了“关爱三留守，服务农民工”项目，并承接了重庆市社会工作服务“411”示范工程、重庆儿童救助基金会的项目，正逐渐探索出公益组织公司化运营的有效发展途径。

“全面深化改革正在催生许多机遇，就看创业者能不能觉察到并把握好了。”钟艳华感慨。

年轻人用魄力和勇气拓展着生命的宽度，其间洋溢的青春旋律令人动容。“大学生创客是创新社会体制机制的一泓清泉，要想激流勇进，需要沉潜积累，也考验创业者的眼力、智力、定力和精力。”许成绩说。

清华创客　逐梦起飞

2016年7月8日　来源：《人民日报》 记者：张烁

今年的“六一”儿童节，湖北省黄冈市红安县詹店小学的孩子们收到了一个大大的惊喜：清华大学的大哥哥大姐姐们，自费为他们安装了价值10余万元的智能空气净化系统。“空气真新鲜啊！”一个孩子深吸一口气，笑了起来。

这套产品，正是来自北京众清科技有限公司——一家诞生于清华大学“i.Center创客空间”、由清华学子一手打造的创新型科技企业。

清华开展创新创业教育的传统由来已久。“近年来，清华大学重点打造‘兴趣团队’‘i.Center创客空间’和‘X—Lab’‘三创’平台，不断完善创新创业教育体系。为推动高校创新创业教育改革，清华大学提出深化创新创业教育改革的‘融合’计划，将创新创业教育融入培养体系。”清华大学校长邱勇介绍说。

课堂引进创业教育，既能学到知识又能激发热情

“现在是创业的黄金时代，但创业需要在具有好想法、好团队、好导师的前提下才能提高成功率……”讲台上，新东方董事长兼总裁俞敏洪将自己的创业故事娓娓道来。讲台下，全神贯注的清华大学学生时而会心大笑，时而爆发出热烈掌声。

这是清华大学“创业导引——与创业名家面对面”授课现场。“与创业名家面对面，感触很深，不但学到了知识，更激发了我创业的热情。”清华大学新闻与传播学院大三的小张告诉记者，他是这门课的“粉丝”。

创业教育能否在大学课堂完成？很多人对这个问题怀有疑问。

“我认为创业教育能够在大学课堂上完成。”邱勇说：“这里有两个关键词，‘教育’和‘课堂’。‘教育’的目的是让学生在校园得到充分的培养和引导，而不是指在学校就完成创业；关于‘课堂’，教室、校园、学校组织的或学生自发组织的社会实践都是课堂，我们相信一个广阔的课堂能够让学生在离开校园时有更充分的准备。”

正是基于这样的理念，2015年春季，清华大学为本科生开设了全校性通识课程“创业导引——与创业名家面对面”，邀请创业名家为学生授课，年选修人数达700人。据介绍，清华还将推出《创新创业基础》通识课，争取建成通识核心课程，并逐步覆盖100%的学生。

“我校通过‘融合行动’，将创新创业教育全面融入人才培养体系。”国家级教学名师、清华大学教务处副处长孙宏斌介绍说，2016年初，清华启动了新一轮培养方案改革，将创新创业教育作为基本要求写入学校的培养方案指导意见之中，推出了等级制学业评价、弹性学制和最长3年的“间隔年”制度，为创新创业教育提供了系统性制度支撑。

多平台构建创新创业生态系统，多学科合作提供实现路径

“我们自主研发的柔性晶硅太阳能电池，是国内最轻、最薄、最便宜、转化效率最高的太阳能电池。”5月28日，第三届清华大学“校长杯”创新挑战赛十强对决的舞台上，“八度阳光”项目发起人刘一锋脸上浮现出自信的微笑。

“通过X—lab完善的培育体系，我们开始明确地了解到自己的优势在哪里、劣势在哪里。”刘一锋说，“一路走来，我们的产品发展方向越来越明晰，成立了自己的公司并顺利地拿到了天使投资。”

在“i.Center”，1.65万平方米的车间摆放着上百台数控车床、3D打印机、三维扫描仪等工具，涵盖工程、科学、艺术、人文等各个院系具有创意创新创业志趣的创客资源，提供全方位的创意创新实现服务，是目前全国乃至全球最大的大学创客空间。“目前，每年有超过4000人次的学生在创客空间开发创意创新作品，其中90%以上是本科生。”孙宏斌介绍。

在“X—lab”，提供1000平方米场地供创业学生免费使用。“X”寓意探索未知、学科交叉，“lab”则体现体验式学习、团队工作，它不仅仅是“孵化器”，而是被寄希望于服务整个清华的创新人才培养，构建起创意创新创业生态系统。清华大学经管学院院长钱颖一认为，它的价值来源于实现校内多学科合作、整合校外各种资源、提供商业模式和社会价值实现的方式和路径。

而由清华大学联合波音、东芝等全球知名企业，跨学科、跨年级进行组建的科技创新类兴趣团队已有20余支。这些团队重点发掘学生的原始创意，如今成员超过1000人，覆盖清华几乎所有院系，累计完成项目100余项，近一半团队成员有科技项目获奖、专利申请、学术论文发表经历。

优化顶层设计，建立校级双创教育长效机制

“创新创业，基础在于教育，关键在于人才。‘中国高校创新创业教育联盟’就是要打造一个共同平台，凝聚高校和社会各界力量共同研讨和引领我国的创新创业教育，真正为实施创新驱动发展战略作贡献。”2015年6月，“中国高校创新创业教育联盟”成立大会上，邱勇说。

目前，联盟已包括150余所高校和50余家企事业单位。这个由清华大学倡议发起的组织，打造起中国高校创新创业教育的“统一战线”。

时间回到2015年5月，国务院办公厅发布《关于深化高等学校创新创业教育改革的实施意见》后，清华大学进行了深入研讨，确立了价值塑造、能力培养、知识传授“三位一体”的教育模式，力图通过创意、创新、创业“三创融合”的高层次创新创业教育，来激发和培养学生的首创精神、企业家精神和创新创业能力。

顶层设计是重中之重。在清华，“校级双创教育的长效联动机制”建立起来了，包括成立了由校长牵头的学校创新创业教育领导小组、由教务处牵头的学校“创新创业教育协调委员会”（负责行政决策）及“创新创业教学（专项）委员会”（负责学术决策）。

此外，清华还成立了“中国高校创新创业教育研究中心”和“中国高校创新创业教育联盟”投融资专业委员会，也正在积极协办第二届“互联网+”大学生创新创业大赛，并将继续作为中美创客大赛主办方之一。而在清华“学堂在线”慕课平台上，已开设20余门创新创业类课程，短短一年来，累计选课突破5万余人次。

在清华，一批优秀创业团队和创新人才正在涌现，近3年，学校推荐注册和正在注册的以学生为主的公司项目团队315个，获得融资的团队96个，总融资额近6亿元，一批创新创业研究成果正在产生……

聚焦G20杭州峰会：激发创新活力　创造就业新机遇

2016年8月29日　来源：《人民日报》

记者：焦翔、刘睿、侯露露、廖政军、徐伟、王云松

制定创业行动计划，是二十国集团（G20）杭州峰会的一大预期成果。今年7月13日结束的G20劳工就业部长会议，承诺按照创新的理念和方式方法，共同采取行动，创造更多就业机会，提升劳动者就业能力，推动实现

体面劳动。会议通过了《二十国集团创业行动计划》和《提高就业能力政策建议》等文件，各国同意采取行动落实行动计划，努力创造良好的政策环境，让创业者特别是青年创业者释放潜力。同时，各国欢迎中国建立G20经济体创业研究中心，作为各成员加深信息交流、分享最佳实践的平台，开展比较研究，为落实创业行动计划提供支持。中国方案再次聚焦世界的目光，为促进全球发展注入活力。

“上一轮科技和产业革命所提供的动能已经接近尾声，传统经济体制和发展模式的潜能趋于消退。”习近平主席去年在G20安塔利亚峰会上作出的论述，抓住了世界经济的问题所在。人们日益认识到，新一轮科技革命和产业变革在全球范围内孕育兴起之际，要使增长潜力得以释放，就要让生产要素和资源在全球范围内更加有效、便捷地流动，以创新举措创造更多的就业机会，让各国民众都能积极参与并推动世界经济的发展。

创新带来发展活力

今年的G20峰会选在具有创业创新特色的浙江省杭州市举行，非常贴切地呼应了峰会推动创业创新的目标，响应了与会各方希望发展创新、推进创业的强烈愿望。

6月15日，以高标准打造的杭州市创业大街正式开街，目前已有200多家机构组织正式入驻。自中国提出大众创业，万众创新战略规划以来，从梦想小镇到基金小镇，从滨江区到信息港小镇……各种互联网、物联网、生命科学、金融等高端服务业企业如雨后春笋般生长起来，杭州已拥有近百家创业园区和创业服务机构。统计数据显示，今年上半年，杭州新设企业3.99万户，增长38.6%；新设个体商户4.16万户，增长22.8%；信息经济实现增加值1193.76亿元，增长26.2%，占GDP的23.8%；第三产业实现增长14%，增加值占比超过了60%。

杭州在创业创新方面堪为观察中国的一扇窗，中国的创业创新成果早已为国际社会公认。根据伦敦咨询公司UHY国际的报告统计，自2010以来，中国初创企业数量每年以将近100%的速度增长，到2014年达到161万家。这一速度几乎是排在第二名的英国的两倍，也远远高于美国。

创业创新，数量的累加固然耀眼，质的飞跃则更引人注目。“中国造世界上运算速度最快的超级计算机 神威·太湖之光，使用的是中国自主知识产权的芯片；中国发射了全球首颗量子卫星，从而使保证信息安全、杜绝黑客成为可能。”秘鲁圣马克斯国立大学教授卡洛斯·阿基诺给记者举了两个最近发生的例子后说，“从当年的劳动密集型、简单加工产品，到如今各行业的高精尖产品，中国加工制造业在过去几十年发生质的变化，得益于其在创业创新方面的大力投入和推动。”

美国南加利福尼亚大学全球创新中心副主任史蒂文·梅德尼克认为，中国政府提出在经济新常态背景下大力鼓励创新，打造经济增长“双引擎”，是明智之举。作为全球第二大经济体，中国有能力向世界经济不断地输送发展动力。中国政府提出鼓励大众创业、万众创新，培育经济增长新引擎等政策，能够在短时间内将发展的优势扩大，不仅满足本国经济发展需求，也能惠及世界其他国家。

就业机会稳步增加

就业是民生之本，就业稳则心定、家宁、国安。做好就业创业工作，事关经济发展和民生改善，事关社会和谐稳定大局。中国的就业不仅表现稳定，而且充满活力。国家发改委日前指出，随着移动互联网、APP、移动支付等新技术、新应用的出现，共享经济迅速发展，汽车共享、住宿共享等新经济形态不断涌现，催生了大量就业机会。随着经济结构的优化，中国的就业结构也在悄然转变，第三产业就业人数占比已超过40%，吸纳就业能力明显增强。今年上半年，根据58同城网大数据，教育、娱乐、医疗保健行业用工需求同比分别增长57.1%、40.2%、13.6%。

值得注意的是，在国家战略规划引导下，大众创业、万众创新发展势头良好，新企业不断涌现，农民工等人员返乡创业人数不断增加。根据国家发改委数据，2016上半年日均新增登记注册企业为1.4万个左右，再创历史新高。农业部数据显示，截至2015年底，农民工返乡创业人数累计已超过450万，约占农民工总数的2%，大学毕业生返乡创业比例从几年前的0.5%增至1%。

巴基斯坦中国委员会执行主任菲扎尔·拉赫曼在接受本报记者采访时认为，尽快打造以创新为驱动的发展新路径，释放科技创新潜力，有助于为国家创造就业岗位和促进社会经济实现新发展。中国政府引导国内实施大众创业、万众创新等战略，旨在通过推动创业、创新进一步带动就业。中国政府实施的积极就业政策，使国内就业规模不断扩大，并将失业率控制在较低水平，有效保障和改善了民生，确保了中国的改革发展大局。

“中国正进入增速放缓但更加平衡和可持续的增长轨道。”世界银行7月初发布的报告，显示出对中国经济的信心。G20杭州峰会将“构建创新、活力、联动、包容的世界经济”定为主题，中国作为主席国，在创新、活力引领下的创业新亮点、新格局，正成为引领经济增长的信心之源，也必将在世界范围内彰显示范效应。

世界期待共享中国经验

G20杭州峰会前夕，中方表示今年将推动制定创业行动计划，为世界经济增长和就业增长提供强劲动力，为各国交流创业实践与经验搭建重要平台。行动计划提出了一系列政策建议和具体实施方式，为各国制定政策提供参考。世界期待分享中国的成功经验。

拉赫曼表示，巴基斯坦拥有潜力巨大的市场，以及大量年轻的劳动力和颇具成本优势的土地等资源。本次G20峰会主题中的“联动”旨在树立利益共同体和命运共同体意识，携手推动加强国际经济合作，在互联互通中共享机遇，在良性互动中形成合力。这一理念有助于通过帮助巴基斯坦获得发展所需的外部资金、技术等支持，激发本国经济增长的新活力，探索出经济增长的新方式。

作为嘉宾国领导人之一，埃及总统塞西也将受邀出席杭州峰会。埃及地处亚非欧交汇处，地理位置优势明显，在“一带一路”建设中发挥着不可替代的巨大作用。埃及也是人口大国，市场潜力巨大。埃及金字塔政治与战略研究中心研究员艾依曼表示，中国积极鼓励自主创业，在政策、资金和项目等多个方面给予大力支持，使自主创业成为拉动经济发展和促进就业的重要方式。目前，埃及经济的一个突出问题就是失业率偏高，中国在自主创业领域的一些好的经验和做法值得学习。艾依曼表示，在中国宁夏设立的中阿青年创业园，对阿中双方都大有裨益，可以在创业领域形成合力，实现共同发展。

近年来，拉美地区经济发展活跃，拉美国家与中国的合作交流日趋频繁，中国已成为拉美国家发展的重要伙伴。除传统的经贸合作之外，中国科技发展水平不断提升，拉美国家期待与中国开展科技合作。

阿基诺对比了中国和秘鲁在科技创新方面的投入。他说，中国可以和包括秘鲁在内的拉丁美洲国家合作，分享在促进创新方面的经验。同时，在创造良好、稳定的商业环境，培养人才和企业家精神方面，中国同样值得学习。

切糕王子与他的合伙人：维汉青年携手创业 融资过千万

2016年7月15日　来源：人民网–《人民日报》　记者：孙 超

阿迪力把平时打工攒下来的钱和父亲给的资助凑了1万元，蒋金亚也出1万元，另一位后加入的同学蒋春杨也出了1万元。维汉三名青年的创业故事，就从这3万元创业启动资金开始。

三个人亲自动手，试做了十多斤，往网上一挂，没想到当天就有十多个订单，卖掉了六斤多。十多斤、三十多斤、几百斤……生意越来越火，到2014年5月份，“切糕王子”网店就已经有每月六七万元的销售额。

2014年6月，在纪录片《舌尖上的中国2》中玛仁糖被隆重推介。“切糕王子”的销量扶摇直上，月销售额很快从十万破百万，2014年全年销售额达到2000多万元。

借着这一势头，去年1月，公司获得了500万元的天使投资，今年3月，又获得A轮融资1500万元。“我们的目标是做新疆特色产品第一品牌。”蒋金亚说。

2014年云南鲁甸发生地震，阿迪力从新闻中得知，因为缺水，有的救灾官兵在用浑水泡面吃。想到自己的切糕热量高，便于食用，还能长期存储，他和两位合伙人一商量，决定向受灾群众和救灾官兵捐赠5吨切糕。这车切糕得到了当地群众和救灾官兵的欢迎。

因为创业和救灾，阿迪力成了老家和湖南两个地方的名人。在阿迪力看来，长沙已经是自己的第二故乡。而他的合伙人蒋金亚也把新疆当作了自己的“娘家”。对他来说，创业让他与新疆这块遥远而美丽的土地结下了不解之缘，新疆的特产成就了他的事业，也成就了合伙人之间的友谊。阿迪力觉得内地同胞工作能力强，很喜欢探索新事物，是生意上的开拓者；而两位汉族小伙则觉得阿迪力稳重踏实，是决策时的冷静剂。

公司已经招聘了4位少数民族员工，两位在新疆负责原料采购，两位在总部办公室工作。在几位合伙人看来，民族、宗教上的差异不仅不是负担，反而给公司发展带来活力。

阿迪力把平时打工攒下来的钱和父亲给的资助凑了1万元，蒋金亚也出1万元，另一位后加入的同学蒋春杨也出了1万元。维汉三名青年的创业故事，就从这3万元创业启动资金开始。

三个人亲自动手，试做了十多斤，往网上一挂，没想到当天就有十多个订单，卖掉了六斤多。十多斤、三十多斤、几百斤……生意越来越火，到2014年5月份，“切糕王子”网店就已经有每月六七万元的销售额。

2014年6月，在纪录片《舌尖上的中国2》中玛仁糖被隆重推介。“切糕王子”的销量扶摇直上，月销售额很快从十万破百万，2014年全年销售额达到2000多万元。

借着这一势头，去年1月，公司获得了500万元的天使投资，今年3月，又获得A轮融资1500万元。“我们的目标是做新疆特色产品第一品牌。”蒋金亚说。

2014年云南鲁甸发生地震，阿迪力从新闻中得知，因为缺水，有的救灾官兵在用浑水泡面吃。想到自己的切糕热量高，便于食用，还能长期存储，他和两位合伙人一商量，决定向受灾群众和救灾官兵捐赠5吨切糕。这车切糕得到了当地群众和救灾官兵的欢迎。

因为创业和救灾，阿迪力成了老家和湖南两个地方的名人。在阿迪力看来，长沙已经是自己的第二故乡。而他的合伙人蒋金亚也把新疆当作了自己的“娘家”。对他来说，创业让他与新疆这块遥远而美丽的土地结下了不解之缘，新疆的特产成就了他的事业，也成就了合伙人之间的友谊。阿迪力觉得内地同胞工作能力强，很喜欢探索新事物，是生意上的开拓者；而两位汉族小伙则觉得阿迪力稳重踏实，是决策时的冷静剂。

公司已经招聘了4位少数民族员工，两位在新疆负责原料采购，两位在总部办公室工作。在几位合伙人看来，民族、宗教上的差异不仅不是负担，反而给公司发展带来活力。

一万亩麦田，从种到收只雇了5个人，每亩还增产50斤

大数据种科技粮，手机一滑省事高产

2016年7月03日 来源：《新华每日电讯》 记者：林嵬、宋晓东、史林静

一万亩的麦田，从种到收只雇了5个人，并且亩产高达650公斤，河南省鹤壁市淇滨区钜桥镇的种粮大户唐全合又一次创造了新记录，而一切的妙招就是用大数据来种田。

利用现代科技，唐全合每天足不出户就能不间断地接收到土壤温湿度、降水概率、叶面积指数等数据，根据数据分析决定播种、管护、收获，不仅提高了生产效率，还降低了成本。正是大数据种田，让唐全合创造出了麦田里的新传奇。

唐全合的农业大数据主要来自星陆双基气象监测系统。坐在鹤壁农业气象试验站星陆双基系统操作台前，抬头向左，全市所有万亩方粮田实景清晰可见；扭头向右，卫星划过，满屏数字急速跳跃；分秒间，通过陆基

采集的地下8个层面和地面2个层面的农业数据与卫星传输回来的“天外数字”交汇融合，地表温度、土壤水分、叶面积指数等重要农业参数立刻呈现眼前。农民和农业干部通过手机客户端，就可以实时接收数据，为农业生产决策提供科学参考。

大数据种地改变了传统农业的生产方式，也极大地提高了农业生产的效益。“通过星陆双基的大数据分析，可以及时提供病虫害防治信息、小麦最佳收获期等重要数据，实现每亩增产50斤左右。”鹤壁市气象局局长张睿光说。

大数据的应用不仅让农民种田更加高效，也让农业干部对农业生产的指挥更为精准，工作更加有的放矢。“过去‘三夏’恨不得住在田里头，现在手机一滑就能看到全县麦田的长势情况和数据，方便又高效。”浚县农业局高级农技师胡振方说。

每早第一件事，浚县分管农业的副县长李清杰就会打开手机里农业物联系统的APP。通过手机，不仅能察看大田里农作物的长势，还能收到苗情、墒情、病虫害情况、气候等一系列数据，“根据这些农业数据，我们可以提前安排喷防、灌溉等工作，提高了农业生产工作的预见性和针对性。”李清杰说。

“好种出好苗、良种配良法”，大数据技术在良种的选育和农技推广方面也发挥着越来越重要的作用。经过几十年的探索和数据分析，鹤壁市农科院仅玉米品种就已培育出数十个，一代代种子的大数据研究积累为培育良种奠定了基础。鹤壁市农业局副局长胡全贵介绍，5年间，鹤壁市高标准粮田小麦平均亩产从550公斤提升到640公斤，其中良种的贡献率超过了40%，目前浚县等农业大县的良种覆盖率已达到100%。

“种子一撒，看天收粮”的传统农业时代已渐行渐远，大数据技术在农业生产的广泛应用不仅夯实了粮食高产的基础，也改写着中国农业的历史。“科技对农业的贡献率不断提升，‘科技粮’是未来中国农业增产增效的最大潜力。”农业科技专家茹振钢说。

内蒙古苏尼特左旗试点“智慧牧场”
手机放牧　羊不丢还增收

2016年8月30日　来源：人民网-《人民日报》　记者：吴　勇

傍晚，到了羊群回圈的时间，打开手机微信，进入电子围栏放牧系统，内蒙古锡林郭勒盟苏尼特左旗牧民裴晓飞的羊群实时位置、当日行走距离、羊群运动轨迹等实时信息就显示在手机上了。

根据电子地图上的羊群位置信息，裴晓飞跨上摩托车直奔羊群所在的位置，大约10分钟就找到了羊群。每天早上放羊出圈，晚上再赶回羊群，裴晓飞自从去年用上了羊群卫星定位跟踪系统，节省了大把时间。

苏尼特左旗是内蒙古自治区农村牧区综合改革示范试点，通过实施“智慧牧场”项目，牧民放牧的生产方式发生了质的改变，而羊群移动卫星定位只是其中的一个方面。

基于物联网的新型草原自动化养殖监管技术，包括监控终端平台、气象单元、圈舍单元、补饲棚单元、体征监测单元以及GPS移动定位、无线网络系统等功能设备。

“除了赶羊回圈，其他的所有工作利用手机就能完成！”裴晓飞打开电脑，每只羊都有一张与耳标编号一致的数字身份证，配有相应的照片，从接羔到出栏，羊的生长全程都可进行溯源查询。棚圈周围，羊圈及牧场状况可以利用视频进行实时监控，系统还可以对牧场温度、湿度、氨气和水质等指标进行监测预警，利用总平台可以控制圈舍光照系统、饮水槽开关、棚圈自动门、羊群GPS定位以及草场周边环境监控。

苏尼特左旗农牧综改办主任龙云鹏介绍，此前，定位系统只能提供羊群的活动轨迹。2016年，在原系统的基础上，又为牧民的草场划定了电子地图，每户牧民的草场边界清晰可辨。只需要在头羊的脖子上套上定位器，羊群在草场上活动，位置一目了然。“建设这套系统的初衷是为溯源羊肉提供基础数据，证明羊是在自然条件下放牧生长的，我们的最终目的是通过追溯体系，实现羊肉的优质优价，从而增加牧民收入。”

“去年，溯源羊肉的价格每公斤要高出市场价2—3元，我家出栏400多只羊，收入增加了约1万元。”裴晓飞竖起了大拇指，滔滔不绝地细数着高科技放牧的好处，“以往，我每年雇用长期羊倌的费用是5万元左右，现在有了这套系统，大大节省了人力。不用雇人，省下的支出全部转换成了纯收入，这是过去想都不敢想的。”

“大数据+慢病管理”释放“健康红利”

这种模式可积极促进分级诊疗落地，但仍有瓶颈制约着其发展

2016年7月29日 来源：《新华每日电讯》 记者：董小红

“通过上一周的血糖曲线和走路步数来看，侯爷爷您还需要管住嘴、迈开腿哦。”指着电脑里的监测数据，唐兰认真劝说侯玉国。

在成都市锦江区狮子山社区卫生服务中心，健康管理师唐兰正在对社区居民侯玉国新一周的饮食锻炼进行指导。今年63岁的侯玉国患糖尿病十多年了，血糖一直控制的不好，经常引发并发症。

这是四川省第四人民医院联合成都社区卫生服务中心共同探索打造的糖尿病管理新模式——“社区糖管家”，通过健康数据的实时监控及大数据分析，对糖尿病患者的患病、服药、治疗等进行多角度测评，并针对患者个人情况开展具有个性化的指导和健康教育，从而提高慢病患者的生活质量，降低治疗支出。

“社区糖管家”，是“大数据+慢病管理”模式的一种具体实施途径。从实践看，“大数据+慢病管理”有利于让优质医疗资源下沉到社区，有效促进分级诊疗落地，改变重“医”轻“防”观念，进而遏阻我国慢病“井喷”的态势。

身边的“社区糖管家”

让优质资源真正下沉到社区，真正促进分级诊疗落地

“‘大数据+慢病管理’的方式，让优质资源真正下沉到社区，这种联合管理方式既为糖尿病患者提供了方便，又保证了管理质量，真正促进分级诊疗落地。”狮子山社区卫生服务中心主任刘齐荣说。

四川省第四人民医院内分泌科副主任医师李丙蓉介绍，“社区糖管家”是在引进台湾糖尿病管理模式基础上，结合四川慢病患者情况，利用大数据技术，制定针对糖尿病的单病种个案管理，由省四医院专科医生、社区全科医生、糖尿病个案管理师，通过面访与信息化相结合的方式，共同对患者进行全程管理。

“以前都是病情严重了才去医院，现在手机里APP记录血糖和锻炼情况，每周有专业医生进行数据分析调药，还有专业人员指导饮食、运动，还可以通过社区远程会诊系统找大医院专家咨询，很省心。”侯玉国比较满意。“社区糖管家”自今年初试行后，患者反馈良好。

在全国多地，“大数据+慢病管理”方兴未艾、风潮兴起。中国疾控中心与百度合作，基于大数据进行疾病预测，更好掌控流行病整体态势；支付宝已经与全国400多家医院达成合作，建设“未来医院”，通过支付宝实现挂号、缴费、查报告、B超取号、手机问医生等全流程服务。今年初数据显示，“未来医院”已经服务超过5000万人次。通过“未来医院”大数据分析，可以有效监测人群健康情况。

慢病高发“井喷”

传统管理模式“无奈”，亟待借助大数据技术创建新模式

“传统的疾病医学核心是，患者得了什么病，医生就治疗什么病。”中国工程院院士俞梦孙近日在成都接受记者采访时说，单一治疗病症的疾病医学模式已经不适应我国现今慢性病发展趋势。

数据显示，我国因慢性病导致的死亡占居民总死亡率的85%，导致的疾病负担已占总疾病负担的70%，我国慢性病高发已呈“井喷”态势。

面对新形势，以社区卫生服务中心为主的慢病管理模式，是近年来国家倡导的一种新医学模式，社区卫生服务机构直接服务于慢病患者和高危人群，为辐射社区的慢病患者建立健康档案、定期随访，开展慢病监测和危险因素干预。

然而，记者在多地实地调查发现，现有社区医疗机构资源投入有限、慢病管理网络不健全、社区医院评估回访不规律，尤其是社区医疗机构人员匮乏，难以承担庞大人群的慢病管理工作，大部分患者还是倾向去上级医院问诊开药。

随着我国人口老龄化进一步加剧，如不加以积极有效防控，慢性病还可能成为严重的社会问题。在俞梦孙看来，我国应该尽快建立健康医学体系，尤其是借助日益强大的大数据技术建立广泛的人群健康监测网络，让每个人都拥有自己的电子健康档案，跟踪监测自身的健康发展情况，同时整个社会形成预防为主的健康医学氛围，预防疾病于未然。

新模式仍需多方“突围”

促进“大数据+慢病管理”模式落地，亟待突破制度缺位、医保难报销、监管跟不上等瓶颈

记者在调研中了解到，全国多地利用“大数据+慢病管理”，不仅可以对慢病进行预警，还能为患者提供全过程的慢病管理服务，有利于破解传统社区慢病管理模式的困境。同时，业内人士也指出，要进一步促进“大数据+慢病管理”模式落地，亟待突破制度缺位、医保难报销、监管跟不上等瓶颈。

一是加强制度设计、完善相关政策。四川省经信委软件与信息服务处处长陈文涛说，当前医疗大数据存在法律规定上的缺失，尤其是在慢病数据方面，没有一个明确的法律界定，哪些数据可以公开、哪些不能，没有制度可依、缺乏政策规范，易造成行业混乱。

二是将“大数据+慢病管理”纳入医保报销，减轻基层医疗机构和患者负担。刘齐荣说，“大数据+慢病管理”对基层要求很高，要培养专业的健康管理咨询师、建立一套完善的信息化系统，而且慢病是一个长期的过程，患者长期投入很大。要从根本上转变患者重“治”轻“防”的理念，还需要利用医保杠杆，有效引导患者注重平时的预防和慢病管理。

“现在去医院看病能够报销，不少患者就非要等到出现症状或并发症才去看，如果平时慢病预防和管理费用也可以报销，免除了患者的后顾之忧，就能让更多人真正愿意对慢病进行管理。”刘齐荣说。

三是探索新的医疗监管方式，适应“大数据+慢病管理”的发展。李丙蓉说，目前各地“大数据+慢病管理”探索如雨后春笋般涌现，但是医疗行政部门的监管还主要是老办法，电子处方如何管理、线上医生和护理团队如何监管……这些都是目前迫切需要解决的燃眉之急。

同时，业内人士还建议，畅通各级医疗机构的数据共享通道，让患者的健康数据在大医院与基层社区卫生服务中心之间实现无缝对接，真正促进“大数据+慢病管理”落地。

让互联网带走失者回家

2016年7月17日　来源：《经济日报》　记者：佘颖

一位无法与人正常交流的老人，身上也没有任何能表明身份的标识，该怎样帮她找到家人？又需要多久才能把她送回焦虑的家人身边？

“弹窗推送信息，最快6分钟！”今日头条高级副总裁赵添自豪地说。今年5月19日，北京通州区救助站借助今日头条为一位70岁的脑血栓患者寻找亲人，从推送信息到联系上老人家属只花了6分钟，成为头条寻人迄今为止最快的成功案例。

“这就是互联网+救助站的力量。”民政部社会事务司司长王金华感叹。

成功率近40%

最近，今日头条的用户时不时会在本地频道看到头条寻人的信息，大都是在用户附近走失的老人。这是今日头条今年2月刚刚上线的纯公益项目“头条寻人”。

“为什么是老人，不是孩子呢？走失儿童不是最常见吗？”

面对《经济日报》记者的问题，头条寻人项目负责人徐一龙却说，这是一个由爱心引发的“误会”。启动之初，头条寻人也曾把关注点放在走失儿童身上，还曾经跟“宝贝回家”项目合作过。但运作一段时间后，他们发现在城市里儿童走失的案例很少。农村地区虽然也存在部分儿童走失的情况，但跟踪后发现大多其实是溺亡或被拐骗，并不是真正的走失。

在后期的调研中，头条寻人项目组发现老年人和失能、失智人群才是现实生活中最容易走失的，也是救助站实际接收数量最多的人群。尤其是随着我国老龄化人口的比例持续上升，阿尔兹海默症患者愈发增多，这些失智老人极容易走失。

徐一龙估计，全国每天走失的老人在300名左右。而且老人普遍腿脚不好，行动较慢，离走失地距离不会太远，很适合今日头条基于地理位置的寻人推送。所以，他也把今日头条的寻人项目称作老年版的“宝贝回家”。

为了搜集信息，今日头条原本开通了4种寻亲通道：电话、邮箱、微信和微博。在实施过程中，徐一龙发现部分走失人员会由公安机关或热心群众护送至救助管理机构，所以他们也尝试与北京、安徽、河南等地的救助管理机构进行合作，形成了一套较为顺畅的寻亲对接流程。

7月初，民政部跟今日头条签订了合作协议，以后全国2041个救助管理机构在为救助人员提供寻亲服务时，只要在录入信息时选择“推送到今日头条”，就能够将信息一键推送到今日头条，再由他们向用户精准推送。推送方式主要有两种：一是以发现走失人员的地点为轴心画地图，向用户弹窗推送寻亲信息；二是以走失人员的疑似家乡地点为轴心画地图弹窗推送。“从接收到求助信息，到完成检验核查，再到推送，通常只需25分钟。”徐一龙基本满意这个速度。

目前，今日头条用户数量已达5亿人，活跃用户超过1.25亿人，每个用户平均每日使用今日头条的时长超过62分钟。庞大的用户群体、超强的用户黏性，极大地提高了帮助走失者成功寻亲的可能性。

上线不到半年，头条寻人先后在全国各地成功帮助62位走失者找到家人，其中有19名走失者是在与民政救助管理机构的合作中找到的。“救助管理机构提供的寻亲信息一共弹窗49条，找到19人，意味着每弹窗不到3条就能找到1人，成功率高达38.7%。”赵添表示，这充分说明救助管理机构与“互联网+”的合作协调机制取得初步成效。

人海寻亲

姓名：2016216

性别：女

年龄：目测50岁

发现日期：2016-6-29

发现地点：南宁市安吉大道春城家居马路对面

联系方式：0771-5615277

救助单位：广西壮族自治区南宁救助站

在全国救助寻亲网上，这位皮肤黝黑、身穿橙色T恤的女子只有一张似乎躺在地上的照片和这些简单信息。在这个民政部搭建的公益性救助寻亲网上，还有许多这样的“无名氏”在默默等待着家人。

2003年以后，我国开始实行临时救助管理制度。截至2015年，全国共救助生活无着人员约2588万人次，跨省份接送各类受助人员约113万人次。

在日常的救助工作中，各地救助管理机构每年都会救助大量疑似走失、被拐的老年人、妇女、未成年人和疑似精神障碍、智力障碍人员。这些受助人员大多无法提供准确的个人信息和家庭信息。救助管理机构在为他们提供基本食宿等临时救助服务的同时，还要帮他们寻找亲人。

通常，经初步问询未能确认身份的救助人员，各地救助管理机构会在24小时内通过广播、电视、报纸、网络等适当形式发布寻亲公告。今年1月1日，民政部上线了全国救助寻亲网，走失人员家属可以通过网站快速检索到全国各地发布的受助人员寻亲信息。

同时，民政部门还与公安部合作，明确公安机关要及时受理救助管理机构报告的疑似走失、被遗弃、被拐卖的受助人员报案信息。对无法查明身份的受助人员，公安机关要免费采集受助人员DNA血样，录入全国打拐DNA信息库，并将比对结果反馈至救助管理机构。

今年以来，民政部还与社会公益组织、新闻媒体、互联网公司开展了多种新型合作。他们与中央电视台“等着我”栏目合作宣传寻亲典型案例，还与腾讯等互联网公司开展互助救助寻亲模式。与今日头条的合作则是最新尝试。

依靠多元化的救助寻亲渠道，今年1至6月，全国救助寻亲网已发布寻求公告2万多条，报请公安机关采集DNA血样5789人次，帮助1570名受助人员成功寻亲，并及时返回家庭。

甄别有难度

目前在我国，处理走失人员的工作程序一般是先报警，因为警方有一个比较完整的询问和查验机制，可以识别走失人员的基本信息。如果实在找不到，警察会第一时间将他们送到救助站。而民政部门又通过自己的渠道，如全国寻亲救助网和今日头条等帮助寻亲。

这种一级一级的程序相对比较完善，且有章可循，有法律保障。特别是依靠技术的力量，寻人寻亲成功概率大幅提高。赵添表示，如果寻亲寻人一直不成功，信息就会一直挂在头条栏里。

近期，今日头条就将上线寻人频道，在客户端里增加“报失”键，方便社会公众提供线索。但赵添也强调，公众提供的信息准确率较低，甄别比较困难。徐一龙坦承，特别是小孩和成年人走失情况会比较复杂，所以他们要求公众在提供这两类线索时必须要有报警信息。而且今日头条还会跟当地公安机关核实，确认的确有报警信息之后才会启动推送流程。

因为与公安机关和民政部门合作，头条寻人信息的真实性基本可以得到保证，而且来自政府部门的信息大都会有照片、名字或联系方式等信息，也便于公众识别。上线至今，他们推送的1000多例老人走失信息中没有一例是假的。

“不过，从实践来看，报警才是处理走失寻亲最权威最及时的方式。”王金华表示，“应该通过法定途径、法定机构和官方认可的途径来寻人寻亲。”

国内最高级别双创平台上线 “小生意”做成“大买卖”

2016年3月14日　来源：《光明日报》 记者：周立权、王昊飞

“豆腐西施”“蘑菇皇后”“孔雀公主”……这是近年来网民和农民们给予吉林省长春市一批返乡创业女大学生的美誉。她们大学毕业后返回农村，“结盟”创业，将农村传统“小生意”做成“大买卖”，累计带动2.5万农户致富、1500名农民就近就业。

“豆腐西施”卜睿2008年毕业于长春大学，利用祖传手艺从小作坊做起，经过几年拼搏现已建起占地4000平方米的公司，从单独制作豆制品到利用豆腐渣、豆腐浆养猪、养鸡，从摆摊进城卖豆腐到O2O接收订单。2015年创收430万元，带动80余名农民就业。她说：“大学女生毕业回到农村创业看似没那么体面，但其实农村到处是商机。”

“当年有乡亲说，毕业回家卖猪肉，大学不是白念了吗？我只想用实际行动回应。”毕业于延边大学的隽明明说。2010年起，她依托老家的黑毛猪生态养殖技术创办养殖基地，结合之前开网店卖服装的经验开发O2O平台，如今已在城里拥有两家实体店，并衍生出猪油渣、猪肉馅饺子、腊肠等商品，“猪肉西施”的名号不胫而走。2015年创收500万元。

九台区西营城镇的贾艳辉，大学毕业后回乡创业经营水稻，目前已带动70余名农民就业。负责销售工作的31岁农民张立秋说：“现在月收入1200元，虽不如在城里当饭店服务员多，但是没那么累，还能每天下班回家照

顾老人和孩子。”

36岁的杨岚告诉记者，她老家在长春市下辖的榆树市土桥镇，2002年大学毕业后，放弃在城里当教师的机会，回乡和丈夫合力创办食用菌种植专业合作社。如今合作社已有77个食用菌大棚，102个村民加入，生产规模不断扩大，年收益200多万元。

为了让更多农民都走上致富道路，杨岚利用所学知识，针对农村现状，开办农业技术培训学校，除了普及食用菌种植技术，还培训手工编织、月嫂服务等内容。目前，她已带动2200多名农民走上食用菌种植创业致富道路，她也被村民们亲切地称为“蘑菇皇后”。

长春市九台区纪家镇的徐丽秋被誉为“孔雀公主”。5年前，徐丽秋辞掉城里的工作返回老家办珍禽养殖场。养殖场从最初的30只孔雀，发展到如今的500多只孔雀、200余只白冠长尾雉等其他珍禽。她现在已拥有占地面积17万平方米的现代休闲农业园区，带动周边村屯50多名妇女就业。“大学生不一定非要把事业放在城市，找准市场最重要。”徐丽秋说。

2015年4月，在长春市妇联的支持下，卜睿、隽明明、杨岚、徐丽秋等13名创业女大学生结成创业“联盟”。

卜睿说：“成立创业‘联盟’后，我们定期交流，不断研究发展新形式，分享新的成功经验，以便能更好地带领村民们致富。”

长春市妇联农村部部长纪岩红介绍，这些返乡创业的大学生对农民和黑土地很有感情，学习能力强、敢想敢干。因此，长春市妇联对这一群体给予特殊关注，政府有关部门定期为她们安排专家对电商运营、企业家打造、职业女性礼仪等主题进行培训，还安排她们到北京大学听课，鼓励扶持她们抱团闯市场、谋发展，带动更多的农村劳动力实现就近就地增收致富。

易事特：从贴牌生产到自主创新

2016年3月23日　来源：《经济日报》　记者：庞彩霞

走进位于东莞松山湖高新区的广东易事特集团股份有限公司，只见院子里摆放着一排排集装箱。记者好奇地问："七八年前，我不止一次来过你们公司采访，记得你们是专做UPS（不间断电源）的，怎么现在改行了？"

"没错，UPS现在仍然是我们的主业，而且是越做越高级，和你以前看到的大不一样了。"易事特董事长何思模兴奋地解释着，"这些集装箱是个1兆瓦的光伏发电站，在沙漠上能起大作用，这是公司新的增长点"。近年来，易事特调整发展战略，除了继续做好主业，也涉足光伏发电和智能微电网领域。"抓住战略性新兴产业这个大好发展机遇，公司的竞争力就会大大提升。现在效果已初步显现，2016年公司产值预计又会翻一番。"何思模说。

1989年，大学毕业不久的何思模靠3000元在江苏扬州创办了易事特，生产稳压电源。工厂于2001年搬迁到东莞，开始主要给德国施耐德等外国品牌做贴牌、代加工。2006年，施耐德和易事特共同成立了一家合资公司，主要生产UPS。

代工生意虽说业务稳定、简单，但挣的是辛苦小钱。何思模开始寻思着怎样改变低端定位。于是，他开始组建自己的研发团队，在贴牌生产的同时进行技术创新，着手打造自己的品牌。

2008年国际金融危机爆发，反倒让"有准备"的易事特得以借船出海，闯关国际市场。原来，公司合资方施耐德在国际金融危机中遭受重创，股价跌去75%。何思模觉得"抄底"的机会来了，几经谈判，易事特最终仅以2.77亿元回购施耐德在合资公司中所占的60%股权，公司也实现了从合资企业到全民营企业的转型，从而实力大增。何思模介绍，2009年易事特的业绩比2008年翻了一番，2010年以来的增幅从未低于50%。

比“抄底”500强企业更令何思模得意的，是成功拿下美国夏威夷地铁的UPS项目。2007年，何思模在美国硅谷考察时偶然得知夏威夷要建地铁的消息，他的团队很快拿出了实验报告。“对方开始不相信我们能够提供他们要的方案。”于是，何思模让团队带着方案去硅谷反复做“破坏性”实验。结果，高效安全的方案折服了当地政府，赢得了订单。“直到2015年10月才将货交齐到夏威夷的檀香山。”技术攻关、合同谈判……数不清的日夜煎熬，易事特最终换来了一张漂亮的国际轨道交通电源工程通行证。

近年来，尽管易事特已经稳居UPS行业“老大”地位，但它做大做强的梦想从未停止。纵向上，依靠精耕细作提升产业链，不断做好主业，从过去提供单个产品到为客户提供IDC数据中心一站式产品服务，目前产品出口世界100多个国家；横向上，整合技术力量，驰骋战略性新兴产业蓝海，力争“做强”光伏发电站、“做大”新能源充电桩。

易事特已于2014年成功登陆创业板，目前市值近170亿元。“企业要不断地创新技术和商业模式才有未来，代工时代毛利只有6%，自有品牌时代高达35%至40%。”何思模的话道出了企业转型的紧迫性，也显示了升级后的巨大诱惑。

易事特无疑是东莞加工贸易转型升级的一个精彩范例。今年1月18日，国务院印发了《关于促进加工贸易创新发展的若干意见》，明确指出加工贸易创新发展的核心就在于创新，进出口要从“大进大出”转变成“优进优出”。作为依靠加工贸易起家的城市，东莞在历经多年的艰难改革创新之后也迎来了一片难得的“春色”：目前有200多家加工贸易企业拥有了自主品牌，累计注册品牌突破1万个；每出口100件产品，就有74件是加工贸易企业自主研发、设计的产品。

与之相伴的是东莞经济发展的自主性正不断增强。东莞市统计局局长梁佳沂说：东莞一般贸易出口占全市出口比重由2010年的13.7%提高到2015年的36.6%；外向依存度从最高时的433.8%下降到目前166.3%；民营经济增加值占GDP的比重已达48.5%，5年提高了近5个百分点。

英国创新创业教育的启发

2016年2月16日　来源：《光明日报》　记者：张君萍

有学历不等于会创业，能否适应经济发展的需求成功创业并获得发展，既关乎个人前途，更关系到国家经济的良好运行。因此，有针对性的创业教育近年来正受到越来越多国家的高度重视，被视为人才培养的一个基本策略。在建设创新型国家、实施创新驱动发展战略的时代背景下，我国政府也高度重视创新创业教育。2015年5月，国务院办公厅《关于深化高等学校创新创业教育改革的实施意见》发布，对高校创新创业教育改革工作作了全面部署。

但是，我国在创业教育方面的基础还比较薄弱，经验有所欠缺。他山之石，可以攻玉。及时汲取其他国家的经验和教训，有助于我们尽快赶上国际领先水平，甚至取得跨越性发展。在这方面，笔者以为，英国的相关经验或可给我们提供一些启发。

据笔者所知，迫于20世纪70年代的经济危机与就业压力，英国政府从80年代开始即将创业教育视为能够提升“国家经济发展驱动力”的重要手段。从全球范围来看，它是开展创业教育最早，积累经验最为丰富成熟的国家之一。经过近30年的探索与实践，英国形成了由政府、学校、企业和民间社团协力合作、共同推动创业教育发展的特色体系。

其中，英国高等教育质量保证署（QAA）是负责制定英国高等教育的标准与质量的独立机构，出台了一系列高校创业素质和创业实践教育方面的指导纲领，这是世界上最早为创业教育而制定的国家级质量保证纲领。该国还有不止一家致力于促进创业教育发展的国家级专业机构，其中成立较早者为“英国创业教育者协会”，其前身系英国政府贸工部于1999年设立的“英国科学创业中心”，成立之初即设立8个中心，覆盖境内60余所高校，被时任英国科学大臣称为“英国大学文化变革的催化剂，旨在使大学与企业关系更加密切并提高大学对经济增长、就业和生产力的贡献度”。2007年更名为现名，性质也更改为民间社团，不再需要由政府出资而是依靠企业捐赠和其他资金渠道来运营，运作方式更加灵活，效果也随之得到提高。

现任协会主席卡伦·比尔女士曾向笔者介绍说，该机构的宗旨是支持英国高等院校通过开设相关课程和课程以外的各项活动来开发、实施创业素质和创业实践教育。它是全球领先的创业教育推动组织，至少在欧洲范围内具有独一无二的地位。主要体现在：

第一，会员众多，影响面广。英国境内共有130余所高校，其中103所是协会的正式会员，涉及面高达75%以上。如牛津大学、杜伦大学、伦敦大学学院、阿斯顿大学、伦敦大学玛丽女王学院等名校都是热心参与各项活动的重要会员。

第二，协会的核心成员都是颇有建树的创业教育专家，对近年来政府出台的一系列相关政策和议案或直接参与制定或提供咨询和建议。比如，担任英国首相创业顾问的戴维·扬勋爵围绕小企业和创业这一主题分别于2012年、2013年和2014年向政府提交了三个报告，所提建议和措施多数被英国政府采纳和实施。其中，2014年他完成的《让你的公司成长壮大》直接促成了英国“小企业纲领”的诞生。该“纲领”旨在将英国最好的商学院与英国境内490万中小企业及新创建的公司联系在一起，以共同推动国家经济的可持续增长。该组织设立的“小企业纲领奖”，授予那些在支持中小企业方面取得瞩目成绩的商学院。经过严格评估与筛选，目前已有31所商学院获此殊荣。而在这背后，创业教育者协会专家们的研究和调查对戴维·扬勋爵的报告有很多直接的贡献。

第三，搭建高校与企业的桥梁。协会除拥有103所大学正式会员外，还有一千多家机构和企业的负责人作为协会的合作伙伴，共同支持创业教育和学生的创业实践，使其从课内走向课外、社区、企业及整个社会，为学生毕业后真正面向社会进行创业奠定了良好基础。

协会的另一个举措是自2011年起启动创业教育项目基金，用以赞助其会员单位在创业素质和创业实践教育方面，创建新的教学资料与资源，或进行有重要意义的项目调研。例如提赛德大学曾经承担非营利机构和营利机构创新创业比较研究课题，用丰富的案例分析得出非营利机构的创新创业更受关注的结论。白金汉大学也通过该基金的赞助编纂了如何鼓励女学生参与创业的指导教材。目前在研项目也颇多，比较有特色的课题如普利茅斯大学承担的题为《探究从未涉及的领域——从学生的视角衡量创业教育之影响》等。这些项目的实施对于促进英国高校毕业生顺利进入创业领域已经或正在产生积极的影响。

作为民间机构的英国创业教育者协会，由于其在高等院校和企业之间建立起有效的合作渠道，能够及时了解企业和学校两方面的需求，从而不断推出新举措，真正把企业的需求、高校的学术与技术潜力、学生的创新意识、创业前的各项准备等内容纳入自己的工作中，并不断推陈出新，有效推动了英国高校毕业生进入创新创业领域的进程，受到相关企业、高校和广大学生的较高评价。协会自身的发展也很迅速，对创业教育在英国的普及和深化正产生着越来越大的助推作用。这些探索和经验，比如如何加强高校与企业的联系，如何设置高校的创新创业课程、如何培养并帮助学生完成创业前的知识技能储备和心理调适等，显然对我国相关领域的发展不无启发意义。

把汽车维修搬到网上

2015年5月22日　来源：《人民日报》　记者：韩秉志

爱车到了保养期限，你会选择去4S店吗？预约、堵车、排队、等待……没五六个小时根本下不来。现在，你也可以选择一种更轻松的方式：拿起手机，打开微信公众号，预约技师上门保养，只需一两个小时，保养就在你家门口完成了。这就是“互联网+汽车维修”带来的便利。“80后”王正坤创业做起“易快修”，看中的正是这块潜力巨大的新蛋糕。

“到4S店去修车，不仅排队等待时间长，关键是换个零件漫天要价，维修过程也不透明，生怕被人宰了。”创业前，算得上资深车迷的王正坤对传统4S店的糟糕体验很不满意，“既然都达不到我的要求，那我干脆自己来做。”

2013年，王正坤放弃了高薪、稳定的外企程序员工作，投资了一家维修厂，从“白领”变成了“蓝领”的带头人，“尽管当时看到互联网汽车售后服务市场的前景，但由于之前并不知晓从什么地方入手，我想还是从最原始的汽修厂干起。”

积累了一年的实践经验，王正坤更有底气了。他决定进军互联网汽车售后服务市场，把维修厂的业务搬到网上去。2014年6月，易快修正式成立。5个月后，年轻人的创意和执着赢得了风投的青睐，来自知名投资人王啸的千万元天使基金让王正坤如获至宝。当然，风投不会自己从天上掉下来。为了拿到天使投资，在这之前王正坤用了一些“笨”方法获得了前1000个种子用户。为了揽来客户，他把易快修招牌打到了4S店附近，与传统修车厂同台竞技，让客户对他们的服务有了更直观的体验。偶然听说某车友会要组织去京郊摘西瓜，王正坤也嗅到商机，前去低价洗车，顺便推广业务，一举俘获了100余位高端车主的心。

瞄准市场痛点，找准客户所需，“站在风口上”的易快修快速成长。不到一年时间，易快修就从原来的10人团队扩大到500人规模，服务客户已超过20万人次，月增幅达300%，重复购买率达到六成，还拿到了来自光速创投的1200万美元A轮融资。

短期内的快速成长，并未冲昏王正坤的头脑：“相比传统的修理厂，我们的人员数量很大，销售人员、营销人员也都不易管理。”为此，易快修制定了严格的制度，一旦员工出现“小病大修”、私自更换零配件等情况，就会被开除。此外，他们还设计了一款可拍摄视频、实现实时监控的APP，让公司和用户能随时监督技师的工作状态。完成订单后，视频将被上传至资料库，供客户随时查验。他们还建立了及时高效的用户反馈机制，“处理好客户的每一次投诉，也是我们赢得用户信赖的好机会。”

线下推广仍然是易快修招揽客户的重要渠道。最近，他们瞄准了社区这一离用户场景和应用最集中的环节，制定了渗透战略。在北京八里庄街道，凡是响应“不开斗气车”倡议的车主均有机会享受易快修的1分钱洗车服务。在王正坤看来，对互联网行业而言，获取用户信任比什么都重要，而体验是建立信任的好方式。

大学生丁小恒和他的“草帽农场”

2016年1月19日　来源：《经济日报》　记者：牛瑾　通讯员：马超

“多亏丁总，帮我把滞销的苹果卖了出去，要不然，我真不知道该怎么办了！”天津市蓟县西龙虎峪的郭树学是一位地地道道的农民，他一直苦心经营着自家的苹果园，但收益却不理想。蓟县苹果本就知名度不高，又赶上现在全国水果销售形势都不好，他家果园中的苹果处于滞销状态。而这一情形，在遇到“丁总”后有了改观。

郭树学口中的“丁总”其实年龄并不大，就是南开大学化学学院2013级硕士研究生丁小恒。去年上半年，他和计算机与控制工程学院2008级本科生高杨一起，创建了“草帽农场”团队，目的是建立从“农民手中”到“用户家中”的“O2O”一体化直通车。

“创业要抓住痛点，痛点解决好了，就是‘利器’！”抱定这样的想法，本科时期就已经有创新梦想的丁小恒在研究生期间踏出了创业的第一步。

在丁小恒看来，第一个痛点在于农产品（12.90，0.50，4.03%）没有“标签”，出现问题后难以溯源。“商品一般都有品牌，我国农产品却很难有其专属品牌，烟台苹果、葛沽萝卜等虽然在农产品种类前都有一个定性的名称，但表明的只是产地属性，并不等于品牌。美国有‘都乐’这样的农产品知名品牌，我希望‘草帽农场’可以成为中国的农产品知名品牌。以后人们提起它，就会想到安全、绿色、可信赖。”丁小恒有着自己的长远目标。

“草帽农场”经营的所有农产品，必须经过团队亲自考察、确保产品绿色安全后，才从产地直接购入。在做蓟县苹果项目之前，“草帽农场”还做过陕西猕猴桃、云南石榴、汉沽玫瑰葡萄等。尽管目前还没有完全实现农产品“扫码即视”，但也算有了“草帽农场”这个标签，在一定程度上保障了农产品的绿色属性。

另一个痛点，就是农产品的销路问题。在不少农村，农产品生产分散，难以形成规模效应，导致销路受阻。

“前几年还有人上门收苹果，现在却没人来了，再不抓紧运出去，就只能看着它烂在果园里了。”正在郭树学犯难的时候，丁小恒出现了，不但帮他卖掉了苹果，每斤的收购价格还比以往批发商给出的价格高了不少。虽然郭树学不知道丁小恒是用什么方法做到的，心里却对这位大学生老总佩服得很。

“在农村，一定要用好电商这个利器，架起从农户到用户的直通车！”丁小恒坚信，随着“互联网+”时代的到来，在我国广大农村，电商的应用是一片蓝海。

于是，丁小恒和他的团队利用微信、微博的传播力在线卖起了苹果，还在天津市内设置了若干自提点。由于从农户手中直接收购省去了中间的若干环节，60元一箱（20斤）的价格在市场上还是相当抢手的。而“满15箱包邮”的优惠政策，又契合了时下最流行的“拼团”购物的模式。

有人说，丁小恒的两大创业利器实际上是“品牌”和“渠道”。“这只是人们表面看到的，市场的接受、团队今后的长远发展，最终凭借的是消费者的认可，我们必须做好产品本身，因为我们不想做只是凑了个热闹的短命创业团队，我们想走得更远。”丁小恒希望，正在开发中的农产品溯源体系今后能进一步完善，也希望帮助农民了解电商、学会运用电商，“授人以鱼”更要“授人以渔”。

第四章 Chapter 4 互联网时代的新技术

虚拟现实，不仅仅是“好玩”

2016年4月8日　来源：《新华每日电讯》　记者：彭茜

2016年被看作虚拟现实产业“爆发之年”。简单来说，虚拟现实就是利用计算机技术，模拟出逼真的三维虚拟世界，并通过视觉、听觉等让使用者感受到身临其境的效果。如今，这一颠覆式的人机交互技术开始在娱乐、教育、医疗等多个产业开启新的应用可能，而不仅仅是停留在科幻游戏的“好玩”层面。

高盛今年发布的报告认为，虚拟现实（英文简称VR）或将成为下一个大型计算平台，有能力发展成年营收数百亿美元的产业。报告显示，到2025年VR相关软硬件营收将达800亿美元，如迅速普及，年营收最多可达1820亿美元。

其实，虚拟现实并非新鲜事物，其概念萌芽于20世纪60年代，在90年代实现应用，但因高昂造价和较高使用复杂度，局限于商业和科技领域的狭小圈子。用户通过戴上头戴式显示设备（又称VR头盔），便可在计算机构建的虚拟世界中获得多感官的沉浸式体验，并通过传感器使自己的行为动作与计算机进行交互。

近十年来，随着技术进步和成本下降，VR逐渐普及。国际科技巨头开始在该领域迅速布局。分析人士认为，这次VR的“复兴”也跟2014年脸书公司以20亿美元收购虚拟现实硬件公司奥克卢斯（Oculus）以及力推虚拟现实概念有关。

谷歌也不甘落后地推出简易VR眼镜Cardboard，并与运动相机制造商GoPro合作，在YouTube网站上引入360度视频。据报道，谷歌已于今年一月建立全新VR部门。亚马逊流媒体视频服务Amazon Video也将很快推出自制的虚拟现实内容产品。

虚拟娱乐：体验《火星救援》

戴上VR头盔，手持手柄作为虚拟武器，瞬间便可“变身”为虚拟游戏世界中的阿凡达……由于游戏行业对新技术最为敏感、颠覆性体验最强、用户基础好，成为发展VR技术的桥头堡。VR自身的人机交互属性也使得娱乐产业成为目前VR技术应用最为广泛的领域。

早在1995年，日本任天堂公司就发售了虚拟现实游戏头盔VIRTUAL BOY，但由于当时这一概念过于超前，产品销售惨淡，最终湮没无闻。而今年，VR三巨头的消费级VR头盔Oculus Rift、HTC Vive和索尼PlayStation VR将陆续上市，美国拉斯维加斯消费电子展预测今年VR头盔销量将达120万套。全球第一个虚拟现实主题公园The Void也将于2016年秋季在美国犹他州开放。

游戏产业亦成为中国创客试水VR的首选。由北京大学数字娱乐实验室前成员方相原等人组成的团队成立时光机虚拟现实公司（TVR）专注VR游戏开发，其独立制作的第一人称动作解谜游戏已登陆三星旗下VR商店。来自清华大学、中国人民大学、北京外国语大学的“85后”创客打造的国内最大真人密室逃脱游戏品牌“奥秘之家”，也正在开发基于密室的亲情、魔法和盗墓主题VR游戏。

虚拟现实的沉浸感与临场感对于电影内容的表现也堪称得天独厚。21世纪福克斯公司正在开发以VR头显为依托的虚拟现实电影，观众已可通过预告短片交互式体验《火星救援》中被困宇航员的火星冒险。

美国导演乔治·卢卡斯创建了实验室ILMxLAB，利用虚拟现实和增强现实技术制作电影。电影从业者可在实验室用特制数码摄像机、平板电脑等设备拍摄交互式全息影像，当中不乏《星球大战》场景。这套VR技术套件未来可能会面向电影制作机构公开发售。此类VR视频拍摄与制作技术也已开始被《纽约时报》和CNN等媒体应用于新闻短片制作。

虚拟教育：“走进”埃博拉疫区

虚拟现实技术很早便应用在军事、航天等领域的教育培训中。如基于

VR的军事仿真训练、虚拟飞行器驾驶、虚拟汽车驾驶等。这类内容通常不需要特别逼真的场景渲染，但必须忠实无误地重现培训内容，以及操作错误时可能发生的危害，并且要在虚拟空间中对操作工具与设备仪表予以同步准确呈现，因此用于培训的VR设备往往需要特殊定制。

与常规培训方式相比较，利用VR技术建立起的虚拟实验室，具有环境逼真，"身临其境"感强，场景多变，培训针对性强和安全经济，可控性强等特点，也特别适用于很多高危行业的应急预案演练系统。

2014年，在埃博拉病毒肆虐之时，就有一组"极客"志愿者在48小时内利用3D建模软件，结合疫区实景照片和一线医务人员经验打造出一个虚拟埃博拉医疗营地。戴上VR头盔，能帮助将赶赴前线的医务人员模拟培训在炎热潮湿天气身着笨重防护服的工作体验。

提供虚拟现实解决方案的中国科技企业诺亦腾目前也正在跟一些初中和高校合作，建设虚拟现实教育基地或实验室。例如，有关于"八大行星"的VR科普教育项目，学生将有机会近距离观看行星的运行轨道，把行星放大或缩小，甚至"抓"到面前观看；而"细胞"项目则让学生可以把原来只能在显微镜下观看的细胞放在等身尺寸观察，还可看到食物在身体里的旅行和植物生长。

"虚拟教学升级了传统利用幻灯片、投影以及书本教育的品质，其实是一种提高兴趣、交互程度和教学质量的新方法，"诺亦腾联合创始人、CTO戴若犁说。

虚拟医疗：虚拟手术成为现实

VR在医疗行业同样有着非常被看好的应用前景，国外已有医学工作者使用VR头盔结合运动控制器的方式，在CT三维影像中进行沉浸式的浏览和寻找病灶，未来还有可能采用类似的方法来完成虚拟手术，或者对精神疾病患者进行观察与刺激性治疗。

伦敦国王学院精神心理神经学会露西娅·瓦尔马贾博士介绍说，目前他们正在使用虚拟现实设备来帮助患者治愈精神分裂症、躁郁症等精神疾病和心理问题，他们让患者佩戴VR设备，身处在能够引发这些病症的环境之中，给予可控范围内的压力。通过病人与医生交流在虚拟世界中的反应，来让医生确定治疗方案。目前此类技术已经被应用在创伤后应激障碍的治疗之中。

法国巴黎笛卡尔大学的托马斯·格雷高里教授还利用GoPro摄像机和虚拟现实头盔，使虚拟手术成为现实。国外也已有医学工作者使用VR头盔结合运动控制器，在CT三维影像中进行沉浸式浏览和寻找病灶。

此外，虚拟现实还可在虚拟旅游、虚拟家装、虚拟商业展示等领域有广泛应用。在腾讯智能设备创新中心技术总监李树欣看来，虚拟现实是重新定义人跟互联网关系的新入口，“我们过去只是对一块屏幕发生互动，无论是手机、电脑还是电视。但虚拟现实让人真正能够进入网络空间，它在应用形态上还有无限可能”。

◆链接 用VR，你可以……

提前“入户”购房

近日，沈阳一家地产开发商通过虚拟现实技术让客户提前“看”到了小区建成后的样子，并“走”进未来的家。

据该楼盘置业顾问王佳介绍，戴上眼镜之后，顾客从进入园区大门的第一刻开始，就能看到园区的景观，还能身临其境地感受到乘梯入户的全过程。

亲身体验“VR看楼”过程的沈阳市民姜女士感慨：“我以前以为是3D电影，但是看了之后发现不是。我就像电影主角一样，在里面特别特别真实。感觉很震撼，以前确实没有体验过。”

客户体验过VR眼镜后普遍认为，这种技术带给人更直观的感觉，在一定程度上减少了购房的盲目性，同时也节省了时间。

身临其境看电影

3月，国内首部VR故事长片启动会在北京举行。此部VR故事长片取材自“仙剑”系列故事和日本富士电视台“世界奇妙物语”中的电影《美女罐》，由曾执导《风声》和《神探亨特张》的高群书担任导演。

由杭州联络互动信息科技股份有限公司投资出品的全球首款虚拟现实视网膜眼镜Glyph将作为首批产品，从硬件和技术上为这部影片提供支持。

在发布会现场接受采访时，导演高群书和制作人王兵均表示，VR故事长片制作首先面临的问题是开拍前的大量彩排，其次是360度观影环境中如何引导观众注意力跟随主要预设剧情。同时，播放平台和硬件设备也是必须解决的重点之一。

业内人士分析，这次将故事长片与VR技术相结合，将成为电影行业技术应用领域的新突破。

实验小鼠，解密人脑

在复旦大学医学神经生物学国家重点实验室，小鼠在三块屏幕前奔跑着。研究者给出不同的画面，通过VR呈现出来的信息被小鼠的大脑所接收，并作出相应的不同行为。比如，在一个虚拟的如同迷宫般的世界里，小鼠会疾步向前寻找出口。研究者观察小鼠的大脑变化，并以计算机实时记录下相关数据。

复旦大学医学神经生物学国家重点实验室主要进行的是多领域的脑科学研究。在认识脑的相关研究中，脑功能的建立是重中之重，小鼠的VR实验正是以此为出发点。

虚拟现实技术如何实现

2016年7月16日　来源：《光明日报》　记者：魏岳江

伴随着阿里巴巴成立虚拟现实技术（VR）实验室，暴风TV发布首款VR电视，华为公布其第一代VR眼镜产品等，VR产业也拔地而起。可以预见，不久的将来，移动互联网、大数据等信息技术的广泛应用，将推动VR

技术进一步发展。那么所谓的虚拟现实技术，究竟是如何实现的呢？

1. 软件、硬件综合应用的前沿学科

虚拟现实技术（VR）是创建和体验虚拟世界的计算机仿真系统技术。也就是说，VR利用计算机生成一种模拟环境，利用多源信息融合的交互式三维动态视景和实体行为的系统仿真，使用户沉浸到该环境中。截至目前，世界上还没有关于它的普遍适用的定义，但一般可以认为：它利用各种人机交互技术，为人类在现实空间之外创造了另一个尽可能真实的、互动的、身临其境的虚幻世界，使人类可以漫游其中，体验最真实的虚拟空间，不受任何限制地在自己的梦想里散步。

VR已经广泛应用于新媒体、航天、军事、工程等各种尖端科技领域中，并将作为一种先进的技术手段更为广泛地应用于我们的日常生活。由于虚拟现实在人机交互中使用的显示器大多是头盔式增强型随身看显示系统，所以，他是随身看显示系统最有前景的应用领域之一。用户只需戴上虚拟现实装备，如头盔、眼镜等，就可以身临其境地感受到设备中设置好的各种场景。

VR系统一般包括用户控制系统，如人体运动监测、控制杆、键盘、鼠标等控制设备和视觉、听觉、触觉、嗅觉、味觉等人类感觉方面的仿真反馈系统、处理系统，以及人类感知的信息显示系统，即显示器、音响、三维座椅等。其中，视觉、听觉的控制和仿真是目前VR较为主要的发展方向，而头盔式增强型随身看显示系统则是用户使用的主要产品形式。

2. 在计算机中预先构造虚拟空间

VR是依赖于大量的计算机软件技术如人工智能、模式识别、图形学、底层接口等技术和新型显示技术、场传感器技术、力量反馈系统、无线、有线通信等技术综合应用的一门交叉学科。从本质上讲，VR是对现实世界的再现和梦境的实现；从技术角度讲，它是软件、硬件领域的前沿技术综合应用和面向对象的综合技术开发。

VR可以使人们在头戴一个头盔式增强型随身看系统的情况下，身临其境体验一次梦幻似的虚拟现实。其实，这些虚拟现实场景，就是使用复杂

的软件技术，预先在计算机中构造一个真正的虚拟空间，空间中的每一个点都具有X、Y、Z三个维度的坐标、色彩、法线、逻辑关系等众多维度的信息，计算机再通过传感器、操纵杆、鼠标等用户输入设备确定虚拟场景中人的位置，最后通过计算机将画面再现到用户眼前，从而创造出虚拟空间。

这样的一系列工作如果能够连贯起来，并且整个系统一个周期的运算时间小于人的视觉暂留时间，用户就会在头戴式增强型随身看显示系统的虚像显示屏幕上拥有在虚拟现实世界中漫游的感觉了。VR就是创造一个虚拟的环境，让你觉得这就是现实。通过这个虚构的现实来娱乐你、吸引你。

3. MR——突破虚拟与现实的界限

除了VR技术外，还有增强现实技术，即AR，如今全世界只有20余家权威的公司在进行研究，谷歌的技术相对成熟，其目标是在屏幕上把虚拟世界套在现实世界并进行互动。这种技术最早在1990年提出，随着随身电子产品运算能力的提升，预期其用途将会越来越广。

从本质上来说，AR是数字媒体和真实世界之间的交互。AR的成像理念与VR沉浸式的成像体验打造出了一种以全息投影现实为主的混合虚拟现实技术，即MR。在今年6月份举行的微软开发者峰会上，微软首席执行官萨提亚·纳德拉向人们强调了对其混合虚拟现实技术设备——Hololens的正确“打开”方式，这既不是VR头盔，也不是AR眼镜，这种混合虚拟现实设备是将计算机生成的3D虚拟物体全息投射到现实空间中，Hololens的佩戴者可以在现实空间中与3D虚拟动画进行交互式操作，并触发相应功能。这类MR设备的成像原理并不同于沉浸式的VR设备，它是将虚拟画面投射到真实空间中，但所投射的全息3D图像，其成像效果突破了虚拟与现实世界的界限。

◆链接

虚拟现实技术的研究和应用

美国国家航空航天局对这一技术研究的重点是对空间站操纵的实时仿真，他们大量运用了面向座舱的飞行模拟技术。如对哈勃太空望远镜的仿真和“虚拟行星探索”的试验计划，这一项目能使“虚拟探索者”利用虚拟环境来考察遥远的行星，第一个目标是火星。

美国北卡罗来纳大学是进行虚拟现实技术研究最早、最著名的大学。他们的主要研究有分子建模、航空驾驶、外科手术仿真、建筑仿真等。在显示技术上，该所大学开发了一个帮助用户在复杂视景中建立实时动态显示的并行处理系统，叫作像素飞机。

麻省理工学院原先就是研究人工智能、机器人和计算机图形学及动画的先锋，这些技术都是虚拟现实技术的基础，1985年成立了媒体实验室，进行虚拟环境的正规研究。

华盛顿大学华盛顿技术中心的人机界面技术实验室在新概念的研究中起着领先作用，同时也在进行感觉、知觉、认知和运动控制能力的研究。他们将虚拟现实技术研究引入了教育、设计、娱乐和制造领域。例如，波音公司的V22运输机就是先在实验室中造出虚拟机后再投入生产的。

伊利诺斯州立大学研制出在车辆设计中，支持远程协作的分布式虚拟现实技术系统。不同国家、不同地区的工程师们可以通过计算机网络实时协作进行设计。在设计车辆的过程中，各种部件都可以共享一个虚拟环境，并且可以查看对方任何一个位置的视频传递和相应的定位方向。在系统中采用了虚拟原型，从而减少了设计图像和新产品进入市场的时间，这样产品在生产之前就可以估算和测试，并且大大地提高了产品质量。

乔治梅森大学研制出一套在动态虚拟环境中的流体实时仿真系统。在一个分布交互式仿真系统中模拟真实世界复杂流体的物理特性，包括模拟正在穿过水面行驶的船、搅拌液体、混合不同颜色的液体、下雨对地形的影响等特性。

3D打印：从“创材”到“创生”

2015年11月16日　来源：《经济日报》　记者：祝惠春

3D打印技术正在重塑全球制造业竞争格局，在航空航天、地理信息、军工、医疗、艺术设计和消费电子产品等多个领域都大有用武之地。在我国，3D打印总体技术水平处于模型制作向零部件直接制造的过渡阶段，还有很大提升空间，亟须加强协同创新，进一步推动我国3D打印技术的发展。

在北京3D打印研究院，赵新副院长拿着一个3D打印的人体心瓣模型，向记者讲述了这样一个有关3D打印应用的真实故事：按传统做心脏瓣膜替换手术，一般是病人做CT后，根据一张张二维平面的CT片子，医生全凭想象，在脑海里把这些平面图叠在一起，判断心脏瓣膜的损坏程度和需要手术的位置，以确定病人的手术方案。但是，一旦判断不准，病人遭罪，也容易造成医患矛盾。现在北京某医院和3D打印研究院合作，把病人的CT数据提供给研究院，很快就能拿到根据医学数据3D打印出来的心瓣模型，医生用它辅助诊断，准确率得到了极大提高。

3D打印技术在我国的应用，正在取得长足进展。

快速走向实际应用

3D打印是实现中国制造业升级的核心技术之一，同时也开启了个性化商品制造的商业模式

日前，在上海举行的第17届中国国际工业博览会上，3D打印展品引人注目。比如，北京航空航天大学的展品是用3D技术打印的C919机头主风挡的窗框，它是采用“同轴送粉”技术，用钛合金材料打印而成。此外，还有中国航天科技集团公司上海航天技术研究院参展的用3D打印的高性能碳纤维接头和用3D打印的铝合金空间转位捕获杆……

3D打印，又叫增材制造技术，是一种以数字模式文件为基础，运用粉末状金属、塑料等可黏合材料，通过逐层打印的方式来构造物体的快速成型技术，是制造原理上的一个重大突破。中国工程院院士、快速制造国家工程研究中心主任卢秉恒表示，增材制造与传统的等材制造和减材制造三足鼎立，互为补充。从制造方式来说，铸锻焊在制造过程中重量基本不变，属于“等材制造”，已有3000年历史；随着电动机的发明，能够车铣刨磨的机床的出现，通过对材料的切削去除达到设计形状，称为“减材制造”，已有300年历史；而以3D打印为代表的“增材制造”，1984年提出，1986年实现样机，才30年时间，被称为“20世纪最具革命性的制造技术”。

2015年2月，工业和信息化部牵头发布《国家增材制造产业发展推进计划（2015-2016年）》；3月，国务院总理李克强主持召开国务院常务会议，部署加快推进实施“中国制造2025”。增材制造技术是实现中国制造业升级的核心技术之一。中国紧跟世界科技趋势，高度重视和全面发展3D打印技术，“急追”先进国家。

卢秉恒院士说，3D打印“热在今天，造就明天”。未来制造业将是“互联网+先进制造业+现代服务业”，大致会呈现这样一个网络服务云平台：众需收集—创客设计—3D打印验证设计—虚拟制造—生产分包—物联网配送。

因此，3D打印还展现了一个全民创新的通途。在大众创业、万众创新的当代，创客们设计出来的某些产品，传统制造业没有办法实现，或者成本非常高。而3D打印从技术上、成本上、快捷程度上都可以支持，使之变成现实。可以说，3D打印技术开启了个性化商品制造的商业模式。

替代传统制造有待时日

3D打印已开始应用于小批量的直接制造，但短期内，难以替代传统制造业，两者会在较长时间内并行融合

3D打印的关注度如此之高，目前，在我国制造业的转型升级中，3D打印应用情况如何?

传统的减材制造是在大尺寸的原材料上进行冲压、切削、钻孔等多个

环节后，得到符合要求的零件或产品。比如制作一个涡轮，可能需要用300公斤的原材料，最后制成产品，只有50公斤重。与之相比，增材制造是加法制造，从无到有逐层堆积原材料，直到得到成品。在这个过程中，没有制造工业垃圾，非常环保。据测算，3D打印节约材料大约70%至80%。此外，3D打印在制造模式上也有明显优势。传统制造都是在一个成熟的流水线上进行大批量的生产和加工，而3D打印可以实现个性化定制以及一体化打印，省略了组装环节。

目前，我国3D打印技术主要在“一高一低”两个领域应用比较普遍：“一高”是火电、核电、航空航天、军工等高科技领域。这些行业使用的高端机械，用传统制造模式主要依靠焊接实现零件的结合，但是焊接技术往往引起性能衰退。而3D打印可以实现一体化打印，实现了零件之间的无缝对接，具有很好的强度和精度。因此，3D打印在这些领域得到快速发展。“一低”是指制造成本低、制造周期短，有利于个性化小批量制造的产品。因为3D打印技术可以让数字文件精确复制成实物原型，所以还可以用来制作“独一无二”的创意产品，比如人偶、礼品等。在北京3D打印研究院，记者看到琳琅满目的各种3D打印产品，有动漫公司定制的卡通人物形象，有各种奇思妙想的礼品摆设等。这些都是目前市场上3D打印普及型应用。

此外，在制造业的链条中，快速模型制造也普遍使用3D打印。传统制造做模具，成本高、开发周期长，而3D打印可以快速做出原型，符合要求后，再开模具制造。因此，在汽车业、制鞋业和一些行业的新产品开发中，经常会用3D打印进行原型制造。

赵新表示，目前，3D打印虽然已开始应用于小批量的直接制造，但是受3D打印的时间、精度和材料等限制，3D打印还不可能替代传统制造业，只是利用研发、设计开发优势，为大批量制造业做辅助。“希望媒体的宣传实事求是，有些人对3D打印认识过度，过于理想，到研究院一了解，就会很失望。”赵新说。

北京大学光华管理学院博士后刘江涛认为，3D打印技术在强调个性化、复杂化的小批量生产和模具生产上可以大显身手，同时也将充分发挥3D打印技术兼具智能制造的特点，扩大其在军工、医疗、创意等行业的应用。短期内，3D打印技术难以替代传统制造业，两者会在较长时间内并行融合。但是3D打印技术会提升传统制造业的制造形态，改进流程，提高效率，提升行业水平，实现产业升级。

技术提升需协同创新

3D打印正处于技术的井喷期、产业发展的起步期，需要尽快提升技术水平，建立创新链

3D打印技术是一个支撑，一个工具，它与各个行业相结合，将促进中国制造升级，实现从“中国制造”向“中国智造”的转变。卢秉恒院士表示，增材制造的远景是“创材”，即按照材料基因组，研制出超高强度、超高耐温、超高韧性、超高抗蚀的新材料。目前3D打印已制造出了耐温3315摄氏度的合金，用于“龙飞船2号”，大幅增强了飞船推力。3D打印还从“创材”到“创生”，即打印细胞制造器官，甚至把基因打印在细胞里实现基因变异。

近两年，3D打印出现了一些颠覆性技术，这一领域现在正处于技术的井喷期、产业发展的起步期和企业的跑马圈地期。

从3D打印产业链的构成来看，产业链上游包括创新设计、精密机械、数控技术、材料科学和激光技术，产业链中游主要包括3D打印设备的生产，产业链的下游主要是三维模型设计服务和打印产品应用。

目前，我国3D打印总体技术水平处于模型制作向零部件直接制造的过渡阶段，在直接制造高性能塑料和金属零件方面发展迅速，局部甚至超过国外水平，但总体上还有非常大的提升空间。

产业链上游的创新设计、精密机械、数控技术、材料科学和激光技术的核心技术大多掌握在外国大公司手中。国产的打印材料性能相对差些，可打印材料较少；工业版3D打印机的激光器存在稳定性问题，整个产业还处于起步发展阶段。国内3D打印领域走在前列的公司有陕西恒通、西安铂力特、北航公司、武汉滨湖、无锡易维等，但是总体来说，企业规模、产

值、利润都还比较小。由于3D打印技术融合了光机电技术、控制技术、材料技术和软件技术等，目前我国高端装备制造的核心技术尚待加强、机器人和数控机床等底层装备的自动化信息化不够，这些也制约了3D打印技术的提升。

因此，我国3D打印技术的发展，亟须协同创新，学科交叉发展原创，尽快建立创新链。《三生万物—3D打印：第三次工业革命的引擎》的主笔、财政部税政司调研员李旭鸿建议：加快3D打印技术的发展，要实施3D打印“重大技术突破、重要行业应用、重点企业支撑”的“三重战略”。大力加快3D打印专用材料的研发和生产，鼓励发展数字模型、专用工艺软件及控制软件，加速发展3D打印装备及核心器件；大力支持3D打印技术在重点行业应用和推广；大力发展航天、航空、电子

3D打印：值得航空航天界特别青睐

2016年7月22日　来源：《新华每日电讯》　记者：白国龙

3D打印，将让人类在航空航天征途上飞得更快更高更远。国内3D打印及航空航天领域的专家们日前在首届“中国航空航天增材制造技术与应用论坛”上宣布，作为一项颠覆性的制造技术，3D打印将给航空航天领域带来重大变革。

3D打印为什么受到航空航天界的特别青睐？它会带给我们哪些改变？这得从3D打印技术的原理特点说起。

3D打印技术诞生于上世纪80年代的美国，是将物体进行三维结构化设计，采用分层加工、叠加成形的方式，以激光束或电子束作为热源，将塑料、金属合金、陶瓷等粉末材料按照预先设计的图形逐层高温熔化、凝固，最后得到与零件三维模型完全一致的真实零件，也叫“增材制造”。

如果说铸造技术像用模具在冰箱中冻冰棍，锻造技术像铁匠千锤百炼

打铁器，那么3D打印则是一种全新的整体化制造技术，能大幅简化零件制造繁杂的工艺流程，大大地节省研制时间和提高原材料的利用率。

复杂零件轻松“搞定” 钱和时间省一半

不论是现代飞机还是航天器，都追求用尽可能少和轻的材料实现最大强度和刚度，因此构件常常采用“占空比”很大的异形设计，导致其结构特别复杂，形状似“歪瓜裂枣”，像做过“镂空”处理，用切削加工的方式制造则难度很大，有时95%的材料都被切割掉，且制造周期长达几个月。

3D打印技术恰恰弥补了常规制造方法的不足，能快速地打印出结构复杂的零件，是实现结构复杂零件产品化的捷径。

想象一下，将飞机的涡轮盘、框梁，航天发动机泵壳体、航天器的网格壁板密封舱等关键部件，从三维模型剖切成若干层二维“薄片”，那么不论这个三维零件结构多么复杂，只需逐层打印二维“薄片”并叠加粘结，就可快速将产品完整做出来。

前不久，我国成功发射的首枚新一代运载火箭“长征七号”的某试验搭载中，就有用到3D打印的钛合金构件。中国运载火箭技术研究院副总工程师陈济轮向新华社记者透露，采用3D打印只用7天就搞定以往好几个月才能加工完的零件。

中国工程院院士、北京航空航天大学教授王华明回忆说，国产大飞机C919机头工程样机的主风挡框、连接机翼和机身的上下缘条等钛合金大型复杂关键构件就曾采用3D打印制造，只用几十天时间完成了传统工艺耗时两年的工作，材料用量不足传统锻件的十分之一。

“若使用3D打印技术制造航空航天构件，至少可以压缩一半的周期和成本。”中国工程院院士、西安交通大学教授卢秉恒日前在首届“中国航空航天增材制造技术与应用论坛”上介绍，美国宇航局2013年通过3D打印技术制造的J—2x火箭发动机喷注器就在高温点火试验中产生了创纪录的9吨推力，并使整体式喷注器组零件数由原来的115个集成为2个，大大提高了生产效率。

从空间“五金店”到“太空工厂”

“缩短型号研发流程，实现复杂结构产品的小批量快速制造只是3D打印作为颠覆性技术的一个方面。”陈济轮认为，3D打印将会打破传统制造工艺对先进结构设计的制约，让产品设计师放手做出“天马行空”的设计。

如今，3D打印已将人类生产制造活动延展到外太空。众所周知，太空环境与地面上完全不同，就是紧固螺帽这么简单的工作，在空间站都受到极大制约，更别说制造工具。因而在3D打印机被送上太空以前，人类进入太空就像去户外露营，得把要用的工具都带齐全。但自从空间站有了3D打印机，宇航员可以随时设计打印出急需的个性化工具，就像多了个空间“五金店”。美国宇航局的地面工作人员就曾通过电子邮件给空间站传了一个数字模型文件，由空间站上的宇航员自主地3D打印出一个急需的套筒扳手。

据悉，美国宇航局计划将3D打印技术应用到太空发射系统的创建和“猎户座”飞船的火箭部件上，并使之成为未来登陆火星计划的一部分。

曾任欧洲空间局局长的让·雅克·多尔丹近日在北京接受新华社记者采访时表示，3D打印技术应用前景广阔，或将在未来空间资源开发利用中，帮助人们直接在太空中进行矿产开发与深加工，实现飞行器在空间维修和燃料加注，使人类在深空探测中走得更远。

科学家相信，随着3D打印技术的不断进步，人类未来有可能将地面制造工厂搬到外太空，利用太空中真空、超低温等特殊环境和无限的空间及能源，制造出更多高精尖的产品。

助力中国空天制造 机遇与挑战并存

在麦肯锡公司2013年公布的一份报告中，3D打印在今后影响人们生产组织模式和社会生活的十二项的重大颠覆性技术中名列第九。欧美各国都意识到3D打印技术在航空航天领域的优势以及在空间站建设、深空探测等领域的潜在应用前景，各自形成了3D打印发展路线图，并在航空航天领域积极作出部署。

“我国的3D打印相比国外，研究起步并不晚，某些方面还处于领先地位，但应看到，我国3D打印的产业发展较慢，企业规模不足。”卢秉恒院士坦言，目前仍存在着大型零件批量化生产难度大，产品的疲劳强度等性能满足适航条件难，缺乏统一的制造和校验标准、设备昂贵等瓶颈，和国外相比，存在数量级的差距。

如今，中国对3D打印技术日益重视，迎来3D打印良好的发展机遇。3D打印已被当作“中国制造2025”的一项重要工程来发展，国家已制订了相应的发展规划，并从十三五开始进行财力支持。

可以预见，随着3D打印技术规模产业化，传统的工艺流程、生产线、工厂模式、产业链组合都将面临深度调整。3D打印技术在中国航空航天领域上的应用前景也将充满无限可能。

推荐阅读

国务院出台的“双创”政策

《国务院关于印发注册资本登记制度改革方案的通知》国发〔2014〕7号

《国务院关于加快发展生产性服务业促进产业结构调整升级的指导意见》国发〔2014〕26号

《国务院关于加快科技服务业发展的若干意见》国发〔2014〕49号

《国务院关于加快科技服务业发展的若干意见》国发〔2014〕49号

《国务院关于创新重点领域投融资机制鼓励社会投资的指导意见》国发〔2014〕60号

《国务院关于国家重大科研基础设施和大型科研仪器向社会开放的意见》国发〔2014〕70号

《国务院关于促进云计算创新发展培育信息产业新业态的意见》国发〔2015〕5号

《国务院关于进一步做好新形势 下就业创业工作的意见》国发〔2015〕23号

《国务院关于大力发展电子商务加快培育经济新动力的意见》国发〔2015〕24号

《国务院关于大力推进大众创业万众创新若干政策措施的意见》国发〔2015〕32号

《国务院关于积极推进“互联网+”行动的指导意见》国发〔2015〕40号

《国务院关于加快构建大众创业万众创新支撑平台的指导意见》国发

〔2015〕53号

《国务院办公厅关于做好 2014年全国普通高等学校毕业生就业创业工作的通知》 国办发〔2014〕22号

《国务院办公厅关于促进国家级经济技术开发区转型升级创新发展的若干意见》国办发〔2014〕54号

《国务院办公厅关于发展众创空间推进大众创新创业的指导意见》国办发〔2015〕9号

《国务院办公厅关于创新投资管理方式建立协同监管机制的若干意见》国办发〔2015〕12号

《国务院办公厅关于深化高等学校创新创业教育改革的实施意见》 国办发〔2015〕36号

《国务院办公厅关于支持农民工等人员返乡创业的意见》国办发〔2015〕47号

《国务院办公厅关于推进线上线下互动加快商贸流通创新发展转型升级的意见》国办发〔2015〕72号

《国家信息化发展战略纲要》中共中央办公厅、国务院办公厅

《“十三五”国家科技创新规划》国发〔2016〕43号

《即时通信工具公众信息服务发展管理暂行规定》国家互联网信息办公室8月7日发布实施

《关于支持银行业金融机构加大创新力度开展科创企业投贷联动试点的指导意见》银监发〔2016〕14号

《网络借贷信息中介机构业务活动管理暂行办法》中国银监会、工业和信息化部、公安部、国家互联网信息办公室

各部委出台“双创”的配套政策

《国家发展改革委办公厅关于进一步做好支持创业投资企业发展相关工作的通知》发改办财金〔2014〕1044号

《 国家发展改革委关于加强小微企业融资服务支持小微企业发展的指

导意见》发改财金〔2013〕1410号

《国家发展改革委办公厅关于印发双创孵化专项债券发行指引的通知》发改办财金〔2015〕2894号

《教育部关于做好2015年全国普通高等学校毕业生就业创业工作的通知》教学〔2014〕15号

<科技部 财政部关于印发《国家科技成果转化引导基金设立创业投资子基金管理暂行办法》的通知> 国科发财〔2014〕229号

《关于进一步推动科技型中小企业创新发展的若干意见》国科发高〔2015〕3号

《科技部关于印发<发展众创空间工作指引>的通知》国科发火〔2015〕297号

《工业和信息化部关于促进中小企业“专精特新”发展的指导意见》工信部企业〔2013〕264号

《工业和信息化部关于印发《国家小型微型企业创业示范基地建设管理办法》的通知》工信部企业〔2015〕110号

《工业和信息化部关于做好推动大众创业万众创新工作的通知》工信部企业〔2015〕167号

《关于加强小额担保贷款财政贴息资金管理的通知》财金〔2013〕84号

《关于印发《国家科技计划及专项资金后补助管理规定》的通知》财教〔2013〕433号

《关于继续实施支持和促进重点群体创业就业有关税收政策的通知 》财税〔2014〕39号

《关于调整完善扶持自主就业退役士兵创业就业有关税收政策的通知》财税〔2014〕42号

《关于金融机构与小型微型企业签订借款合同免征印花税的通知》财税〔2014〕78号

《关于对小微企业免征有关政府性基金的通知 》财税〔2014〕122号

《关于小型微利企业所得税优惠政策的通知 》财税〔2015〕34号

《关于支持开展小微企业创业创新基地城市示范工作的通知》财建〔2015〕114号

《关于扩大企业吸纳就业税收优惠适用人员范围的通知》财税〔2015〕77号

《关于印发《中小企业发展专项资金管理暂行办法》的通知 》财建〔2015〕458号

《关于进一步扩大小型微利企业所得税优惠政策范围的通知》财税〔2015〕99号

《关于将国家自主创新示范区有关税收试点政策》财税〔2015〕116号

《关于完善研究开发费用税前加计扣除政策的通知》财税〔2015〕119号

《关于实施大学生创业引领计划的通知》人社部发〔2014〕38号

《关于支持新产业新业态发展促进大众创业万众创新用地的意见》国土资规〔2015〕5号

《农业部办公厅关于加强农民创新创业服务工作促进农民就业增收的意见》农办加（2015）9号

《农业部关于实施推进农民创业创新行动计划》（2015—2017年）的通知

《关于开展农村青年创业富民行动的通知》农办加〔2015〕17号

《关于完善融资环境加强小微商贸流通企业融资服务的指导意见》商流通函〔2014〕938号

《“互联网+流通”行动计划》商务部等19部门关于加快发展农村电子商务的意见 商务部 发展改革委 工业和信息化部 财政部 人力资源社会保障部 交通运输部 农业部 人民银行 工商总局 质监总局 银监会 证监会 保监会 邮政局 国务院扶贫办 供销合作总社 共青团中央 全国妇联 中国残联

《关于大力支持小微文化企业发展的实施意见》文化部 工业和信息化部 财政部

《关于大力推进体制机制创新扎实做好科技金融服务的意见》中国人民银行、科技部、银监会、证监会、保监会和知识产权局

《关于促进互联网金融健康发展的指导意见》银发〔2015〕221号

工商总局《关于做好注册资本登记制度改革实施前后登记管理衔接工作的通知》工商企字〔2014〕32号

《关于切实做好工商登记前置审批事项改为后置审批事项监管工作的通知》国发〔2014〕27号和〔2014〕50号

《工商总局关于做好工商登记前置审批事项改为后置审批后的登记注册工作的通知》工商企字〔2014〕154号

《关于进一步推动企业简易注销改革试点有关工作的通知》工商企注字〔2015〕142号

《关于做好"三证合一"有关工作衔接的通知》工商企注字〔2015〕147号

《关于促进中关村国家自主创新示范区创新发展的若干意见》工商办字〔2015〕161号

《关于完善和创新小微企业贷款服务提高小微企业金融服务水平的通知》银监发〔2014〕36号

《关于实施大学生创业引领计划的通知》人社部发〔2010〕31号

《推进"互联网+"便捷交通 促进智能交通发展的实施方案》发改基础〔2016〕1681号

《关于进一步加快广播电视媒体与新兴媒体融合发展的意见》新广电发〔2016〕124号

《网络预约出租汽车经营服务管理暂行办法》2016年7月14日经交通运输部第15次部务会议通过

《"十三五"规划（2016—2020年）》

《二十国集团创新增长蓝图》